Charitas heroum virtus
EX LIBRIS LE MARCIS

RECUEIL
MÉTHODIQUE
DES
LOIS, DÉCRETS, RÉGLEMENS,
INSTRUCTIONS ET DÉCISIONS
SUR
LE CADASTRE DE LA FRANCE;
APPROUVÉ
PAR LE MINISTRE DES FINANCES.

A PARIS,
DE L'IMPRIMERIE IMPÉRIALE.

1811.

Ce Recueil n'est point un ouvrage nouveau ; c'est simplement la refonte en un seul volume, et dans un ordre méthodique, des Instructions contenues dans la Collection en cinq volumes.

Tous les articles de ce Recueil sont numérotés par une série de chiffres non interrompue.

Lorsque, dans le cours ou à la fin d'un article, il se trouve un chiffre entre deux parenthèses, c'est un renvoi à l'article indiqué par ce chiffre. Ces numéros de renvois ont pour objet d'éviter les répétitions, et de mieux rapprocher les différentes parties du Recueil.

En marge de chaque article est l'indication du Réglement dont cet article est tiré. Le chiffre romain indique le volume, et le chiffre arabe, la page de la Collection.

RECUEIL MÉTHODIQUE

DES

Lois, Décrets, Réglemens, Instructions et Décisions sur le Cadastre de la France.

INTRODUCTION.

I. TOUTES les nations, dès l'origine de leur gouvernement, ont reconnu la nécessité de faire concourir les revenus particuliers aux dépenses générales de l'État.

Le mode le plus simple, et qui dut se présenter le premier, fut de demander à chaque citoyen une portion du produit des terres qu'il possédait; cette portion se perçut d'abord en nature, puis en argent, devenu le signe représentatif de toutes les valeurs.

L'impôt sur les revenus des terres une fois établi, on dut chercher à le rendre égal pour tous.

Il devint nécessaire dès-lors de constater la contenance du territoire, et de procéder à l'évaluation de ses revenus.

Ces deux opérations constituent ce que l'on nomme un *cadastre.*

Cadastres projetés ou entrepris.

II. Sous les premiers règnes de la précédente dynastie,

la France était divisée en provinces, qui formaient de petits États indépendans. Chaque province sentit, dès le principe, le besoin d'un cadastre.

Le Dauphiné en avait un sous ses anciens dauphins; *Charles V* en fit faire la révision en 1359.

En 1491, *Charles VII* avait résolu d'entreprendre le cadastre du royaume, divisé alors en quatre généralités : Languedoc, Languedoyl, Outre-Seine, et Normandie. Ce projet ne fut exécuté qu'en Languedoc.

En 1604, la vérification de l'arpentage de l'Agénois fut exécutée.

La Guienne avait un cadastre, dont la révision fut ordonnée en 1664.

En 1668, celle du cadastre du Condomois fut prescrite.

Colbert, en 1679, fit ordonner la formation d'un réglement uniforme pour la taille réelle, et en chargea M. *d'Aguesseau*, intendant général de Languedoc : la mort de *Colbert*, arrivée quatre ans après, fit abandonner ce projet.

M. *de Chamillard*, l'un de ses successeurs, l'avait repris; mais les malheurs de la fin du règne de *Louis XIV* le firent encore abandonner.

Plusieurs autres ministres des finances s'en occupèrent depuis; et M. *de Laverdy* fit ordonner, en 1763, la confection d'un cadastre général de tous les biens-fonds, même de ceux de la couronne, des princes, des nobles, du clergé, &c. Ce plan froissait trop d'intérêts pour ne pas rester sans exécution sous un gouvernement faible.

Les avantages d'un cadastre étaient tellement reconnus,

que chaque province entreprenait le sien dès qu'elle en trouvait quelques moyens.

C'est ainsi qu'il fut commencé dans l'Ile-de-France dans la Champagne, et dans le Limousin.

A peine une administration provinciale fut-elle établie dans la Haute-Guienne, qu'elle s'occupa de cette opération.

Les autres assemblées provinciales, créées depuis, en formèrent également le projet, que leur courte existence fit abandonner.

Établissement de la Contribution foncière.

III. En 1791, la contribution foncière fut établie. Le comité d'impositions de l'assemblée constituante se donna beaucoup de soins pour parvenir à une juste répartition de cette contribution : plusieurs projets furent présentés et discutés; on adopta celui qui parut le plus simple; et, quelques mois après, des réclamations s'élevèrent de toutes parts.

Cadastre décrété en 1791.

IV. Pour les faire cesser, l'assemblée constituante décréta la confection d'un cadastre général; mais les circonstances ne permirent pas de s'en occuper.

Des pétitions, des projets nombreux, furent présentés aux assemblées qui lui succédèrent.

Réclamations contre la Répartition.

V. Cependant les réclamations étaient générales sur l'inégalité de la répartition, soit de département à département, soit de commune à commune, soit enfin de propriétaire à propriétaire, et cet état de choses avait la plus fâcheuse influence sur la marche des recouvremens.

Un gouvernement réparateur ne pouvait laisser un mal aussi grave sans remède.

On essaya d'abord une mesure qui, sans atteindre le but, fut un premier pas vers le bien.

Ordre d'une Refonte générale des Matrices de Rôles.

Instruction du 22 janv. 1801. I — 47.

VI. Une instruction ordonna la refonte générale des matrices de rôles; c'était un cadastre sans arpentage préalable des terres. Il exigeait, à l'exception du levé des plans, toutes les opérations qui se sont depuis exécutées.

Ce travail reposait sur le système tant de fois proposé et toujours reconnu impraticable, d'obtenir des propriétaires la déclaration exacte de leurs revenus. Ce simulacre de cadastre, dénué de sa base première, ne fut qu'une tentative inutile; mais il devint le germe des idées qui allaient bientôt se développer et s'agrandir.

Cadastre ordonné pour dix-huit cents Communes.

VII. Les réclamations se multipliant de jour en jour; l'Empereur nomma une commission spéciale appelée à donner son avis sur les vues que le Ministre des finances avait soumises à Sa Majesté.

Cette commission, composée de membres tirés des diverses parties de l'Empire, reconnut qu'il n'existait, en effet, pour y parvenir, qu'un seul moyen, celui de la confection du cadastre général.

Arrêté du Gouv. du 3 nov. 1802. I — 63.

Mais effrayée de la durée et de la dépense d'une telle entreprise, elle se borna à proposer l'arpentage de dix-huit cents communes disséminées sur tous les points de la France, pour fixer ensuite, par analogie, les revenus de toutes les autres communes de l'Empire.

Cadastre par Masses de cultures.

VIII. Cet arpentage devait présenter, non toutes les propriétés en détail, mais seulement les masses des différentes natures de cultures : ainsi une terre labourable de trente arpens, quoique partagée entre dix propriétaires, ne formait qu'une figure ou polygone du plan.

Arrêté du Gouv. du 3 nov. 180[illegible]. 1—63.

L'expertise ou évaluation des revenus devait également s'opérer par masses de cultures.

Premiers Travaux.

IX. L'arpentage était confié, dans chaque département, à un géomètre en chef, qui s'adjoignait des géomètres secondaires. On eut beaucoup de peine à trouver des sujets instruits. Des cours gratuits de géométrie pratique s'ouvrirent d'abord à Paris, ensuite dans les principaux départemens.

Ibid. art. 3.

Les instrumens manquaient également. Le ministre chargea les six ingénieurs mécaniciens les plus distingués de Paris, de la fabrication de ces instrumens, et en avança le prix aux géomètres, qui le remboursèrent par des retenues sur leurs indemnités.

Établissement du Cadastre général.

X. Dans ces circonstances, les progrès durent d'abord être très-lents. A la fin de la seconde année, les dix-huit cents communes n'étaient pas encore toutes arpentées.

Le Ministre, en mettant cette situation sous les yeux de Sa Majesté, observa le peu de probabilité qu'il voyait à parvenir au perfectionnement de la répartition, en établissant le revenu foncier de toutes les communes d'après celui des dix-huit cents communes expertisées.

Arrêté du G.nt du 20 oct. 1803. II. — 6.

Un second arrêté du Gouvernement confirma les dispositions du premier, et ordonna que les travaux continueraient à être exécutés dans toute l'étendue de l'Empire.

Premier Essai d'une Répartition générale.

Circulaire du 24 février 1804. II — 84.

XI. Les dix-huit cents communes terminées, le Ministre traça aux préfets la marche qu'ils avaient à suivre pour en appliquer les résultats aux autres communes du département. Tous s'empressèrent d'exécuter ce travail; mais tous, en l'envoyant, firent les représentations les plus fortes sur le danger d'en faire usage; tous assurèrent que, loin de remédier aux vices de la répartition, il ne ferait que les augmenter. Cette mesure devait être et fut abandonnée. Les travaux continuèrent.

Expertises par Masses de cultures.

XII. L'arpentage et l'expertise de toutes les communes, exécutés l'un et l'autre par masses de cultures, auraient sans doute donné la connaissance des forces respectives des communes, et par suite des départemens, et fourni les moyens de perfectionner la répartition générale : mais on ne faisait rien encore pour la répartition individuelle; on ne remédiait point aux inégalités de contribuable à contribuable; et c'étaient précisément ces inégalités qui rendaient l'impôt plus onéreux et excitaient le plus de réclamations.

Le revenu de chaque commune une fois déterminé, il eût fallu que les propriétaires s'entendissent pour le

répartir

répartir proportionnellement entre eux ; mais comment espérer qu'ils y parvinssent, lorsque, depuis plusieurs siècles, on n'y était point arrivé? Ainsi, après même que la répartition générale eût été perfectionnée, les plaintes individuelles n'auraient pas cessé de se faire entendre, sans que le Gouvernement eût eu aucun autre moyen d'y mettre un terme, que celui du cadastre parcellaire.

Expertises parcellaires sur Plans par Masses de cultures.

XIII. Il fallait néanmoins que l'indispensable nécessité de l'arpentage parcellaire fût démontrée jusqu'à l'évidence, pour proposer une opération qui devait occasionner une dépense aussi considérable.

Le Ministre, plutôt pour acquérir ce degré de conviction que dans l'espoir d'un plein succès, essaya de faire exécuter des expertises parcellaires sur des plans par masses de cultures.

La difficulté était de reconnaître dans chaque masse ou figure du plan, la portion qui appartenait à chaque propriétaire; de partager, par exemple, une terre labourable de trente arpens entre ses dix propriétaires, et d'assigner à chacun d'eux la contenance des terres qu'il y possédait.

Déclarations demandées aux Propriétaires.

XIV. Pour y parvenir, tous les propriétaires furent invités à donner la déclaration, non pas de leurs revenus, mais seulement de la contenance de leurs terres. Ce second renseignement paraissait plus facile à obtenir que le premier.

Instruction du 29 oct. 1805. III — 103.

Les contenances partielles, ainsi déclarées, devaient former une contenance égale à celle indiquée par le plan.

Insuffisance des Déclarations.

Procès - verbal des conférences sur le parcellaire. V — 30.

XV. On eut à peine essayé l'exécution de ce travail, que l'on se vit arrêté par des difficultés insurmontables : très-peu de déclarations furent fournies ; elles se trouvèrent presque toutes inexactes ; leur réunion donna par-tout des contenances très - inférieures à celles qui résultaient des plans par masses de cultures.

Le Ministre insista auprès des directeurs des contributions : tous, animés du desir de prouver leur dévouement, redoublèrent d'efforts ; plusieurs se rendirent dans les communes avec leurs employés, allèrent demander des déclarations de maison en maison, aidèrent à leur rédaction, salarièrent des indicateurs instruits. A force de travail et de soins, on parvint à avoir plusieurs matrices cadastrales dans chaque département.

Premiers Rôles cadastraux.

Procès-verbal. V—31.

XVI. Ces matrices cadastrales, encore imparfaites puisqu'elles n'assignaient pas à chaque propriétaire la juste contenance de ses possessions, produisirent cependant quelques résultats utiles ; elles remédièrent à une partie des inégalités dont on s'était plaint ; les rôles furent expédiés et mis en recouvrement ; ils n'excitèrent point de réclamations, parce qu'ils faisaient du moins cesser une partie des inconvéniens les plus sensibles de l'ordre de choses qui existait antérieurement.

En effet, le Ministre ayant fait venir des états présentant, pour chaque commune, les noms et les cotes des dix contribuables qui, par l'effet de cette nouvelle répartition, éprouvaient les plus fortes augmentations, et des dix qui éprouvaient les plus fortes diminutions, ces états, vérifiés et signés par les maires, prouvèrent que, dans la même commune, des propriétaires payaient précédemment le tiers, le quart, la moitié de leurs revenus, tandis que d'autres ne payaient que le vingtième, le cinquantième, le centième, et que tous se trouvaient ramenés, par l'effet du *cadastre*, à une proportion uniforme du huitième, du neuvième ou du dixième.

Conférences pour le Cadastre parcellaire.

Lettre du 10 décembre 1807. IV — 255.

XVII. Cependant, la difficulté d'obtenir des déclarations des propriétaires, celle plus grande encore de faire concorder les contenances partielles déclarées avec la contenance totale indiquée par le plan de masses, subsistaient dans toute leur force : elles étaient senties par-tout ; et de toutes parts les délibérations des conseils généraux, des conseils d'arrondissemens et des conseils municipaux, appelaient la confection de l'arpentage parcellaire comme l'unique moyen de parvenir à rendre justice à tous : plusieurs communes avaient même déjà fait faire cette opération à leurs frais ; d'autres sollicitaient l'autorisation de s'imposer pour cet objet.

L'unanimité de ce vœu détermina, à la fin de 1807, le Ministre des finances à former une réunion de directeurs des contributions et de géomètres en chef, présidée par M. *Delambre*, secrétaire perpétuel de la classe des sciences exactes de l'Institut, à l'effet de délibérer sur le mode d'exécution du parcellaire.

Établissement du Cadastre parcellaire.

Décision impériale du 27 janvier 1808.

XVIII. De ces conférences est résulté un projet de réglement dont les bases soumises à l'Empereur ont obtenu l'approbation de Sa Majesté.

Ainsi l'expérience a ramené par degrés à l'idée de l'assemblée constituante, qui avait été aussi celle de *Colbert* et de plusieurs autres Ministres ; idée réalisée en Savoie et en Piémont, mais avec des imperfections qui ne se retrouveront pas dans le cadastre de l'Empire français.

Idée générale du Cadastre parcellaire.

XIX. L'opération qui s'exécute actuellement en France, se compose donc de l'arpentage parcellaire et de l'expertise parcellaire de toutes les communes.

Mesurer, sur une étendue de plus de quarante mille lieues carrées, plus de cent millions de parcelles ou propriétés séparées; confectionner pour chaque commune un plan en feuilles d'atlas où sont reportées ces cent millions de parcelles, les classer toutes d'après le degré de fertilité du sol, évaluer le produit net de chacune d'elles; réunir ensuite sous le nom de chaque propriétaire les parcelles éparses qui lui appartiennent; déterminer, par la réunion de leurs produits, son revenu total, et faire de ce revenu un allivrement qui sera désormais la base immuable de son imposition, ce qui doit l'affranchir de toutes les influences dont il avait eu si long-temps à se plaindre : tel est l'objet de cette opération, qui, depuis trois ans qu'elle est entreprise, a déjà donné des résultats qui n'ont plus permis d'en contester ni les avantages ni la possibilité de son exécution.

TITRE I.er

PRINCIPES DU CADASTRE.

1. Les contributions directes, relativement à leur assiette, sont distinguées en impôt de quotité et impôt de répartition.

Impôt de Répartition.

2. L'impôt de répartition est celui dont la somme totale, fixée d'avance, se répartit de degrés en degrés entre les départemens, les arrondissemens, les communes et les contribuables.

Impôt de Quotité.

3. L'impôt de quotité est celui où chaque contribuable étant cotisé d'après une proportion déterminée, la réunion des cotes forme le montant total de la contribution.

Caractères distinctifs des deux modes d'Impôt.

4. Dans le premier mode, les cotes des contribuables résultent du montant de l'imposition; dans le second, le montant de l'imposition résulte des côtes des contribuables. Dans l'un, le produit est assuré et la proportion incertaine; dans l'autre, la proportion est fixe et le produit éventuel.

Solidarité dans l'Impôt de répartition.

5. Dans l'impôt de répartition, les contribuables doivent fournir entre eux la somme demandée à la commune, et se cotiser chacun de manière à parfaire cette somme; ce genre d'impôt établit donc entre eux une véritable solidarité.

Nulle solidarité dans l'Impôt de quotité.

6. Dans l'impôt de quotité, il n'y a nulle solidarité entre les contribuables ; chaque cote est indépendante, chacun est quitte dès qu'il a payé la portion de son revenu que la loi lui a demandée.

Modes des Impositions actuelles.

7. La contribution foncière, la contribution personnelle, sont des impôts de répartition ; la contribution des patentes est un impôt de quotité.

Celle des portes et fenêtres était, dans le principe, un impôt de quotité, parce que chacun payait tant par fenêtre et par porte ; elle est devenue depuis un impôt de répartition.

Répartition dans ses divers degrés.

8. La loi règle, chaque année, le montant des trois premières contributions, foncière, personnelle et des portes et fenêtres.

Elle distribue ensuite cette somme entre les départemens, et règle le contingent de chacun.

Le contingent du département est réparti, par le conseil général de ce département, entre les arrondissemens.

Le contingent ainsi assigné à chaque arrondissement, est réparti par le conseil d'arrondissement entre les communes.

Enfin, les répartiteurs distribuent entre les contribuables le contingent assigné à leur commune.

Réimposition des Surtaxes.

9. Il s'ensuit que, si les répartiteurs, par erreur ou par un motif quelconque, surchargent un contribuable, et que

celui-ci réclame et obtienne une décharge, la somme dont sa taxe est diminuée doit être réimposée l'année suivante sur toute la commune.

Erreurs dans la Répartition.

10. Il s'ensuit encore que, si le législateur ne connaît pas, et il ne peut en effet les connaître, les forces respectives des départemens, il est exposé à surcharger les uns aux dépens des autres ;

Que le conseil général du département peut de même surcharger des arrondissemens;

Que le conseil d'arrondissement peut se tromper aussi à l'égard des communes;

Et enfin que les répartiteurs peuvent grever des contribuables et en ménager d'autres.

De là les plaintes qui se sont élevées contre la répartition de la contribution foncière dans ses quatre degrés, et l'inégalité qui n'a cessé d'exister entre les départemens, les arrondissemens, les communes et les propriétaires.

Avantage de l'Impôt de répartition.

11. L'impôt de répartition a cependant cet avantage, que la somme totale en est déterminée et assurée au Trésor public, au moyen des réimpositions auxquelles les décharges accordées pour une année donnent lieu l'année suivante ; et il importait à l'État que la contribution foncière, qui est la branche principale de ses revenus, lui donnât un produit certain et connu d'avance.

Impossibilité de concilier les deux modes sans un Cadastre.

12. Ce motif détermina l'assemblée constituante à faire de la contribution foncière un impôt de répartition ; cependant, frappée des inconvéniens de ce mode, qui n'offrait aucune garantie aux contribuables contre les surcharges auxquelles ils étaient exposés, elle voulut en faire en même temps un impôt de quotité, et espéra y parvenir, en réglant que chaque propriétaire ne paierait pas au-dessus du cinquième de son revenu.

Une telle espérance ne pouvait évidemment se réaliser, lorsque la masse imposable était entièrement inconnue ; car le principal de la contribution fixée à 240 millions, en même temps que le *maximum* de la cotisation de chaque contribuable l'était au cinquième de son revenu, supposait la certitude que la masse de tous les revenus était cinq fois plus forte que le montant de l'impôt, c'est-à-dire qu'elle n'était ni au-dessus ni au-dessous de 1200 millions. Il fallait donc, si la masse des revenus ne donnait en définitif que 1100 millions, ou renoncer à une partie des 240 millions, en maintenant la proportion du cinquième, ou bien excéder cette proportion pour obtenir la totalité du revenu promis au trésor.

Le Cadastre concilie les deux modes d'Impôt.

13. Un cadastre pouvait seul lever ces difficultés, jusqu'alors insolubles. En effet, lorsqu'il aura constaté et déterminé les revenus de tous les propriétaires, et, par suite, le revenu total de la France, le Gouvernement pourra tout-à-la-fois déterminer la quotité de ce revenu à payer par chacun, et connaître d'avance avec certitude le produit total qui en résultera.

Ainsi,

Ainsi, fixer en même temps et le montant de l'imposition et sa proportion avec le revenu, avait été une idée contradictoire tant que l'ensemble des revenus territoriaux était inconnu ; mais, par le cadastre, cette idée se trouve naturellement réalisée.

Si, par exemple, le revenu foncier de l'Empire français est reconnu être de 1800 millions, la loi peut, sans contradiction, dire, telle année, que la contribution sera de 200 millions, et que tous les propriétaires paieront le neuvième de leurs revenus, et telle autre année, que la contribution sera de 180 millions, et que chaque propriétaire paiera le dixième de son revenu.

Avantages du Cadastre.

14. Alors, plus de répartition, plus de solidarité entre les contribuables, plus de réclamations en surtaxe, plus de réimpositions. Dès que la quotité de revenu demandée est connue, chaque département, chaque propriétaire fait lui-même son décompte ; et, lorsqu'il a payé cette quotité, aucune autorité ne peut plus rien exiger de lui.

Allivrement.

15. Le résultat du cadastre est donc de constater et de fixer le revenu imposable de toutes les propriétés foncières. Ce revenu ainsi fixé se nomme *allivrement* cadastral.

Définition de l'Allivrement.

16. On entend donc par allivrement, la somme à laquelle le revenu net imposable est fixé par le cadastre. Ainsi, chaque propriétaire, chaque commune, chaque arrondissement, chaque département, aura, à la fin de

l'opération, son allivrement, et l'Empire français aura son allivrement général.

Tous ces allivremens seront dès-lors la base fixe et immuable de la cotisation, jusqu'à ce qu'une révision générale des expertises devienne nécessaire, à raison des changemens notables que le temps aurait amenés dans les divers produits de la terre.

Fixité de l'Allivrement.

17. Pour parvenir à donner à l'allivrement cette fixité, il ne fallait allivrer que les propriétés dont le revenu n'est pas sujet, par sa nature, à des variations trop sensibles; telles sont les terres labourables, les prés, vignes, bois, et toutes les propriétés foncières non bâties.

Propriétés bâties non susceptibles d'un Allivrement fixe.

Compte de l'administration des finances de 1806. IV — 209.

18. Mais il n'en est pas de même des maisons et autres propriétés bâties; le revenu du bâtiment excède toujours de beaucoup celui du terrain. Il ne serait pas juste que le propriétaire d'une maison continuât, après sa destruction, à en payer la contribution; il ne le serait pas non plus que le propriétaire qui ferait bâtir sur un terrain une maison très-productive, n'acquittât point la contribution due à raison de ce nouveau revenu.

Les propriétés bâties n'étant donc pas susceptibles d'un allivrement fixe, il a été nécessaire de les distinguer des autres, et de les retirer du cadastre.

Superficie des Propriétés bâties.

Ibid.

19. Cependant, comme il ne serait pas juste non plus qu'après la destruction d'une maison, le terrain sur lequel

elle était construite ne se trouvât point imposé à la contribution cadastrale, tandis qu'un terrain qui y serait compris, venant à être bâti, se trouverait imposé des deux côtés, il a été nécessaire de comprendre dans l'allivrement cadastral la superficie des propriétés bâties, au taux des terres labourables de première classe.

Séparation de la Contribution cadastrale et de la Contribution foncière des Propriétés bâties.

20. La contribution foncière se sépare dès-lors en deux branches : l'une est la contribution cadastrale des propriétés non bâties et de la superficie des bâtimens ; l'autre, la contribution des propriétés bâties.

La première devient un impôt de quotité (3) ; la seconde continue d'être un impôt de répartition (2).

Procédé de cette séparation.

21. Les propriétés bâties entrent dans l'expertise cadastrale, parce qu'il faut les évaluer aussi-bien que les autres, pour connaître la part de contribution foncière qu'elles emporteront avec elles : mais, la séparation une fois faite, ces deux natures de propriétés n'ont plus rien de commun ; et le contingent assigné aux propriétés bâties, continue d'être réparti entre les propriétaires dans la forme suivie jusqu'à présent.

Compte de l'administration des finances de 1806. IV — 135.

Séparation des principales Pièces de l'expertise en deux cahiers.

22. Ainsi le tableau indicatif des propriétaires et des propriétés, les états de classement, la matrice de rôle, comprennent toutes les propriétés, mais en deux cahiers

Loi du 15 septembre 1807. IV — 227.

différens ; le premier destiné aux propriétés non bâties et à la superficie des bâtimens ; le second, aux maisons, moulins, forges, usines, manufactures et autres propriétés bâties ; ou plutôt il y a deux états de classement (804, 831), deux matrices de rôles (806, 832), et deux rôles (827, 835).

Superficie des Propriétés bâties.

Loi du 15 septembre 1807. IV — 227.

23. Les propriétés bâties sont portées dans les premiers cahiers des tableaux indicatifs, états de classement et matrices de rôles, pour la superficie du terrain qu'elles occupent. Comme ce terrain n'a aucun genre de culture, et qu'il faut cependant partir d'une base quelconque pour l'évaluer, la loi l'assimile aux terres labourables de première classe (410).

Valeur locative des Propriétés bâties.

24. Les propriétés bâties sont ensuite une seconde fois portées dans les seconds cahiers des tableaux indicatifs, états de classement et matrices de rôles, mais à raison de la valeur locative de leur élévation, et déduction faite de la valeur déjà assignée aux terrains qu'elles occupent.

TITRE II.

ORGANISATION.

Préfets.

25. Le cadastre s'exécute dans chaque département sous les ordres du préfet.

Directeurs des Contributions.

26. Le directeur des contributions est chargé de diriger et surveiller tous les détails de l'opération, et tous les agens qui y sont employés.

Géomètres ; Experts.

27. La partie d'art est confiée, dans chaque département, à un géomètre en chef, sous le titre d'ingénieur vérificateur, et à des géomètres de première et de seconde classe ; et la partie des évaluations, à des experts nommés par le préfet, et aux employés des contributions directes.

Ingénieur vérificateur ; Nomination.

28. L'ingénieur vérificateur est nommé par le Ministre des finances. Il doit résider dans le chef-lieu du département, y tenir ses bureaux, et ne peut exercer d'autres fonctions.

Instruction du 1.er déc. 1807, art. 5.
IV — 262.

Fonctions.

29. L'ingénieur vérificateur est chargé,

De l'examen de tous les sujets employés à l'arpentage (33, 41, 44);

Du projet de leur distribution dans les communes (97, 99);

Id. art. 5, 8, 9.
IV — 262, 263.

De la surveillance immédiate de tous les travaux exécutés sur le terrain (243, 244);

De la vérification de ces opérations (247 à 257);

Et de la confection de la partie des travaux de l'arpentage qui s'exécute dans le cabinet (268, 281, 288).

Responsabilité.

30. L'ingénieur vérificateur est responsable du travail des géomètres et des paiemens qui leur ont été faits; il l'est également des travaux de l'expert et du contrôleur, qui se trouveraient inutiles par suite des défectuosités des plans. Il a néanmoins son recours contre les géomètres (39).

Rapports administratifs.

31. Les relations officielles de l'ingénieur vérificateur tant avec le préfet qu'avec le Ministre, ont lieu par l'intermédiaire du directeur des contributions, qui, dans ses rapports, fait connaître textuellement les propositions de l'ingénieur vérificateur.

Congés.

Lettre du 24 mai 1810. V — 313.

32. L'ingénieur vérificateur ne peut s'absenter sans un congé accordé par le Ministre, sur la proposition du préfet; la demande en est transmise au préfet par le directeur des contributions, qui s'assure que le bien du service ne peut en souffrir.

Si l'ingénieur vérificateur est absent plus de deux mois, il ne reçoit pas de traitement fixe pour le temps dont son absence excède ce terme.

Géomètres de première classe; Examen.

Instruction du 1.er déc. 1807, art. 5. IV — 262.

33. L'ingénieur vérificateur examine les sujets qui se présentent pour être employés au cadastre lorsqu'il se

trouve une place vacante, ou que le nombre des géomètres n'est pas suffisant; il donne une attestation de capacité à ceux à qui il reconnaît les talens nécessaires pour être géomètres de première classe.

Nomination.

34. Ceux-ci, d'après cette attestation, sur la proposition de l'ingénieur vérificateur, et le rapport du directeur des contributions, reçoivent du préfet une commission de géomètre de première classe, si ce magistrat les en juge d'ailleurs susceptibles. Instruction du 1.er déc. 1807, art. 6. IV — 262.

Fonctions.

35. Ils sont chargés, *Ibid.* art. 10. IV — 263.
De la délimitation de la commune (65),
De sa division en sections (105),
De la triangulation (117),
De la reconnaissance des propriétaires (163),
Du plan parcellaire (149, 212),
Du tableau d'assemblage (241),
Et de la minute du tableau indicatif des propriétaires et des propriétés (198).

Nombre des Géomètres.

36. Dans chaque département, il ne doit y avoir qu'un nombre de géomètres de première classe, proportionné aux travaux à exécuter; en général, ce nombre ne doit pas être au-dessus de douze, ni au-dessous de cinq.

Incompatibilité.

37. Tout géomètre commissionné doit exercer ses fonctions par lui-même, et ne peut être employé ni dans

les bureaux de la préfecture ou de la sous-préfecture, ni dans ceux de la direction : il ne peut exercer aucun autre emploi, ni faire par lui-même aucun commerce.

Un géomètre ne peut faire aucun travail d'arpentage particulier, sans l'agrément de l'ingénieur vérificateur.

Congé.

Lettre du 24 mai 1810. V — 313.

38. Il ne peut s'absenter sans un congé accordé par le préfet, sur la proposition de l'ingénieur vérificateur et le rapport du directeur.

Responsabilité.

39. Il est responsable, non-seulement des travaux qu'il aurait exécutés et qui seraient reconnus défectueux, mais encore de la dépense des opérations de l'expert et du contrôleur, qui se trouveraient inutiles par suite de l'irrégularité du plan.

Changement de Département.

Instruction du 20 avril 1808. IV — 307.

40. Nul géomètre de première classe ne peut quitter le département où il est commissionné, pour passer dans un autre, sans un certificat de l'ingénieur vérificateur et du directeur, visé par le préfet, annonçant qu'il est libre de tout engagement, et attestant sa capacité et sa bonne conduite.

Révocation des Géomètres.

Instruction du 1.er déc. 1808, art. 13. IV — 264.

41. L'ingénieur vérificateur peut proposer la révocation des géomètres dont la conduite ou les travaux donnent lieu à des reproches. Cette révocation est prononcée par le préfet, sur le rapport du directeur.

État

État nominatif des Géomètres.

42. L'ingénieur vérificateur envoie au directeur, à la fin de chaque semestre, l'état nominatif des géomètres de première classe, qui indique, 1.° leurs noms et prénoms; 2.° leur âge; 3.° le nombre d'années de service qu'ils ont dans le cadastre; 4.° le nombre des plans qu'ils ont levés; 5.° ses observations sur leurs travaux et leur conduite. Instruction du 1.er déc. 1808, IV — 307.

Le directeur fait passer cet état au commissaire impérial, en y joignant les observations personnelles.

Avancement des Géomètres de première classe.

43. Les ingénieurs vérificateurs ne peuvent être pris que parmi les géomètres de première classe en activité, et sont choisis parmi ceux qui se distinguent par leurs talens, leurs travaux et leur conduite. *Ibid.* IV — 308.

Géomètres de seconde classe.

44. Les géomètres de première classe peuvent s'adjoindre des arpenteurs pour le levé du détail, et en demeurent responsables. Ces arpenteurs ou géomètres de seconde classe doivent être agréés par l'ingénieur vérificateur; les traités passés entre eux et les géomètres de première classe, doivent être approuvés par lui. Il conserve le double de chacun de ces traités, pour le représenter, s'il y a lieu, soit au directeur, soit à l'inspecteur général. Instruction du 1.er déc. 1807, art. 11. IV — 263.

En cas de contestation, il donne son avis au directeur, et, sur le rapport de ce dernier, le préfet décide.

Avancement des Géomètres de seconde classe.

Instruction du 20 avril 1808. IV — 308.

45. Le préfet se fait rendre compte de la conduite et du travail des géomètres de seconde classe, pour élever à la première ceux qui en sont susceptibles, lorsque l'extension des travaux le permet, ou qu'il y a lieu à un remplacement.

Arpentage interdit aux personnes étrangères au Cadastre.

46. Aucune opération d'arpentage, soit total, soit partiel, ne peut être exécutée que par des géomètres commissionnés de première classe, et par des géomètres de seconde classe, ou des élèves reconnus par eux.

TITRE III.

DISPOSITIONS PRÉLIMINAIRES.

Budgets annuels.

47. TOUTES les dépenses du cadastre parcellaire consistant ou en traitemens fixes ou en rétributions par arpent, par parcelle ou par journée de travail, il est facile de calculer, au moins approximativement, la dépense des travaux que l'on se propose d'exécuter dans le cours de chaque année.

En conséquence, le Ministre des finances arrête, à la fin de chaque année, le budget des sommes à dépenser dans chaque département, comme il va être expliqué ci-après.

Désignation des Communes.

48. Les communes à cadastrer sont désignées un an d'avance. En conséquence, le directeur des contributions, après s'être concerté avec l'ingénieur vérificateur, présente, au mois d'octobre 1811, la liste des communes qu'il croit devoir proposer pour les opérations de 1813, et ainsi d'année en année. Lettre du 7 mars 1811.

Ordre de travail par canton.

49. Le cadastre doit marcher par canton, ou ressort de justice de paix; ainsi le directeur doit d'abord proposer la totalité des communes d'un canton, ensuite la totalité, ou, si la dépense était trop forte, une partie des communes d'un second canton. *Ibid.* IV — 285. lettre du 27 janv. 1808

Dans ce dernier cas, les communes restantes de ce

second canton sont les premières portées dans le budget de l'année suivante.

Ordre de travail par Arrondissement.

Lettre du 27 janvier 1808. IV — 283.

50. Pour que les avantages du cadastre se répandent, à mesure de ses progrès, sur tous les points de la France, les cantons successivement proposés doivent être pris dans des arrondissemens différens.

Choix des Communes.

Ibid.

51. En observant ces deux premières conditions, savoir, celle d'opérer par canton, et celle de prendre tour-à-tour un canton dans chacun des arrondissemens du département, on doit choisir de préférence les communes dont les matrices de rôles sont plus anciennes ou plus irrégulières, celles où les vices de la répartition occasionnent plus de réclamations.

Il est juste aussi d'avoir égard au vœu que des communes ou des propriétaires manifesteraient de voir cadastrer leur territoire, lorsqu'il sera compatible avec l'ordre de procéder par canton.

Liste des Communes.

Ibid. IV — 285.

52. Lorsque le préfet a déterminé les communes qu'il propose de désigner pour les travaux de l'année, le directeur rédige l'état nominatif de ces communes, en indiquant le nombre présumé d'arpens et de parcelles que contient chacune d'elles, et il calcule en masse la dépense qui peut en résulter.

Cette liste, remise au préfet, est envoyée par lui au Ministre des finances, pour être approuvée.

Nombre des Communes.

53. Les préfets doivent comprendre dans ces projets toutes les communes qu'ils croient pouvoir être arpentées dans le cours de l'année pour laquelle ils sont destinés, et expertisées dans la suivante, d'après le nombre des agens de l'arpentage et de l'expertise, de manière que le Ministre connaisse tout ce que les moyens d'exécution de chaque département permettraient d'entreprendre.

Lettre du 27 janvier 1808.
IV — 287.

Taux de l'indemnité des Géomètres.

54. Le choix des communes définitivement arrêté, l'inspecteur général, lorsque sa tournée annuelle le conduit dans le département, consulte le directeur des contributions et l'ingénieur vérificateur sur le plus ou moins de facilités que présenteront pour l'arpentage les communes désignées.

Il rédige un rapport raisonné, à la suite duquel il propose au préfet le taux de l'indemnité à accorder aux géomètres, pour le canton ou pour chacun des cantons désignés. Il envoie un double de ce rapport au commissaire impérial.

Le Directeur fait actuellement le rapport.
Lettre du 31 mars 1813

Le préfet prend alors un arrêté, à l'effet de fixer le taux de l'indemnité des géomètres pour chaque canton ; il l'adresse en projet au Ministre, pour être approuvé ou modifié s'il en est susceptible.

Projets de Budgets.

55. Les communes désignées et le taux de l'indemnité des géomètres arrêté, le directeur rédige le projet de budget, en portant en détail le montant de la dépense

de chaque commune par arpent et par parcelle ; il calcule ensuite les traitemens annuels et les autres dépenses variables. La réunion de ces divers articles forme le montant du budget proposé.

Approbation des Budgets.

Lettre du 30 déc. 1808. V — 135.

56. Lorsque tous les préfets ont envoyé les projets de budgets, le commissaire impérial en met le tableau général sous les yeux du Ministre, qui, comparant le montant des dépenses proposées, avec le montant du produit des centimes additionnels imposés pour le cadastre, détermine la somme à allouer à chaque département.

Fonds de réserve.

Ibid.

57. En arrêtant ces budgets, le Ministre fait sur les fonds du cadastre de l'année une réserve, pour être à même d'accorder des supplémens aux départemens qui pourraient en avoir besoin.

Budgets supplémentaires.

58. En conséquence, lorsque, dans le cours de l'année, un département se trouve très-avancé dans le travail des communes portées au budget primitif, le préfet peut adresser au Ministre le projet d'un budget supplémentaire, et le Ministre l'adopte en tout ou en partie, selon que la situation des fonds le permet.

Proportion à maintenir entre l'Arpentage et l'Expertise.

59. Pour ces budgets, tant primitifs que supplémentaires, les préfets doivent combiner leurs propositions, de manière à éviter que l'arpentage ne prenne trop d'avance

sur l'expertise, cherchant au contraire à faire marcher ces deux opérations, d'un pas égal, à la seule distance qui doit exister naturellement entre deux travaux dont le second ne peut commencer qu'après que le premier est terminé.

Travaux par anticipation.

60. Aucune commune ne peut être arpentée par anticipation sans l'autorisation spéciale du Ministre, sur la demande du préfet, d'après un rapport du directeur.

Distinction des Exercices cadastraux.

61. L'ensemble des travaux, et, par suite, des dépenses qui résultent du budget primitif d'une année et du budget supplémentaire de cette même année, s'il en est accordé un, compose l'exercice cadastral de cette année, quelle que soit ensuite la durée des travaux, et à quelque époque que se paient les dépenses.

Cette distinction d'exercices cadastraux doit être observée dans les états de situation (1075), les bordereaux de recettes et dépenses (1019, 1076), et chaque exercice cadastral doit avoir sa comptabilité et sa liquidation particulière.

Système métrique.

62. La diversité des mesures anciennes avait été un des principaux obstacles qui s'étaient opposés aux différens projets conçus par l'ancien Gouvernement, d'un cadastre général. Circulaire du 1.er mars 1803. I— 152.

En effet, pour pouvoir comparer le produit d'un arpent de terre dans le midi avec celui d'un arpent de terre du nord de la France, il faut que par-tout l'arpent *Ibid.* I— 153.

soit le même. L'établissement du système métrique des poids et mesures est donc infiniment favorable à l'exécution du cadastre, et le cadastre est un des moyens de propager la connaissance de ce nouveau système, au moins pour les mesures agraires.

Adoption des Noms vulgaires.

Circulaire du 1.er mars 1803. I—155.

63. Toutes les opérations du cadastre sont faites d'après le nouveau système des poids et mesures.

Ces mesures sont, pour la facilité des habitans des campagnes, exprimées par les dénominations vulgaires autorisées par l'arrêté du Gouvernement du 6 novembre 1800.

Tableau D.

Le tableau des noms systématiques et vulgaires est joint au présent réglement.

TITRE IV.

ARPENTAGE.

SECTION I.re

TRAVAUX DES GÉOMÈTRES.

CHAPITRE I.er

DÉLIMITATION.

Époque de la Délimitation.

64. Le choix des communes étant déterminé un an d'avance (48), il doit être procédé à leur délimitation pendant l'année qui précède celle de l'arpentage, de manière que le levé des plans ne soit plus interrompu ou retardé par des difficultés sur les limites. Lettre du 7 mars 1811.

Géomètre délimitateur.

65. A cet effet, le préfet, sur la proposition de l'ingénieur vérificateur et le rapport du directeur, charge un des géomètres de première classe du département, de la délimitation de toutes les communes désignées. Ibid.

Traitement du Géomètre délimitateur.

66. Sa rétribution se compose du prélèvement de la portion qui, dans l'indemnité des géomètres chargés du parcellaire, est relative au travail que le géomètre délimitateur fait à leur décharge.

Cette rétribution est arrêtée par le préfet, sur la proposition de l'ingénieur vérificateur et le rapport du directeur.

Communes susceptibles d'être réunies.

67. Le préfet constate d'abord si quelques - unes des communes désignées sont, par l'exiguité de leur territoire, le petit nombre de leurs habitans, la modicité de leurs revenus communaux, ou toute autre cause, dans le cas d'être réunies à une autre commune, attendu qu'il est très - important que toutes les réunions projetées ou convenables s'opèrent avant la confection du cadastre.

Contestations anciennes.

68. Le préfet examine ensuite s'il existe, entre les communes désignées, des contestations anciennes qu'il importe également de faire juger avant l'arpentage.

Lettre aux Maires des Communes à délimiter.

69. Le préfet fait connaître, par une lettre spéciale, aux maires des communes du canton désigné le premier, le choix du géomètre délimitateur et l'époque où il se rendra sur les lieux. Il les invite à assister à la reconnaissance des limites, à seconder le géomètre dans ses opérations, à lui fournir tous les renseignemens dont il peut avoir besoin, et à signer le procès-verbal de la délimitation.

Cette lettre doit contenir toutes les instructions nécessaires sur la conduite que les maires doivent tenir dans les divers cas prévus par les articles suivans.

Reconnaissance des Limites.

70. Le géomètre délimitateur se rend dans la première commune du canton désigné, et demande au maire la remise du procès-verbal de la reconnaissance des limites, si ce procès-verbal existe déjà.

Vérification des Limites, et Croquis figuratif.

71. Le géomètre, assisté du contrôleur des contributions et des maires des communes intéressées, se transporte sur les confins du territoire à délimiter ; il les parcourt, et trace successivement dans l'ordre de sa marche, le croquis de la partie du périmètre formée par chaque commune limitrophe, de manière qu'après avoir fait le tour de la commune où il opère, il a le plan visuel des limites en autant de croquis séparés qu'il y a de communes environnantes.

Modèle.

il est impossible qu'un contrôleur suive toutes les opérations de la délimitation, c'est au contrôleur à juger quand sa présence est nécessaire. lettre du 10 7bre 1811.

Limites non naturelles ou variables.

72. Par-tout où il ne se trouvera pas de limites naturelles ou invariables, ces croquis figuratifs indiquent les noms des propriétaires, et la nature des propriétés qui forment ces limites.

Procès-verbal descriptif des Limites.

73. Les croquis figuratifs, qu'il a chargés des notes et désignations nécessaires, le mettent à même de rédiger le procès-verbal descriptif de délimitation avec les maires et le contrôleur qui l'accompagnent. Si des propositions de changemens évidemment nécessaires sont faites, s'il s'élève des contestations sur quelques portions de limites, il insère dans son procès-verbal les dires des

exempt du droit de timbre. Décision du 22 janv. 1812.

Modèle.

maires, donne son opinion sur les propositions faites et sur les parties contentieuses, et indique par des lignes ponctuées sur son croquis visuel ces mêmes propositions et les points douteux : ces croquis figuratifs seront annexés au procès-verbal de délimitation.

Changemens de Limites.

Lettre du 18 janvier 1804. II — 53.

74. Lorsque les maires, ou quelques-uns ou même un seul d'entre eux, ou le contrôleur, ou enfin le géomètre délimitateur reconnaissent qu'il serait convenable de substituer aux limites existantes, une rivière, un chemin ou toute autre limite naturelle, ce dernier en trace le projet sur son croquis figuratif, et la proposition en est consignée dans le procès-verbal.

Contestations.

75. En cas de contestation de limites, le géomètre porte également sur le croquis figuratif, les limites prétendues de part et d'autre, et celle qui lui paraîtra devoir être adoptée; il consigne le tout dans le procès-verbal.

Moyens de Conciliation.

76. Le contrôleur et le géomètre s'attachent néanmoins à amener les maires à prendre entre eux à l'amiable un parti, soit sur les points contestés, soit sur les changemens proposés.

Enclaves.

Lettre du Ministre de l'intérieur du 13 mars 1806. IV — 39.

77. Les portions de terrain enclavées de toutes parts dans une commune, et qui auraient jusqu'à présent été administrées par une autre, sont, de droit, réunies à la commune sur le territoire de laquelle elles sont situées.

Aucune réclamation contre cette réunion, de la part d'un maire, ne peut être consignée dans le procès-verbal.

Terrain prolongé sur un Territoire étranger.

78. Si un terrain prolongé sur un territoire étranger ne tient à la commune qui l'administre que par un point de peu d'étendue, il est susceptible d'être réuni à l'administration du territoire dans lequel il se prolonge. *Ibid.*

Compensations.

79. Le maire de la commune qui perd ce terrain en peut demander un autre en compensation. Dans ce cas, cette demande est consignée dans le procès-verbal, avec le consentement ou le refus du maire de l'autre commune d'accéder à cette demande. *Ibid.*

Enclaves entre Départemens.

80. Lorsqu'il se trouve dans une commune une enclave qui dépendait d'une autre commune située dans un autre département, l'intervention du Gouvernement devient nécessaire (85). Lettre du 11 avril 1804. II — 119.

Signature du Procès-verbal de Délimitation.

81. Le procès-verbal de délimitation rédigé par le géomètre, ou, pour lui, par le contrôleur, soit que les limites se trouvent régulières, soit qu'il y ait contestation ou proposition de changement, devra être signé de tous les maires, du contrôleur et du géomètre. Si l'un des maires refuse sa signature, ce refus et ses motifs seront consignés à la suite du procès-verbal et attestés par les autres signataires. Modèle de procès-verbal, II — 57.

Modèle.

Mêmes procédés dans les autres Communes du Canton.

82. Le géomètre délimitateur, toujours assisté du contrôleur, procède de même à la délimitation des autres communes du canton.

Envoi à l'Ingénieur vérificateur.

83. Aussitôt que le géomètre délimitateur a terminé la délimitation de toutes les communes du canton, il envoie les procès-verbaux et les croquis figuratifs à l'ingénieur vérificateur, qui les remet au directeur.

Fixation des Limites.

84. Celui-ci fait son rapport au préfet, qui approuve les limites non susceptibles de difficultés.

Décisions de Sa Majesté.

Lettre du 13 mars 1806. IV — 36.

85. Les changemens de limites et les réunions de territoires, autres que celles des enclaves (77, 80), ne peuvent être opérés et les contestations des limites décidées que de l'autorité de sa Majesté, sur l'avis des conseils municipaux respectifs, des sous-préfets et des préfets.

Délibération des Conseils municipaux.

Ibid. IV — 39.

86. En conséquence, aussitôt que le procès-verbal de la délimitation d'une commune qui présente des changemens ou des incertitudes dans les limites est parvenu au préfet (84), ce magistrat fait convoquer les conseils municipaux de toutes les communes intéressées, à l'effet de délibérer dans le plus court délai sur les changemens ou contestations.

Conclusions précises des Conseils municipaux.

87. Le sous-préfet, en convoquant ces conseils municipaux, a soin de leur faire bien connaître la nature et l'objet de la question, et le montant de l'imposition des terrains dont on proposerait la réunion ou l'échange, afin que les délibérations des conseils municipaux soient prises en parfaite connaissance de cause, et se terminent par des conclusions positives. Lettre du 13 mars 1806. IV — 39.

Avis du Sous-préfet.

88. Lorsqu'il a réuni les délibérations de toutes les communes intéressées, le sous-préfet les examine et donne ses observations et son avis. Il adresse ensuite le tout au préfet. *Ibid.*

Rapport du Préfet.

89. Le préfet fait alors le rapport de l'affaire, y joint son avis, et envoie le tout au ministère de l'intérieur, ayant soin d'informer de cet envoi le Ministre des finances. Lettre du 7 août 1806. IV — 34.

Contestations entre deux Départemens.

90. Si les contestations sur les limites ou les changemens proposés intéressent des communes qui dépendent de deux départemens, le préfet du département où il a été procédé à la délimitation s'entend avec celui du département voisin, qui doit convoquer sur-le-champ les conseils municipaux, et suivre toutes les formalités ci-dessus prescrites (86, 87, 88, 89).

Décret impérial.

91. Aussitôt que le décret impérial qui fixe la délimitation est parvenu au préfet, il en adresse copie au directeur des contributions, et le charge d'en donner connaissance à l'ingénieur vérificateur.

Clôture du Procès-verbal.

92. Le délimitateur doit alors terminer et clorre le procès-verbal de délimitation, d'après la décision impériale. Ce procès-verbal est rédigé en deux expéditions, pour être jointes aux autres pièces de l'expertise.

Indication des Portions réunies ou distraites.

93. Lorsque, par l'effet de sa nouvelle délimitation, une commune prend sur une commune d'un autre canton, ou lui cède soit une enclave, soit une portion de terrain, le délimitateur doit en donner connaissance au directeur, pour que celui-ci opère les transport de contributions (791).

Vérification des Procès-verbaux.

94. L'ingénieur vérificateur examine avec soin les procès-verbaux; il s'assure de leur régularité et de la concordance des communes contiguës.

Remise des Procès-verbaux aux Géomètres.

95. Les procès-verbaux de délimitations ainsi régularisés sont remis par l'ingénieur vérificateur aux géomètres chargés de la levée des plans parcellaires. Ces géomètres s'y conforment exactement.

Tableau indicatif des Lignes et Angles.

96. Pour que le procès-verbal de délimitation ne laisse aucune incertitude sur les limites, le géomètre chargé du plan parcellaire doit, lorsque ce plan est fini, rédiger un tableau indicatif de la longueur des lignes, de leur direction et de l'ouverture des angles rentrans et sortans que forment les lignes délimitatrices. Ce tableau indicatif est annexé au procès-verbal de délimitation. *Modèle.*

CHAPITRE II.

CHAPITRE II.

DISPOSITIONS PRÉLIMINAIRES À L'ARPENTAGE.

Première Distribution des Communes entre les Géomètres.

97. Vers la fin de l'année consacrée à la délimitation des communes désignées d'avance, l'ingénieur vérificateur rédige le projet de la distribution des communes, dont il propose de charger d'abord les géomètres de première classe, indiquant l'époque où le travail peut commencer dans chacune d'elles. Le projet est soumis à l'approbation du préfet, par un rapport du directeur.

Géomètres chargés de deux Communes.

98. Dans cette première distribution, chaque géomètre de première classe ne peut, en général, être chargé que d'une commune, dont il doit même avoir terminé toutes les opérations avant d'en obtenir une autre.

Néanmoins le préfet peut, sur la proposition de l'ingénieur vérificateur et le rapport du directeur, charger un géomètre de première classe, de deux communes contiguës. Dans ce cas, le géomètre peut travailler ou placer ses collaborateurs dans la seconde commune, sans attendre que la première soit achevée.

Distributions subséquentes des Communes.

99. A mesure que les géomètres de première classe ont terminé les communes dont ils ont d'abord été chargés, le préfet arrête, dans la même forme (97), de nouvelles distributions de communes comprises dans le budget.

Reconnaissance des Limites des bois impériaux.

Lettre du 29 octobre 1804. III — 16.

100. Ce magistrat envoie un double de la liste des communes designées au conservateur des forêts, qui est chargé de faire procéder, conformément aux instructions de l'administration forestière, à la reconnaissance des limites des bois impériaux et communaux, avant l'époque et l'ouverture de l'arpentage cadastral.

Publication des Communes désignées.

Lettre du 24 mai 1810. V — 314.

101. Le préfet fait afficher la liste des communes désignées, non-seulement dans ces communes et dans celles qui leur sont contiguës, mais encore dans les chefs-lieux d'arrondissement et dans les principaux marchés du département, afin que les propriétaires forains puissent en avoir connaissance.

Lettre instructive aux Maires.

Ibid.

102. A mesure que l'arpentage d'une commune doit commencer, le préfet adresse au maire une lettre instructive, qui, après avoir rappelé l'objet et les avantages du cadastre, accrédite le géomètre auprès du maire, et trace à ce dernier tout ce qu'il doit faire pour seconder les diverses opérations de la levée du parcellaire (105, 164, 166, 206, 301).

Le géomètre de première classe remet lui-même cette lettre au maire, et commence aussitôt ses travaux.

État des Mesures Locales.

103. Dès son arrivée dans une commune, le géomètre rédige un état constatant les dimensions des mesures locales usitées dans la commune, leurs divisions et leur

rapport avec la mesure métrique; il fait viser cet état par le maire, l'envoie à l'ingénieur vérificateur, et en garde une copie.

État de situation des Travaux.

104. Le géomètre de première classe adresse, à la fin de chaque mois, à l'ingénieur vérificateur, un état de situation de ses travaux, conforme au modèle.

Modèle.

CHAPITRE III.

DIVISION DE LA COMMUNE EN SECTIONS.

Limites naturelles.

105. La division de la commune en sections n'intéressant en rien ni le droit de territoire ni la propriété, le géomètre doit, de l'avis du maire, s'attacher aux convenances, aux habitudes, et sur-tout aux limites naturelles et invariables.

Nombre des Sections.

106. Il importe de rendre les sections à-peu-près égales entre elles, et de ne pas les multiplier sans utilité. Une section ne doit, en général, contenir que depuis deux cents jusqu'à quatre cents arpens. Leur nombre doit être de trois au moins, et de sept à huit au plus. Il n'y a d'exception que pour les communes qui ont moins de cent arpens, celles qui en ont plus de trois mille, et celles qui, par la multiplicité des parcelles, sont sur une grande échelle.

Instruction du 5 nov. 1805; III — 131.

Dénomination des Sections.

107. Chaque section doit être désignée, non-seulement par des lettres alphabétiques, mais encore par le

Instruction du 5 nov. 1805. III — 131.

nom usité dans la commune, ou par une dénomination que le géomètre lui donne, de concert avec le maire, d'après la contrée ou l'objet principal que la section renferme. Cette dénomination en facilite la connaissance aux contribuables, et leur indique d'une manière plus certaine la situation de leurs propriétés.

Ordre des Sections.

Lettre du 11 février 1803. I — 112.

108. L'ordre alphabétique des sections doit, autant qu'il est possible, commencer par le nord, puis l'orient, le midi, l'occident, et allant en spirale, de gauche à droite, se terminer par le centre.

Procès-verbal.

Modèle de procès-verbal. II — 62.

Modèle.

109. Le géomètre rédige un procès-verbal de la division de la commune en sections, et le fait signer par le maire ; il l'adresse à l'ingénieur vérificateur, et celui-ci au directeur, qui peut l'inviter à y faire faire des changemens, ou, s'ils diffèrent d'avis, en rendre compte au préfet.

CHAPITRE IV.

INSTRUMENS.

110. Les résultats de l'arpentage doivent être uniformes ; mais ses procédés peuvent varier à raison de l'instrument employé. Son choix dépend, ou de l'habitude du géomètre, ou des localités qui quelquefois n'admettent pas un instrument qui serait d'ailleurs préférable par lui-même.

Instrumens pour la Triangulation.

Instruction du 30 sept. 1806. IV — 95.

111. Le cercle entier est l'instrument le plus avantageux pour les triangulations de quelque étendue.

A défaut de cet instrument, on emploie un graphomètre à lunettes, qui ait pour limbe une circonférence entière.

Instrumens pour le Levé des détails.

112. Les instrumens qui peuvent être employés pour les opérations de détail, sont, Instruction du 30 sept. 1806. IV — 95.

Le graphomètre,

La planchette et ses accessoires, tels que le déclinatoire et l'alidade,

La boussole,

L'équerre,

La chaîne de dix mètres, divisée en demi-mètres et subdivisée en doubles décimètres ou palmes,

Les diverses échelles.

Rapport successif des détails sur les Plans.

113. Quel que soit l'instrument adopté pour le levé des détails, les géomètres sont tenus de construire successivement, sur les plans, les résultats des opérations qu'ils ont faites sur le terrain.

L'ingénieur vérificateur doit prendre les mesures nécessaires pour empêcher que les géomètres ne diffèrent le rapport sur les plans, et ne l'ajournent jusqu'à la fin de leurs travaux dans les communes.

Usage du Compas, proscrit.

114. L'usage du compas, vulgairement appelé *compas d'arpenteur*, est rigoureusement interdit, ainsi que celui du micromètre, jusqu'à ce que son perfectionnement et la possibilité de l'employer sans inconvénient aient été authentiquement constatés et reconnus. Instruction du 26 fév. 1805. III — 33.

Vérification des Instrumens.

Lettre du 13 juillet 1804. II — 156.

115. Les géomètres, avant leur départ pour les travaux de la campagne, vérifient les mètres, décamètres et les échelles dont ils doivent se servir, en les comparant aux mesures étalons déposées dans les bureaux de la préfecture.

Il serait même essentiel que chacun eût un double mètre, dont l'exactitude fût bien reconnue, et qui servît à vérifier de temps à autre les mesures qu'il emploie à l'arpentage.

Même Vérification par l'Ingénieur vérificateur.

116. Ces instrumens, examinés par l'ingénieur vérificateur au moment du départ des géomètres pour la commune, sont encore vérifiés par lui dans ses différentes tournées. Il ne peut trop prendre de précautions pour assurer l'exactitude des travaux dont il est responsable.

CHAPITRE V.

TRIANGULATION.

Définition.

Instruction du 30 sept. 1806. IV — 90.

117. La triangulation est un composé de triangles, dont les angles ne doivent pas être trop aigus ni trop obtus, et qui, partant d'une base avantageusement placée, couvrent tout le territoire de la commune et s'étendent aux principaux points extérieurs les plus rapprochés de son périmètre.

But de la Triangulation.

Ibid. IV — 90, 102. Instruction du 25 fév. 1806. III — 242.

118. Le but de cette opération est de donner au géomètre les moyens de se diriger avec certitude et précision dans le levé du plan; elle a cet avantage qu'elle peut se vérifier par elle-même, et qu'elle fait connaître au

géomètre les fautes qu'il a commises et la nécessité de les rectifier avant de se livrer au levé des détails.

Cette opération donne aussi à l'ingénieur vérificateur des moyens sûrs et faciles de vérifier l'ensemble et les détails du plan.

Opérations de la Triangulation.

119. La triangulation consiste dans les opérations suivantes :

Instruction du 30 sept. 1806. IV — 91.

1.° Mesurer une base;

2.° L'orienter ;

3.° Choisir sur le terrain les points disposés le plus convenablement pour la formation des triangles;

4.° Observer les trois angles de chaque triangle;

5.° Calculer les triangles et la distance de leurs sommets à la méridienne du lieu et à sa perpendiculaire;

6.° Former, avec les résultats des deux opérations précédentes, le registre des opérations trigonométriques;

7.° Construire le canevas trigonométrique.

Emplacement de la Base.

120. Le géomètre choisit, dans la commune, ou, s'il ne s'y trouve pas d'emplacement convenable, dans les communes voisines, un terrain propre à l'établissement d'une base; il en fixe les extrémités par de forts piquets, afin qu'elles puissent se retrouver dans tout le cours de l'opération et servir à la vérification.

Instruction du 24 nov. 1802. I — 68.

Loi du 23 septembre 1791. I — 28.

Circulaire du 18 sept. 1804. II — 199.

Mesure de la Base.

121. Cette base sera mesurée au moins deux fois, en sens contraire, avec la plus grande précision. La mesure s'en fera en tenant toujours la chaîne de niveau, et la

Instruction du 1.er mars 1803. I — 161 et 162.

longueur ainsi déterminée sera énoncée dans le procès-verbal.

Observation pour diriger la Triangulation.

122. Le géomètre, en parcourant la commune pour chercher un emplacement convenable à l'établissement d'une base, et en mesurant cette base, détermine quels sont les points immuables qu'il doit observer, place et fait placer des signaux dans les lieux les plus apparens, pour former les sommets des angles.

Le nombre des points à observer doit être au moins de 1 pour 100 arpens métriques; ces points doivent être convenablement distribués.

Observation des Angles.

123. La base étant bien fixée, le géomètre s'en sert, en stationnant, soit aux extrémités, soit à des points intermédiaires, pour observer les angles que forment, avec elle, les principaux points du territoire de la commune et les signaux qu'il a placés, et s'en écarte successivement, en formant la chaîne de triangles jusqu'aux limites de la commune : tous les angles de chaque triangle doivent être mesurés avec soin, à moins que les obstacles locaux ne forcent à conclure le dernier.

Rattachement avec les Communes voisines.

124. Le géomètre étend ses observations, autant qu'il lui est possible, à des points pris dans les communes limitrophes à celle où il opère.

Registre des Opérations trigonométriques.

125. Le géomètre ayant terminé ses observations sur le terrain, fait le calcul des triangles, et inscrit le résultat de

de ses observations et calculs, ainsi que les distances à la méridienne du lieu et à sa perpendiculaire, sur un registre à ce destiné. Ce registre doit présenter, par colonnes, la désignation des triangles, la valeur des angles en degrés, minutes, les extrémités des côtés, la longueur en mètres de ces côtés et les observations que le géomètre croit devoir faire pour l'intelligence de ce travail.

Canevas trigonométrique.

126. Le géomètre rapporte toutes ses observations sur un canevas trigonométrique construit à l'échelle de 1 sur le papier à 50,000 sur le terrain; ce canevas est réuni au registre des opérations trigonométriques.

Envoi à l'Ingénieur vérificateur.

127. Le géomètre envoie à l'ingénieur vérificateur le registre des opérations trigonométriques et le canevas aussitôt leur confection, avant de se livrer au travail du parcellaire; celui-ci vérifie les calculs et fait part de ses observations au géomètre.

CHAPITRE VI.

DÉFINITION DES PARCELLES.

128. Lorsque le géomètre a fait la triangulation et la table alphabétique des propriétaires (164), il procède au levé du plan parcellaire.

Définition du Plan parcellaire.

129. Le plan parcellaire est celui qui représente exactement le territoire d'une commune dans ses plus petites subdivisions, soit de cultures, soit de propriétés.

Définition de la Parcelle.

Instruction du 20 avril 1808. IV — 299.

130. Une parcelle est une portion de terrain plus ou moins grande, située dans un même canton, triage ou lieu dit, présentant une même nature de culture et appartenant à un même propriétaire.

Champ divisé entre plusieurs Propriétaires.

Instruction du 20 avril 1808. IV — 299.

131. Ainsi, une masse de terres labourables qui se partage entre dix propriétaires, forme dix parcelles.

Champ divisé en plusieurs cultures.

Ibid.

132. Une masse de terre appartenant à un seul propriétaire, mais partagée en dix champs, chacun d'une nature absolument distincte de ceux auxquels il est attenant, et devant recevoir une estimation différente, forme dix parcelles.

Terres qui ne diffèrent que par l'assolement.

133. Ne sont pas regardées comme de nature distincte, des terres qui ne diffèrent que par leur assolement.

Champ divisé par des Haies, Fossés, Rivières, Ruisseaux et Chemins.

Ibid.

134. Un champ d'une même culture, appartenant au même propriétaire, mais divisé en deux par une haie, un fossé large et profond, un chemin public, une rivière, un ruisseau, ou autre limite fixe, forme deux parcelles.

Champ divisé par des Sentiers, Rigoles, Terrasses.

Ibid.

135. Ne sont pas considérés comme divisant les propriétés,

Un sentier ou chemin de servitude ou d'exploitation,

Un simple ruisseau ou rigole d'écoulement ou d'irrigation,

Un mur de soutenement ou terrasse.

Cultures mêlees.

136. Les cultures, soit mêlées, soit alternes, comme une terre labourable où se trouvent quelques ceps de vigne, un pré où se trouvent des arbres épars, une friche dont une très-petite partie se trouve cultivée momentanément, ne forment qu'une parcelle.

Indication de la Culture.

137. La culture principale ou dominante est seule indiquée; on annote seulement au tableau indicatif les cultures accessoires.

Parties incultes, Haies, Broussailles.

138. Les petites parties de terre inculte, les haies ou broussailles sur les bords ou au milieu des parcelles, faisant partie de la propriété principale, ne sont point des parcelles; il en est de même des bordures en arbres fruitiers et forestiers ou en vignes.

Rochers, Mares, Amas de pierres.

139. Les terrains où il existe des amas ou dépôts de pierres, ceux où il se rencontre des rochers ou autres accidens de la nature, ceux où il se trouve des mares, réservoirs, fontaines, fondrières, &c. lesquels se trouvent enclavés ou contigus à une parcelle, ne sont parcelles et susceptibles d'être levés, que lorsque leur contenance excède deux perches métriques.

Rochers, Amas de Pierres détachés.

140. Les rochers, amas de pierres, et autres accidens de la nature détachés des propriétés particulières, sont levés comme les emplacemens et chemins publics (151); si le propriétaire les réclame, soit lors de l'arpentage, soit lors de la communication des bulletins, ils forment parcelle.

Maisons.

Instruction du 20 avril 1808. IV — 298.

141. La superficie des maisons et bâtimens est levée comme celle des autres propriétés non bâties, et forme parcelle.

Cours et Bâtimens ruraux.

142. On ne fait qu'une seule et même parcelle de la maison d'habitation, de la cour et des bâtimens ruraux, lorsque le tout est contigu.

Maisons des Villes.

Ibid.

143. On ne fait également qu'une seule et même parcelle de la maison et du jardin d'agrément qui lui est contigu, lorsqu'il n'excède pas vingt perches métriques : les jardins d'une plus grande étendue, les marais légumiers, doivent être levés distinctement et comme toutes les autres natures de propriétés non bâties.

Édifices publics.

Ibid.

144. Les églises, les monumens ou édifices publics, et en général tous les terrains clos employés à un service public, forment parcelle (403).

Parcs et Jardins d'agrément.

Ibid.

145. Le géomètre n'est pas tenu de lever et de figurer

sur son plan les détails d'agrément des parcs ou jardins de plaisance fermés de murs, haies ou fossés. On entend par détails d'agrément les parterres, gazons, boulingrins, allées sablées, fossés, bosquets, rochers, rivières, ponts et autres objets d'embellissement; mais on doit distinguer les bâtimens d'habitation ou ruraux qui s'y trouvent. La même distinction doit avoir également lieu pour les objets de culture qui y sont renfermés; par exemple, un bois taillis ou futaie, une terre labourable, un pré, &c. : dans ce cas, chacune de ces natures de culture doit former une parcelle.

Maisons contiguës.

146. Deux maisons contiguës, ayant chacune sa porte d'entrée, font deux parcelles, quoique appartenant au même propriétaire.

Maison appartenant à deux Propriétaires.

147. Une maison appartenant à deux particuliers, dont l'un est propriétaire du rez-de-chaussée, et l'autre de l'étage supérieur, ne peut former deux parcelles; la superficie appartient au rez-de-chaussée, le copropriétaire est seulement inscrit au tableau indicatif (193). Lettre du 20 mai 1807. V — 197.

Caves.

148. Une cave, ou un bâtiment souterrain, dont la superficie ne sera point bâtie, formera, pour cette superficie, une parcelle distincte du terrain qui l'environne; mais, si la superficie appartient à un propriétaire et la cave ou souterrain à un autre, ils seront tous deux inscrits au tableau indicatif (192).

CHAPITRE VII.

DÉTAILS DES PLANS.

Modèle.

149. Le géomètre doit mesurer exactement et reporter sur le plan toutes les parcelles telles qu'elles viennent d'être définies.

Terrains militaires.

Lettre du 13 mai 1805. III — 80.

150. Il se borne néanmoins à lever par masses les terrains militaires dans les villes de guerre ou places fortes, sans pouvoir lever en détail les contours de la fortification, ces terrains étant d'ailleurs non imposables (403).

Loi du 23 novembre 1798, art. 105. I — 41.

Rues, Places, Chemins.

Instruction du 20 avril 1808. IV — 298.

151. Les rues, les places publiques, les grandes routes, les chemins vicinaux, les rivières, et généralement tous les objets non imposables (403), sont levés et décrits avec exactitude.

Mais on peut ne figurer qu'approximativement et par des lignes ponctuées, les chemins et sentiers qui font partie intégrante des propriétés.

Glaciers, Rochers incultes.

Lettre du 18 déc. 1806. IV — 56.

152. Les terrains connus, dans les départemens où il existe de très-hautes montagnes, sous la désignation de glaciers, ne sont pas susceptibles d'être levés ; les géomètres arrêtent leurs opérations à la ligne extérieure de ces glaciers, c'est-à-dire à l'endroit où la terre cesse d'être productive : cette disposition, également applicable aux masses de rochers entièrement dénuées de terre, ne peut

avoir d'effet qu'autant que les limites de plusieurs communes aboutiraient à ces masses non productives ; mais à l'égard des masses pareilles qui appartiennent en totalité à un même territoire, elles doivent être levées, figurées sur le plan de ce territoire, et calculées de la même manière que toutes les autres natures de propriétés.

Fleuves, Rivières.

153. Les fleuves et les rivières doivent être levés et calculés par le géomètre, mais seulement jusqu'à l'endroit où leur nature change par le mélange de leurs eaux avec celles de la mer. La ligne de démarcation est ordinairement connue des marins et des habitans du pays ; elle peut encore se reconnaître à l'altération qu'éprouve la douceur ordinaire de leurs eaux : si cependant il s'élève quelques difficultés sur cette démarcation, le directeur en fait son rapport au préfet. Le géomètre est tenu de se conformer à la décision de ce magistrat. Lettre du 28 mai 1807. V — 199.

Dunes.

154. Les dunes, quoique non cultivées, les terrains arides situés le long des côtes, et au-dessus de la ligne que tracent les eaux de la mer dans leur plus grande élévation, doivent faire partie des plans. *Ibid.*

Rades.

155. Les rades appartiennent essentiellement à l'élément de la mer, et par cette raison ne doivent point être levées. *Ibid.*

Laisses de mer.

156. De même les laisses de basse mer, ou les terrains *Ibid.*

que la mer ne découvre que momentanément, par l'abaissement périodique de ses eaux, sont censés appartenir toujours à cet élément, et ne sont pas dans le cas d'être compris dans le territoire de la commune, dont la limite doit s'arrêter à la ligne de la haute mer.

Berges.

Lettre du 28 mai 1807. V — 199.

157. Les berges sont les bords relevés des chemins : si elles appartiennent aux propriétaires des terrains adjacens, elles ne doivent former, avec ces terrains, qu'une seule parcelle; elles doivent, au contraire, être confondues avec la grande route ou le chemin vicinal, si elles en font partie.

Pies d'Assec.

Lettre du 20 octobre 1809. V — 205.

158. Les terrains connus sous la dénomination de *pies d'assec*, ou étangs en eau, qui consistent en prés et terres labourables, successivement couverts d'eau et desséchés périodiquement, appartenant à différens propriétaires, les uns jouissant de la terre (ce droit s'appelle *droit d'assec*), les autres du droit de la couvrir d'eau, appelé *droit d'évolage*, doivent être détaillés pour toutes les parcelles cultivées : et pour déterminer le droit d'évolage, passible aussi de l'impôt, le géomètre entourera d'un léger filet en teinte verte, toutes les parcelles soumises à ce droit, et les annotera sur le tableau indicatif.

Chemins, Rivières servant de Limites.

Loi du 28 mai 1807. V — 199.

159. Lorsque la limite de deux départemens, ou de deux communes, se trouve établie par une rivière, un ruisseau, ravin ou chemin, cette rivière, ce ruisseau, ravin ou chemin, doit être figuré en entier sur chacun des

des plans, distinguant toutefois, par une ligne ponctuée, la limite assignée aux deux départemens ou aux deux communes, et n'attribuant à chaque commune que la portion de contenance qui lui appartient.

Grandes Parcelles.

160. Les masses considérables ou grandes parcelles absolument stériles, telles que celles formées par les montagnes arides, les glaciers, les fleuves et rivières à leur embouchure dans la mer, les lacs et étangs très-étendus et non productifs, les dunes, landes non imposables, ne doivent pas être levées et mesurées lorsque la contenance est d'environ quatre cents arpens métriques. Lettre du 24 mai 1810. V — 314.

Exception.

161. Néanmoins, quand le levé d'une de ces masses est reconnu nécessaire, le directeur en fait, sur la proposition de l'ingénieur vérificateur, son rapport au préfet, et le Ministre se réserve d'autoriser spécialement l'opération. *Ibid.*

Terrains abandonnés par la mer. — Parcs d'Huîtres.

162. Les terrains qui ont été abandonnés par la mer ou lui ont été enlevés, doivent être compris dans les plans; mais les parcs d'huîtres couverts tous les jours deux fois par la mer, et toutes les pêcheries qui ne consistent que dans des filets tendus le plus loin possible et que la mer couvre deux fois par jour, sont censés appartenir à cet élément, et dès-lors ne doivent pas être compris dans les plans. Lettre du 18 déc. 1806. IV — 56.

CHAPITRE VIII.

RECONNAISSANCE DES PROPRIÉTAIRES.

Instruction du 20 avril 1808. IV — 300.

163. Mesurer toutes les parcelles et en rapporter les figures sur le plan, n'est pas la seule opération qui constitue l'arpentage parcellaire : il en est une autre non moins importante, et qui exige de même tous les soins du géomètre ; elle consiste à indiquer les propriétaires des parcelles, tels qu'ils existent au moment de l'arpentage.

Liste alphabétique des Propriétaires.

Lettre du 24 mai 1810. V — 316.

Modèle.

164. Pour assurer l'exactitude de cette opération, le géomètre doit se procurer une liste alphabétique de tous les propriétaires compris dans le rôle de la contribution foncière.

Il peut rédiger d'avance cette liste à la direction des contributions : mais il doit la vérifier avec le percepteur, et y faire tous les changemens dont celui-ci peut avoir connaissance.

S'il n'a point rédigé cette liste d'avance, il demande au maire de l'autoriser à prendre communication du rôle, sans déplacement, pour faire, de concert avec le percepteur, le relevé des propriétaires.

Rédaction de la Liste.

165. Cette liste doit être faite avec le plus grand soin, parce qu'elle abrége et simplifie beaucoup les autres travaux du géomètre (204).

Elle doit indiquer avec exactitude les nom, prénoms, surnom, la profession et la demeure de chacun des propriétaires.

Il doit ensuite être appliqué un numéro en tête de la désignation de chaque propriétaire.

Au-dessous de chaque désignation de propriétaire, il doit être laissé autant de lignes en blanc qu'il y aura de sections dans la commune (204).

Il est utile même d'espacer davantage les noms, afin de pouvoir intercaler ceux des propriétaires qui, récemment établis dans la commune, ne seraient pas compris dans le rôle.

Avis aux Propriétaires.

166. Conformément à la lettre instructive adressée par le préfet au maire de la commune (102), celui-ci, sur la demande du géomètre, fait publier l'avis aux propriétaires, du jour où les travaux du parcellaire doivent s'exécuter dans telle ou telle partie de la commune, afin qu'ils assistent, par eux ou par leurs fermiers, régisseurs, ou autres représentans, à l'arpentage de leurs propriétés, et qu'ils fournissent tous les renseignemens nécessaires.

Instruction du 1.er déc. 1807. IV — 264.

Conduite des Géomètres avec les Propriétaires.

167. Le géomètre, dans ses divers rapports avec les propriétaires, doit leur développer les avantages que leur offre le cadastre, d'abord en assurant l'égalité de la répartition de la contribution foncière (1112 à 1118), et la fixité de l'allivrement qui fera la base de leur cotisation (1133 à 1141); ensuite, en déterminant les limites de leurs propriétés, de manière à prévenir les contestations et les procès qui se renouvelaient sans cesse (1142).

Il doit les engager à lui faciliter le mesurage de leurs terres, et à lui donner tous les renseignemens propres à bien établir la consistance de leurs propriétés.

Moyens de persuasion.

Instruction du 20 avril 1808. IV — 301.

168. Le géomètre chargé du parcellaire, passant nécessairement plusieurs mois dans la commune qu'il arpente, et résidant au milieu de ses habitans, a naturellement avec eux de fréquens rapports. Il doit s'attacher à gagner leur confiance, et peut en tirer un grand parti, pour parvenir à la connaissance tant des propriétés que des propriétaires.

Renseignemens donnés par les Propriétaires.

Instruction du 20 avril 1808. IV — 302.

169. Deux ou trois propriétaires suffisent souvent pour fournir beaucoup de lumières au géomètre, parce que la circonscription de leurs propriétés donne déjà une partie de celle des terrains contigus.

Mais aucun propriétaire ne se rendît-il sur le terrain, le géomètre doit toujours procéder à ses opérations ; il suffit que, par la suite, un ou deux donnent l'exemple, pour éclairer les autres sur leurs véritables intérêts.

Indicateurs.

Ibid.

170. Le géomètre, après avoir profité de toutes les circonstances qui ont pu lui faire connaître les propriétaires de quelques parcelles, est autorisé, pour parvenir à la connaissance exacte et complète de tous les autres, à prendre des indicateurs. Il est chargé de leur salaire, au moyen de l'indemnité spéciale qui lui est accordée pour cet objet (938). 939

Lettre du 24 mai 1810. Pag. 316.

V

Choix des Indicateurs.

171. Il est de l'intérêt du géomètre de prendre ces indicateurs parmi les cultivateurs de la commune qui en connaissent le mieux le territoire et les habitans, et de ne

les employer qu'aux époques où il peut en tirer le meilleur parti.

Numérotage provisoire des Parcelles.

172. Lorsque le géomètre a levé une certaine portion de terrain, il donne au crayon, sur le plan, un numéro provisoire à chaque parcelle.

Feuille indicative provisoire.

173. Il doit être muni d'une feuille sur laquelle sont tracées à la main les quatre colonnes du tableau indicatif, intitulées : Cantons, triages ou lieux dits; Numéros; Noms, professions et demeures des propriétaires; Natures des propriétés. Instruction du 20 avril 1808. IV — 299.

Première Indication des Propriétaires.

174. A mesure qu'il connaît le propriétaire d'une de ces parcelles, il le porte sur la feuille ci-dessus, avec ses prénoms, sa profession et sa demeure, sur la ligne de la parcelle qui lui appartient. Ibid. IV — 300.

Levé du Plan d'après les Jouissances.

175. Le géomètre ne doit lever les propriétés que d'après les jouissances au moment où il opère.

Terrains contestés.

176. Lorsqu'une portion de terrain est contestée par deux ou plusieurs propriétaires, le géomètre les appelle et cherche à les concilier, de manière à assigner à chacun sa part dans cette portion. Instruction du 1.er déc. 1807. IV — 263.

Limites apparentes.

177. En cas de non-conciliation, s'il y a sur le terrain Ibid.

des limites apparentes, le géomètre les figure sur le plan par des lignes ponctuées, assignant à chacun la partie qui paraît lui appartenir au moment de l'arpentage; sauf, si les parties font juger leur contestation avant l'entière confection du plan, à le rectifier d'après le jugement, et à marquer la séparation des parcelles par une ligne pleine.

Parcelles non délimitées.

Instruction du 1.er déc. 1807. IV — 365.

178. S'il n'y a point de limites apparentes, le géomètre ne fait qu'une parcelle de toute la propriété en litige; il porte néanmoins autant de numéros qu'il y a de propriétaires prétendans; il porte de même sur la feuille indicative provisoire (173) les noms de tous ces propriétaires, sauf à diviser la contenance totale entre eux d'après le jugement de la contestation.

Parcelles à divers Propriétaires, exploitées par un seul Fermier.

179. Dans le cas où une pièce de terre, exploitée par un même fermier, contiendrait deux ou plusieurs parcelles appartenant à divers propriétaires, mais dont les limites auraient disparu par l'effet de la culture, le géomètre doit faire toutes les démarches nécessaires pour se procurer, soit par le fermier, soit par les titres, baux ou anciens arpentages, la connaissance de l'étendue et de la situation des diverses parcelles, ainsi que les noms des propriétaires, afin de pouvoir les figurer sur le plan et porter les propriétaires sur la feuille indicative provisoire (173).

S'il n'y parvenait pas, alors il agirait comme il est dit ci-dessus (178); mais il ne lui serait alloué qu'une seule parcelle, quelle que soit son étendue.

Contestations jugées immédiatement après l'Arpentage.

180. Lorsque des propriétaires se sont conciliés ou ont fait juger leurs droits réciproques, si le géomètre a fini le plan et quitté la commune, et qu'il soit obligé d'y retourner pour opérer les changemens, il est payé de ce nouveau travail par les parties intéressées, soit de gré à gré, soit sur le réglement du préfet, d'après la proposition de l'ingénieur vérificateur et le rapport du directeur.

Contestations jugées long-temps après l'Arpentage.

181. Quand les contestations ne sont jugées qu'après la confection du cadastre du canton dont la commune dépend, et lorsque le géomètre n'est plus à portée d'y retourner, elles ne peuvent plus donner lieu à une rectification sur le plan, mais les droits réciproques des parties sont réglés par le livre des mutations (880).

Bois particuliers enclavés dans des Bois impériaux.

182. Lorsque, dans un bois impérial ou communal, il existe des portions appartenant à des particuliers, le géomètre se fait autoriser, conformément aux réglemens relatifs à l'administration générale des forêts, à ouvrir les laies reconnues indispensables. Instruction du 1.er déc. 1807. IV — 265.

Bois appartenant à plusieurs Particuliers.

183. Lorsqu'un bois se divise entre plusieurs particuliers, ils sont invités à consentir à l'ouverture des laies nécessaires, à moins qu'ils ne préfèrent déclarer la situation et l'étendue de la portion qui appartient à chacun d'eux, de manière que le géomètre puisse figurer toutes Ibid.

les portions sur le plan, et que les contenances partielles cadrent avec la contenance totale.

Contestation ou incertitude.

Instruction du 1.er déc. 1807. IV — 265.

184. Dans le cas de contestation ou d'incertitude, le géomètre suit les dispositions relatives aux terrains contestés (178).

Propriétés indivises.

185. Lorsqu'une propriété est possédée par indivis, le géomètre fait inviter, par le maire, les propriétaires à en effectuer le partage; et, s'il a lieu, il lève séparément la portion assignée à chacun d'eux, quel que soit leur nombre; il en forme autant de parcelles distinctes.

Refus de partage.

186. Si les copropriétaires se refusent au partage, ou s'il ne peut s'effectuer pendant la levée du plan, le géomètre porte la propriété indivise sur le plan comme ne faisant qu'une parcelle, et ne donne à cette parcelle qu'un seul numéro.

Il la porte également sur la feuille indicative provisoire, sous le même numéro.

Propriétés indivises entre plusieurs Propriétaires.

187. Alors, le géomètre porte la parcelle, dans le tableau indicatif, sous le nom du propriétaire qui a la portion la plus forte dans la propriété indivise, de cette manière :

33. *Cousin* (Jean) et consorts.

En cas d'égalité de portion, le géomètre prend le nom qui se trouve le premier dans l'ordre alphabétique.

Il porte néanmoins un propriétaire demeurant dans la commune, de préférence à un autre qui n'y serait pas domicilié.

État des Copropriétaires.

188. Le géomètre doit joindre au tableau indicatif un état nominatif de tous ces copropriétaires, en indiquant la portion de chacun dans l'indivis (938).

Cet état est arrêté et certifié par l'ingénieur vérificateur, comme devant servir de pièce de renseignement, tant pour les noms des copropriétaires, que pour leurs droits respectifs.

Droits des Copropriétaires par mesures.

189. Si le droit de chaque copropriétaire est établi à raison d'une portion quelconque de contenance, le géomètre l'indiquera sur l'état ci-dessus, comme il suit :

PARCELLE 33. 50 arpens.

1.	*Cousin* (Jean)......	1 arpent	50 perches.
2.	*Laroche* (Pierre)....	1	50.
3.	*Lefèvre* (Denis)....	1	//.
4.	*Girard* (Étienne)...	1	//.
6.	*Deprés* (Georges)...	//	75.
	&c...		
	&c...		

Droits des Copropriétaires, établis sur d'autres bases.

190. Si le droit de chaque copropriétaire est établi sur une base autre que la contenance, le géomètre rédige l'état en conséquence.

Par exemple, s'il s'agit d'un pré où chaque copropriétaire a droit à tant de coups de faulx, il porte :

PARCELLE 33. 50 arpens.

1. *Cousin* (Jean).. 30 coups de faulx.
2. *Laroche* (Pierre). 20.
3. *Lefèvre* (Denis).. 10.
&c.
&c.

S'il s'agit d'une pâture où chaque copropriétaire ait droit de faire paître un certain nombre de vaches, le géomètre porte :

PARCELLE 33. 50 arpens.

1. *Cousin* (Jean)... 30 vaches.
2. *Laroche* (Pierre). 20.
3. *Lefèvre* (Denis).. 10.
&c.
&c.

Collections de Propriétés indivises.

191. Dans quelques communes, il existe plusieurs propriétés indivises possédées par les mêmes copropriétaires, et dans chacune desquelles chacun d'eux a une même portion déterminée, c'est-à-dire, où ceux qui ont un tiers, un quart, un huitième dans une des propriétés, ont ce même tiers, quart, huitième, dans toutes les autres.

Alors le géomètre rédige un état qui présente d'abord le relevé de toutes ces propriétés indivises, et ensuite la liste des copropriétaires avec la portion de chacun. Exemple :

État des Propriétés indivises.

33. Terre labourable.... 1 arpent 50 perches.
65. Pré.............. 2. 06.
68. Terre............ //. 75.
72. Terre............ 1. 10.

État des Propriétaires qui possèdent les propriétés ci-dessus.

1. *Cousin* (Jean)................ $\frac{1}{20}$.
2. *Laroche* (Pierre)............... $\frac{1}{30}$.
3. *Lefèvre* (Denis)............... $\frac{1}{35}$.
&c.
&c.

Caves et Habitations souterraines.

192. Lorsqu'au-dessous d'un terrain déjà arpenté et figuré sur le plan, il se trouve des caves ou même des habitations appartenant à des propriétaires autres que ceux du sol supérieur, et que ces souterrains ne pourraient être désignés sur le plan sans occasionner un double emploi dans les surfaces, dans ce cas, le géomètre note ces caves ou habitations souterraines, ainsi que les noms de leurs propriétaires, immédiatement au-dessous du numéro qui contient l'indication du terrain supérieur ; mais sans donner aucun numéro à cette annotation ou indication surabondante, qui est uniquement destinée à servir de renseignement à l'expert.

Maison appartenant à différens Proprietaires.

Lettre au préfet de l'Orne. V — 197.

193. Lorsqu'une maison a plusieurs étages qui appartiennent à différens propriétaires, cette maison est portée sous les noms de tous les propriétaires, en commençant par celui du rez-de-chaussée; celui-là seul a un numéro (147).

Propres du Mari et de la Femme.

Lettre du 3 mai 1809. V — 203.

194. Le géomètre doit s'attacher à bien connaître les véritables propriétaires. Il ne fait aucune distinction des propres de la femme d'avec ceux du mari, lorsqu'il y a communauté de biens, et porte tout sous le nom de ce dernier; mais, quand il y a décès de l'un ou de l'autre, les propres du survivant doivent être mis particulièrement sous son nom.

Veuve, Héritiers.

Ibid.

195. Quand un propriétaire est décédé, et qu'il n'y a pas eu de partage de ses biens, ils doivent être mis sous le nom collectif des héritiers.

Si les biens n'ont pas été partagés entre la veuve et les héritiers, ils doivent être portés sous le nom de la veuve et des héritiers collectivement.

Domaines congéables.

Lettre du 20 octobre 1807. V — 212.

196. On distingue, dans les départemens où le domaine congéable est en usage, les tenures ou convenans d'avec les métairies : la propriété de la tenure étant divisée entre deux personnes dont les droits sont distincts, il s'ensuit que toutes deux sont contribuables ; il est dès-lors nécessaire que leurs noms soient employés dans les

matrices cadastrales, et conséquemment au tableau indicatif. Le géomètre applique donc à chaque numéro d'une même tenure le nom du propriétaire foncier et celui du tenancier.

Vignes tenues à devoirs.

197. Cette disposition est applicable aux tenues des vignes à devoir de tiers ou de quart, aux métairies, aux closeries et aux bordages qui se transmettent ordinairement, avec les propriétés qui les composent, sous le nom qui leur a été donné de toute ancienneté, sans que leur composition originaire éprouve de changemens.

CHAPITRE IX.

TABLEAU INDICATIF.

198. Le plan parcellaire donne exactement la position et la figure de chaque parcelle.

Instruction du 20 avril 1808. IV — 309.

Modèle.

Il reste encore à connaître,

1.° Le nom de son propriétaire,

2.° La nature de sa culture,

3.° Sa contenance,

4.° Sa classe,

5.° Son produit.

La désignation du propriétaire, de la culture et de la contenance, est l'objet d'un *tableau indicatif des propriétaires et des propriétés.*

La désignation de la classe et du produit fait l'objet d'*un état de classement et d'évaluation* (804).

Ces deux états sont réunis en un seul divisé en trois parties, dont la première forme *le tableau indicatif*, la seconde *l'état de classement*, et la troisième l'application du tarif à ce même classement (800).

*

Dans le cours des premières parties de l'opération, cet état est désigné sous le premier des deux titres, *tableau indicatif.*

On appelle *état de classement* la copie correcte qui s'en fait à la fin de toute l'opération (804).

Tableau indicatif par section.

199. Un tableau indicatif est rédigé pour chaque section.

Indication de la Culture et du Propriétaire.

200. L'indication de la culture et du propriétaire concerne le géomètre chargé de la levée du plan ; c'est à lui, en conséquence, à remplir les premières colonnes de la minute du tableau indicatif.

Rapport des anciennes et nouvelles Mesures.

201. Il doit préalablement porter sur la page de titre de ce tableau, le rapport des nouvelles mesures avec les anciennes mesures locales de la commune (103).

Numérotage des Parcelles par Sections.

202. Lorsque le géomètre a terminé une section, il donne sur la minute du plan un numéro définitif à chaque parcelle, en suivant l'ordre topographique qui lui paraît le plus convenable pour l'intelligence du plan.

Il doit, autant qu'il est possible, éviter de séparer dans le numérotage, des parcelles contiguës qui appartiennent au même propriétaire.

Chaque section a une série non interrompue de numéros, qui doit, en général, être dirigée du nord à l'est, au sud, à l'ouest, et se terminer par le centre.

Rédaction du Tableau indicatif.

203. Reprenant toutes les feuilles indicatives provisoires (173) qu'il a rédigées dans le cours de ses opérations, il reporte sur le tableau indicatif le canton, triage ou lieu dit, le numéro définitif qu'il substitue au numéro provisoire, les noms, prénoms, professions et demeures des propriétaires, et la nature de la propriété.

Il ajoute le numéro que chaque propriétaire a sur la liste alphabétique (165) : par-là, il évite de rappeler chaque fois ses prénoms, surnom, profession et demeure.

Report à la Liste alphabétique.

204. Il porte ensuite sur la liste alphabétique (165) la section où est située la parcelle et le numéro qu'elle a sur le plan.

On suppose qu'un propriétaire, nommé *Jean-Étienne Dupré*, laboureur, demeurant à   et inscrit sur la liste alphabétique au n.° 25, possède dans la section *A* les parcelles 1, 7, 21, 35 ; dans la section *B*, celles 3, 9, 27;

Le géomètre porte sur le tableau indicatif, à chacune de ces parcelles, *Dupré*, 25 ;

Il porte ensuite sur la liste alphabétique, au-dessous du nom du propriétaire en première ligne,

A, 1, 7, 21, 35 ;

et en seconde ligne,

B, 3, 9, 27.

Lorsque la liste alphabétique est finie, il voit d'un coup-d'œil ce que chaque propriétaire possède de parcelles dans chaque section, et cela facilite encore la rédaction des bulletins (684).

Vérification des Noms des Propriétaires.

Instruction du 26 avril 1808. IV — 301.

205. Lorsque le géomètre a levé un canton, triage, ou une portion quelconque de la commune, il consacre le dimanche à vérifier son travail de la semaine. A cet effet, il invite le maire, les propriétaires et l'indicateur, à l'accompagner sur le terrain parcellé. Il parcourt avec eux les parcelles, vérifie les noms des propriétaires, prend d'eux des renseignemens sur les difficultés de limites et de mitoyenneté, et sur celles de toute autre espèce, et rectifie les erreurs qu'il aurait pu commettre.

Devoirs du Maire de la Commune.

Ibid. IV — 303.

206. Le maire étant ordinairement un des plus notables de sa commune, attache nécessairement quelque prix à ce qu'une opération importante, faite sous son administration, soit bien exécutée; il doit desirer que l'on ne puisse lui reprocher un jour d'avoir négligé un parcellaire, sur l'atlas duquel son nom est inscrit, et que les communes voisines aient un cadastre plus parfait que le sien. Il s'empressera de désigner au géomètre tous les habitans propres à former de bons indicateurs, et de lui procurer tous les autres secours qui dépendent de lui.

Moyens de perfectionner le Tableau indicatif.

Ibid. IV — 304.

207. La rédaction du tableau indicatif est donc, pour le géomètre, une opération aussi essentielle que celle même du levé du plan, puisque celui-ci serait imparfait sans l'autre. Un séjour de plusieurs mois dans la commune, une

une résidence continuelle, des rapports journaliers avec les habitans, doivent nécessairement familiariser le géomètre avec le territoire qu'il arpente; il parvient à acquérir des connaissances détaillées de toutes les propriétés ; il devient lui-même son meilleur indicateur, et ce qui, dans le principe, lui paraissait hérissé de difficultés, finit par devenir très-facile.

Copie au net du Tableau indicatif.

208. Lorsque le géomètre a bien rectifié la minute du tableau indicatif, qu'il a, par exemple, divisé une parcelle qu'il aurait cru d'abord appartenir à un seul propriétaire, ou réuni deux parcelles qu'il aurait divisées mal à propos; lorsqu'enfin le nombre et l'ordre des parcelles est bien fixé, et qu'il a donné au tableau indicatif toute l'exactitude, toute la perfection possibles, il en rédige la copie au net sur une feuille imprimée, et y porte, en encre, le numérotage définitif. Instruction du 20 avril 1808. IV — 299.

Concordance du Tableau indicatif avec la Liste alphabétique.

209. C'est alors qu'il achève la rédaction de la liste alphabétique (204), en portant à l'encre les numéros définitifs. Il doit s'attacher à la faire concorder parfaitement avec le tableau indicatif.

La somme totale des numéros compris dans la liste, comparée à celle des numéros compris dans le tableau, fait connaître s'il y a quelques omissions dans l'un ou l'autre, et donne les moyens d'établir la concordance entre ces deux pièces.

Parcelles dont les Propriétaires sont inconnus.

210. Si, après toute vérification faite, il se trouve encore quelques parcelles dont le géomètre n'ait pu connaître les propriétaires, il rédige un procès-verbal qui est signé du maire présent, constatant les démarches qu'il a faites pour l'exécution des réglemens.

Parcelles non revendiquées, censées appartenir au Domaine.

Lettre du 26 juin 1809. V — 215. Code Napoléon, art. 539.

211. Le géomètre porte dès-lors ces propriétés au tableau indicatif, comme appartenant au domaine public, et en forme un relevé qu'il adresse, avec le procès-verbal, à l'ingénieur vérificateur, qui les remet au directeur des contributions (706).

CHAPITRE X.

DESSIN DES PLANS.

Minute du Plan.

Modèle.

212. La minute des plans s'exécute sur des feuilles de papier grand aigle, auxquelles il ne peut jamais être ajouté de bande, quelque petite qu'elle soit.

Division par Sections.

Instruction du 20 avril 1809. IV — 297.

213. Chaque feuille du plan parcellaire doit en général, autant qu'il est possible, contenir une section.

Sections trop étendues.

Ibid.

214. Si l'étendue ou la configuration d'une section est telle qu'elle ne puisse tenir sur une feuille grand aigle, cette section est alors divisée en deux feuilles, à moins

que quelques parties excédantes ne puissent, sans confusion, être dessinées sur les blancs de la même feuille.

Sections divisées sur le Plan.

215. Dans le cas où le géomètre porte une section sur deux feuilles, ou en transporte une partie sur les blancs de la même feuille, la partie ainsi fractionnée doit, autant qu'il est possible, avoir des limites fixes. Les cantons, triages ou lieux dits ne doivent pas être fractionnés.

Sections trop petites.

216. Si deux sections très-petites et contiguës peuvent, sans confusion, tenir sur une même feuille, on peut les y réunir ; mais le périmètre de chacune doit être tracé d'une couleur différente et bien distincte (224). Instruction du [illegible] avril 1809. IV — 297.

Plans levés à la Planchette.

217. Lorsque l'arpentage est exécuté à la planchette, la minute du plan à remettre par le géomètre se compose de la réunion des feuilles de planchette collées ensemble.

Le géomètre ne réunit cependant ces feuilles que jusqu'à concurrence du format de papier grand aigle.

Échelles des Plans.

218. Les plans parcellaires sont construits sur l'échelle de 1 sur le papier à 5000 sur le terrain, sur celle de 1 à 2500, et sur celle de 1 à 1250, selon que le préfet le détermine pour chaque commune ou portion de commune, d'après la proposition de l'ingénieur vérificateur et le rapport du directeur. Instruction du 1.er déc. 1807. IV — 262.

Échelle de 1 à 5000.

219. Cette échelle, qui donne, en général, trop peu de développement pour la construction des plans parcellaires, ne doit être employée que pour les communes très-peu morcelées, c'est-à-dire, où l'on ne trouve qu'une parcelle pour deux arpens métriques.

Échelle de 1 à 2500.

220. Cette échelle doit être généralement adoptée ; elle offre les moyens de développer suffisamment le parcellaire, lorsque le morcèlement ne s'élève pas au-delà de quatre à cinq parcelles par arpent.

Échelle de 1 à 1250.

221. Le développement à cette échelle ne devient nécessaire que lorsqu'il y a plus de cinq parcelles par arpent : on doit en faire un usage plus fréquent pour les plans des villes, bourgs et des maisons des villages.

Portions de Communes peu ou beaucoup morcelées.

Instruction du 20 avril 1809. IV. — 297.

222. Lorsque l'échelle aura été adoptée pour une commune, si le géomètre trouve une portion de territoire qui exige plus ou moins de développement, il peut, pour cette partie, choisir parmi les trois échelles celle qui est la plus convenable, en prenant l'autorisation de l'ingénieur vérificateur.

Indications générales.

223. Le plan contient les noms de la commune, des hameaux, des fermes, établissemens ou habitations isolées, chemins, ravins, rivières, ruisseaux, ainsi que celui des sections, et des cantons, triages ou lieux dits.

Limites des Sections.

224. Les limites des sections sont marquées par un filet de couleur, et les chantiers par un filet plus léger de la même couleur.

Désignation des Communes et des Sections limitrophes.

225. Autour du périmètre de la commune et de celui de chaque section, on désigne les communes voisines et les sections de la même commune qui y sont attenantes.

Périmètres des Parcelles.

226. Les périmètres de toutes les parcelles figurées sur les plans de détails, ainsi que les contours de tous les polygones représentés sur le tableau d'assemblage, sont tracés au simple trait à l'encre de la Chine, à l'exception des parcelles en litige, qui ne doivent être que ponctuées.

Routes et Chemins.

227. Les grandes routes et chemins publics sont marqués de même par des lignes pleines, qui rendent très-sensibles leurs diverses sinuosités, de manière qu'il puisse être facile d'appliquer les procédés du calcul des contenances à l'estimation de leur superficie.

Chemins particuliers.

228. Les chemins pratiqués par des particuliers pour conduire à leurs habitations ou dans l'intérieur de leurs terres, n'étant pas d'une utilité commune, les passages de service, les sentiers variables faisant partie intégrante des propriétés, se distinguent par deux lignes ponctuées et rapprochées; ils peuvent être figurés approximativement.

Rivières.

229. Les rivières, les ruisseaux, les ravins, sont figurés sur le plan proportionnellement à leur grandeur réelle, et fidèlement placés relativement aux objets environnans. Le cours des rivières est indiqué par une flèche.

Bornes.

230. Les bornes qui se trouvent sur le périmètre de la commune, sont marquées par un carré d'un millimètre de côté.

Celles qui limitent plusieurs communes, sont indiquées par une figure triangulaire;

Et celles qui divisent les propriétés, par un carré d'un demi-millimètre de côté.

Ponts de pierre.

231. Les ponts de pierre sont représentés par deux lignes droites au carmin.

Ponts de bois.

232. Les ponts de bois le sont par deux lignes noires.

Bacs.

233. Les bacs sont exprimés par un trait fin courbé et noir, qui traverse la rivière et est terminé par deux points plus gros, carrés et noirs, à la place des poteaux.

Moulins à eau.

234. Les moulins à eau et autres usines mues par un cours d'eau, sont représentés par la maison où ils sont construits; une petite roue horizontale est dessinée dans

l'endroit où sont celles du moulin, et on marque le batardeau au carmin, s'il est en maçonnerie.

Moulins à vent.

235. Les moulins à vent sont dessinés en perspective, et mis au carmin, s'ils sont en maçonnerie.

Maisons, Bâtimens.

236. Les maisons, les édifices publics et autres bâtimens sont exactement relevés à l'échelle; ils se dessinent au carmin, en traçant diagonalement, dans la figure, des lignes parallèles qui en couvrent la surface; on force la ligne du côté de l'ombre.

Écritures.

237. Les écritures doivent être placées de manière à ne pas nuire à la netteté des détails.

Les titres SECTION A, &c. s'écrivent en lettres moulées; le nom *Section du Grand-Chêne*, en bâtarde demi-grosse; le nom du canton, chantier ou lieu dit *des Petits-Prés*, en bâtarde plus petite : le tout disposé horizontalement, autant qu'il se pourra.

Les noms des communes limitrophes, en moulée ou grosse bâtarde; ceux des sections limitrophes, en moyenne bâtarde; et ceux des rivières, ruisseaux, en petite ronde : le tout, en suivant les sinuosités des limites ou du cours des rivières.

Parcelles très-petites.

238. Lorsqu'il se trouve sur le plan des parcelles très-petites et qu'il serait difficile de relever au compas

avec précision, le géomètre joint au tableau indicatif un petit état, par section et par ordre de numéros, sur lequel il cote, pour les figures formant parallélogrammes ou trapèzes, les dimensions,

Pour les plans à l'échelle de 1 à 1250.. de 3 mètres et au-dessous;
Pour les plans à l'échelle de 1 à 2500.. de 6 mètres et au-dessous;
Pour les plans à l'échelle de 1 à 5000.. de 12 mètr. et au-dessous.

Cette mesure n'est applicable qu'aux propriétés non bâties.

Orientement du Plan.

239. Le géomètre trace, à l'encre rouge, sur chaque feuille du parcellaire, une méridienne et une perpendiculaire; de manière que ces deux lignes, passant sur l'une des feuilles par le point du clocher de la commune, elles soient placées sur les autres feuilles à une distance en nombre rond de 250 mètres de ce même point.

A côté de chacune de ces lignes, il donne sa distance du clocher.

Dans l'orientement, le géomètre a égard à la déclinaison nord-ouest de l'aiguille aimantée.

Date du Plan.

240. Chaque feuille du plan porte la date du jour où il a été terminé.

CHAPITRE XI.

TABLEAU D'ASSEMBLAGE.

Circulaire du 24 mai 1810. V — 316. *Modèle.*

241. Le géomètre, après avoir terminé le plan parcellaire, construit, d'après la triangulation, et en réduisant les feuilles du parcellaire, un tableau d'assemblage présentant la circonscription de la commune, la division en sections,

sections, leur subdivision si elles en sont susceptibles ; les principaux chemins, les montagnes, les rivières, la position des chefs-lieux et les forêts impériales et communales.

Échelle et Orientement.

242. Ce tableau d'assemblage est construit à l'échelle de 1 à 5000, de 1 à 10000, ou de 1 à 20000, selon l'étendue de la commune, et de manière que le plan orienté nord-sud, parallèlement aux bords du papier, soit en longueur, soit en largeur, puisse tenir en entier sur une feuille de papier grand aigle. Circulaire du 24 mai 1810. V — 317.

SECTION II.

TRAVAUX DE L'INGÉNIEUR VÉRIFICATEUR.

CHAPITRE I.er

VÉRIFICATION.

243. L'ingénieur vérificateur étant personnellement responsable des géomètres de première classe, il a le plus grand intérêt à les surveiller. Il doit, par de fréquentes tournées, s'assurer s'ils exécutent par eux-mêmes toutes les opérations qui leur sont confiées, s'ils travaillent avec assiduité, s'ils se conforment exactement aux instructions, et s'ils se conduisent de manière à se concilier l'estime et la confiance du maire de la commune et de ses habitans. Instruction du 1.er déc. 1807. IV — 262. Instruction du 20 avril 1808. IV — 307.

Première surveillance des Travaux.

244. Dès que l'ingénieur vérificateur est instruit que la triangulation d'une commune est achevée, il doit se rendre sur les lieux, et vérifier si le géomètre a bien saisi

les instructions et bien exécuté cette opération, qui est la base de toutes les autres.

Si elle laissait quelque chose à desirer, il doit exiger qu'elle soit rectifiée, ou recommencée, s'il est nécessaire.

Instructions aux Géomètres.

245. Il peut en même temps examiner la manière dont le géomètre commence à opérer, et lui donner les avis et les directions dont il lui paraîtra avoir besoin, tant pour le levé du parcellaire, que pour la formation du tableau indicatif.

Résultat des premières Tournées.

246. L'ingénieur vérificateur rédige une analyse sommaire des résultats de cette première tournée qu'il fait dans les communes, et la remet au directeur, qui en rend compte au préfet.

Vérification du Plan.

247. Aussitôt que le géomètre a terminé dans une commune toutes ses opérations, l'ingénieur vérificateur doit s'y rendre, pour en faire la vérification en présence du géomètre.

Instructions sur la Vérification.

248. Quoique la responsabilité imposée à l'ingénieur vérificateur lui donne le droit d'employer tous les moyens que les ressources de l'art lui offrent, il paraît néanmoins utile de rappeler ici les principales dispositions qui peuvent assurer l'exactitude de sa vérification.

Échelle.

249. Il est utile d'abord de vérifier l'exactitude des mesures de l'échelle dont s'est servi le géomètre.

Numérotage.

250. Il importe aussi d'examiner si les parcelles sont marquées sur la minute du plan, par des numéros dont la série doit recommencer dans chaque section.

Vérification des grandes Dimensions.

251. Rendu sur le terrain, l'ingénieur vérificateur doit s'assurer que les grandes dimensions de la commune sont exactes. A cet effet, il doit, ou mesurer de grandes lignes, ou déterminer ces grandes dimensions par des moyens trigonométriques, toujours en rattachant à ses opérations plusieurs points de la triangulation du géomètre.

Vérification de l'Orientement.

252. Il vérifie en même temps si le plan est bien orienté (239).

Vérification des Détails.

253. En vérifiant les grandes dimensions (251), l'ingénieur vérificateur doit, de distance en distance, vérifier les détails qui se trouvent sur son passage. Il doit aussi s'écarter des directions qu'il a prises d'abord, afin de vérifier plus de détails encore, soit en parcourant le territoire par lignes brisées, soit en errant et en mesurant des côtés ou des diagonales de polygones, des distances d'une parcelle à une autre, des chemins, &c. . . .

Quel que soit le mode de vérifier qu'emploie l'ingénieur vérificateur, mode qui, le plus souvent, dépend des localités, il doit avoir soin de mettre le plus grand ordre dans les cotes d'angles et de longueurs, pour pouvoir appliquer la vérification sur le plan d'une manière certaine.

Vérification de trois Polygones par Section.

254. L'ingénieur vérificateur doit, en général, mesurer trois polygones ou parcelles par section, les choisissant éloignées des parties déjà vérifiées.

Vérification des Chemins et Rivières.

255. Enfin, il examine si les rues, places, routes, rivières, ruisseaux, et autres objets remarquables, sont bien placés sur le plan, et figurés avec soin.

Vérification des Indications.

256. L'indication des propriétaires mérite aussi de fixer son attention, à mesure qu'il parcourt le terrain ; il doit relever les noms de vingt propriétaires environ par section.

Procès-verbal de Vérification.

257. Après avoir fait sur le plan l'application des vérifications énoncées ci-dessus (247 à 251), et sur le tableau indicatif celle des noms des propriétaires, l'ingénieur vérificateur rédige un procès-verbal constatant l'exactitude,

Modèle.

Des mesures de l'échelle (249),
Du numérotage (202),
De l'orientement (239),
Des grandes dimensions (251),
Des détails (253),
Du tracé des chemins et rivières (255).

Ce même procès-verbal présente,

Les dimensions de chacun des polygones mesurés sur le terrain (254),

Et les numéros des parcelles dont les noms des propriétaires ont été vérifiés.

Le procès-verbal doit être terminé par des conclusions positives.

Rectifications.

258. Quand il y a des rectifications à faire, l'ingénieur vérificateur doit les indiquer dans son procès-verbal ; et lorsqu'il s'est assuré qu'elles ont été faites, le certifier à la suite du procès-verbal.

Rejet du Plan.

259. Si le plan ou une section du plan lui paraît défectueux et dans le cas d'être rejeté, l'ingénieur vérificateur donne, sur un tableau particulier, les détails de la vérification, afin que le préfet, sur le rapport du directeur, puisse apprécier les motifs du rejet, et prononcer en conséquence.

Différence qui fait rejeter le Plan.

260. Si les grandes dimensions, d'après la vérification, diffèrent d'un *deux centième*, en plus ou en moins, de celles données par le plan, ce plan sera reconnu défectueux, et l'ingénieur vérificateur conclura à ce qu'il soit procédé au levé d'un nouveau plan.

Tolérance.

261. Si la différence d'un *deux centième* ne se rencontre que dans quelques distances partielles, relatives au périmètre de polygones ou parcelles (les grandes lignes droites étant d'ailleurs reconnues exactes), le plan peut être réputé régulier quant à son ensemble ; mais si la

différence est au-dessus du *centième*, en plus ou en moins, le géomètre sera tenu de rectifier les diverses parties de l'intérieur du plan qui offrent des défectuosités.

Maximum *de la Tolérance.*

262. La latitude d'un *deux centième* pour les grandes dimensions, et celle d'un *centième* pour les détails, doivent, en général, suffire pour l'arpentage des propriétés rurales ; néanmoins, s'il est reconnu que la nature des localités présente, dans quelques contrées, des difficultés telles que l'on ne puisse y mesurer des lignes droites d'une étendue suffisante qu'à l'aide de lignes brisées ou de parallèles, dans cette circonstance, le préfet peut tolérer une différence un peu plus forte : mais cette tolérance n'a lieu que pour les plans où l'ingénieur vérificateur en a lui-même démontré la nécessité dans son procès-verbal, et, dans aucun cas, elle ne peut s'étendre jusqu'au *centième* pour les grandes dimensions, et aù *cinquantième* pour les détails.

Tolérance pour les Propriétés bâties.

263. A l'égard des propriétés bâties, la tolérance pourra être du cinquantième.

Seconde Vérification.

264. Lorsque des rectifications considérables ou le rejet d'une partie ou de la totalité d'un plan donnent lieu à une seconde vérification, l'ingénieur vérificateur est tenu de la faire sans pouvoir prétendre à aucun recours contre le géomètre pour ces nouveaux frais, parce que des erreurs si graves n'existeraient pas, s'il avait exercé la surveillance qui lui est prescrite.

Registre des Vérifications et Tracé des lignes.

265. L'ingénieur vérificateur doit conserver avec soin les registres ou minutes de ses vérifications, afin de les représenter lorsqu'il en est requis.

Il trace en encre rouge sur les minutes des plans les principales lignes de vérification, afin d'en faciliter l'examen.

Registre des tournées de l'Ingénieur vérificateur.

266. L'ingénieur vérificateur tient sur un registre un itinéraire de ses tournées, qu'il représente lorsqu'il en est requis. L'inspecteur général doit en exiger la communication, lorsque sa tournée le conduit dans le département.

Cet itinéraire est purement sommaire, énonçant la date du départ, celle de l'arrivée dans chaque commune, et celle du retour.

Vérification par un Employé de confiance.

267. Dans le cas de maladie ou de tout autre empêchement valable, l'ingénieur vérificateur peut s'adjoindre un employé de confiance, dont il est responsable, pour le suppléer dans ses vérifications.

Cet employé doit être agréé du préfet, sur la proposition du directeur.

L'employé de confiance ne peut être chargé de l'arpentage d'aucune commune.

CHAPITRE II.

CALCULS DES CONTENANCES.

Bureau de l'Ingénieur vérificateur.

268. L'ingénieur vérificateur est tenu d'avoir un bureau convenablement organisé en calculateurs, dessinateurs et expéditionnaires.

Calculs des Contenances.

269. Les calculs des contenances de toutes les parcelles doivent être exécutés dans le bureau et sous les yeux de l'ingénieur vérificateur, à mesure que les plans lui sont livrés par les géomètres. Ces plans ne peuvent sortir de son bureau pendant toute la durée des calculs.

Premier Cahier de calculs.

Instruction du 1.er mars 1803. I — 172.

Modèle.

270. Le calcul des contenances s'effectue par divers procédés.

Le plus naturel est de diviser chaque parcelle ou figure du plan en triangles au crayon, en appliquant à chaque triangle une lettre de l'alphabet.

On prend, avec le compas, la longueur de la base du triangle; on la mesure sur l'échelle, et on l'inscrit sur le cahier des calculs.

On mesure et on inscrit de même la hauteur du triangle; on les multiplie l'une par l'autre, et on porte le produit des facteurs.

Les produits étant inscrits dans l'ordre des triangles de la parcelle, on en fait l'addition, qui, si l'échelle du calcul est la même que celle du plan, donne le double de de la contenance : il ne s'agit donc que d'en prendre la moitié, pour avoir la contenance de la parcelle.

On abrége ces calculs au moyen des tables de multiplication.

Parcelles très-petites.

271. Pour les parcelles très-petites et formant parallélogrammes ou trapèzes, le calculateur se sert des états sur lesquels le géomètre a coté leurs dimensions effectives (238).

Contenance des Chemins, Rivières, &c.

272. La contenance des chemins, rues, places, rivières, ruisseaux, &c., peut, en général, être calculée sans opérer leur réduction en triangles; il suffit de multiplier la longueur par la largeur, en ayant égard aux sinuosités.

Calcul préalable des Objets non imposables.

273. Il peut arriver que des employés chargés des calculs, trouvant, lorsqu'ils les ont terminés, une différence entre leurs résultats et la superficie totale de la commune, rejettent cette différence sur les parties non imposables, et fassent ainsi cadrer des calculs inexacts.

Pour prévenir cet abus, l'ingénieur vérificateur doit, avant de livrer le plan aux calculateurs, faire calculer par un autre employé les chemins, rivières et autres parties non imposables, et en garder les résultats par-devers lui, comme un moyen de contrôle.

Second cahier de Calculs.

Instruction du 1.er mars 1803. I — 175.

274. Les calculs des contenances sont la base première sur laquelle reposent tous les autres travaux du cadastre ; il est dès-lors très-essentiel de s'assurer de leur parfaite exactitude.

A cet effet, l'ingénieur vérificateur doit faire former un second cahier de calculs, destiné à servir de contrôle au premier.

Il peut y employer divers procédés :

Premier Procédé.

275. Le calculateur, d'après la méridienne et la perpendiculaire établies sur le plan, trace sur ce même plan des carrés de 500, de 250 ou de 125 mètres de côté, selon que le plan est construit à l'échelle de 1 à 5000, de 1 à 2500 ou de 1 à 1250. Les carrés étant déterminés, il place verticalement des lettres, par ordre alphabétique, aux extrémités de gauche et de droite, et par conséquent à tous les carrés établis sur la même ligne horizontale. Il numérote la série des carrés dans la ligne verticale, de manière que la combinaison de cet ordre alphabétique et numérique lui donne les moyens de désigner tous les carrés par A^1, A^2, A^3, B^1, B^2, B^3, &c. &c. Chacun de ces carrés représente 25 arpens à l'échelle de 1 à 5000, 6 arpens 25 perches à celle de 1 à 2500, et un arpent 56 perches 25 mètres à celle de 1 à 1250.

Le calculateur établit la contenance des carrés, considérant comme carrés pleins ceux qui, placés sur la limite de la commune ou de la section, n'en contiennent cependant qu'une partie.

Il calcule ensuite la contenance de la partie de ces

carrés qui déborde la commune ou la section ; additionnant les contenances de tous les carrés, et déduisant celle de tous les vides, il a la contenance totale de la commune.

Second Procédé.

276. Le second cahier de calculs peut se former d'une autre manière : la section se trouvant subdivisée en cantons ou triages, on considère chacun de ces triages comme une grande parcelle ; on en calcule la contenance de la même manière que pour les véritables parcelles (270).

On compare ensuite la somme totale des contenances de ces grandes masses avec celle des contenances des parcelles ; et si les deux sommes sont les mêmes, les calculs sont justes.

Ce procédé a sur l'autre l'avantage, que si les deux sommes diffèrent, l'ingénieur vérificateur, comparant le résultat de chaque grande masse avec les résulats des parcelles qu'elle contient, peut plus facilement découvrir d'où proviennent les erreurs.

Troisième Procédé.

277. Enfin, on peut encore enfermer le plan de chaque section dans un grand triangle ou dans un trapèze, tangentiellement aux angles ou coudes les plus saillans du périmètre, calculer la surface entière de ce triangle ou trapèze, et en déduire les portions qui excédent le plan.

Tolérance.

278. Si la comparaison entre les contenances totales données par les deux cahiers produit une différence qui n'excède pas le trois-centième, cette différence est tolérée.

Dans le cas contraire, le calculateur doit rechercher l'erreur et recommencer ses opérations.

Vérification des Calculs.

279. Les deux cahiers de calculs terminés, l'ingénieur vérificateur fait le calcul de la contenance, d'après les mesures effectives prises sur le terrain, des trois numéros qu'il a vérifiés (254), et compare ces contenances avec celles établies au premier cahier. Cette dernière vérification des calculs est constatée à la suite du second cahier, de même que sur le procès-verbal de vérification.

Dépôt des Cahiers de calculs.

280. L'ingénieur vérificateur reste dépositaire du premier cahier; le second doit être remis à la direction.

CHAPITRE III.

TABLEAU INDICATIF DES PROPRIÉTAIRES ET DES PROPRIÉTÉS.

281. Aussitôt que les calculs des contenances sont terminés, l'ingénieur vérificateur remplit, dans le tableau indicatif des propriétaires et des propriétés (198), les colonnes relatives aux contenances.

Suppression des Fractions.

282. Pour faciliter les calculs des récapitulations et ceux de l'application du tarif (799), l'ingénieur vérificateur, en portant les contenances des parcelles sur le tableau indicatif, fait disparaître, dans les mètres, le dernier chiffre, et le remplace par un zéro. Par exemple, lorsque le premier cahier présente pour une parcelle 11,

12, 13, 14 ou 15 mètres, il met 10; lorsque la parcelle donne 16, 17, 18, 19, il porte 20.

Cette suppression ne doit pas avoir lieu pour les petites parcelles inférieures à deux perches carrées.

Récapitulation par feuillets.

283. L'antépénultième page du tableau indicatif est la récapitulation des contenances et des évaluations par feuillets : l'ingénieur vérificateur est chargé de cette récapitulation ; il porte les numéros des feuillets et les contenances, et laisse en blanc la colonne des évaluations (800).

Instruction du 20 avril 1808. IV — 309.

Récapitulation par numéros de même nature.

284. La récapitulation des contenances par feuillets ne suffit pas; il faut encore avoir la contenance totale de chaque nature de culture.

Ibid. IV — 311.

A cet effet, l'ingénieur vérificateur rédige, sur une feuille séparée, le relevé des numéros de même nature de culture.

Ce relevé est, comme le tableau indicatif, divisé en trois parties : contenance, classement, application du tarif (198).

L'ingénieur vérificateur remplit la première partie seulement, qui consiste dans les deux premières colonnes.

Récapitulation finale des Contenances.

285. Enfin, le tableau indicatif se termine par la récapitulation finale des contenances et des revenus de la section.

Ibid. IV — 312.

Ici les contenances étant rangées par natures de cultures et par classes, l'ingénieur vérificateur, qui ne peut encore connaître la division des terres en différentes classes, n'a rien à rédiger.

Mesures métriques.

Instruction du 20 avril 1808. IV — 309.

286. Toutes les contenances doivent être portées en mesures métriques.

Copie correcte du Tableau indicatif.

287. L'ingénieur vérificateur doit remettre au directeur le tableau indicatif parfaitement correct ; et si, par suite des erreurs commises par lui ou les géomètres, les rectifications faites au tableau le rendaient trop confus, il serait tenu d'en faire une copie, et tous les frais de papier, impression et rédaction, seraient à sa charge, sauf son recours contre les géomètres pour les erreurs qui proviendraient de leur fait.

CHAPITRE IV.

ATLAS.

Instruction du 1.er déc. 1807. IV — 267.

288. L'ingénieur vérificateur est chargé de confectionner deux copies du plan parcellaire de chaque commune, sur des feuilles qui seront reliées ensuite en atlas.

Chaque copie est précédée du tableau d'assemblage, de manière à former deux atlas complets.

Format des Atlas.

289. Toutes les cartes de l'atlas doivent être disposées sur des feuilles de papier grand aigle, et l'on ne doit y ajouter aucune bande pliée.

Divisions par Sections.

290. Chaque carte de l'atlas doit en général, et autant qu'il sera possible, contenir une section entière. Instruction du 20 avril 1808. IV — 297.

Autour du périmètre de cette section, sont désignées les sections de la même commune, ou les communes étrangères, dont elle est environnée de tous côtés.

Sections trop étendues.

291. Si l'étendue d'une section ou la configuration de son territoire était telle, qu'elle ne pût tenir sur une feuille de grand-aigle, cette section serait alors divisée sur deux feuilles. *Ibid.*

L'ingénieur vérificateur, en faisant ces cartes divisionnaires, a soin de donner à chaque fraction de la section des limites fixes, comme il le fait pour la section elle-même.

Sections trop petites.

292. Si deux sections très-petites et contiguës peuvent, sans confusion, tenir sur une même carte, on peut les y réunir; mais le périmètre de chacune doit être tracé d'une couleur différente et bien distincte. *Ibid.*

Ordre des Cartes.

293. Toutes les cartes sont rangées suivant l'ordre des sections; elles portent en tête la lettre alphabétique et le nom de la section.

Les cartes divisionnaires offrent de plus l'indication de la portion de section, c'est-à-dire, si c'est la première ou la seconde division.

Échelles de développement.

Instruction du 20 avril 1808. IV— 297.

294. Si, dans une section, une partie du terrain très-morcelée a été développée à une échelle plus grande (222), la carte de développement est placée immédiatement après la carte de la section dont elle dépend.

Ces cartes de développement doivent présenter toutes les annotations nécessaires pour en bien faire connaître la situation et en faciliter le rapprochement.

Indication des Échelles.

Ibid.

295. Toutes les cartes de l'atlas, tant principales que divisionnaires ou de développement, présentent au bas l'indication de leur échelle.

Orientement des Cartes.

296. Une boussole indique les quatre points cardinaux, nord, sud, est, ouest, et les quatre subdivisions nord-est, sud-est, sud-ouest, nord-ouest.

Redaction des Cartes.

Circulaire du 24 mai 1810. V— 317.

297. Les cartes des atlas ne portent ni teintes particulières ni lettres indicatives des différentes cultures; mais chaque parcelle reçoit un numéro bien lisible, qui renvoie à l'état de classement.

Périmètre des Sections, des Bois impériaux et communaux, et des Maisons.

Ibid.

298. Un filet de couleur différente pour chaque section en marque le périmètre; la couleur de chaque section sera la même que celle qu'elle aura sur le tableau d'assemblage (299).

Un

Un filet de la même couleur que celui de la section, mais plus faible, marque le périmètre de chaque canton, triage ou lieu dit.

Un filet vert désigne les bois impériaux et communaux.

Les maisons sont tracées en encre rouge ;

Les biens non imposables, en bleu ;

Les rivières et ruisseaux, en vert d'eau.

Tableau d'assemblage.

299. Le tableau d'assemblage qui doit précéder chacun des deux atlas (288), est mis au trait à l'encre de la Chine. La position des chefs-lieux, villages, hameaux, est tracée au carmin : les limites de chaque section sont marquées par un liséré de couleur différente pour chacune (298) ; les limites de la commune, par un liseré plus prononcé. Un filet vert désigne les bois impériaux et communaux.

Montagnes, Routes, Ruisseaux, &c.

300. L'ingénieur vérificateur doit figurer sur le tableau d'assemblage, les montagnes, collines, les routes, chemins, rivières, ruisseaux, les moulins à eau ou à vent, les grandes fermes, les bâtimens isolés, et tous les objets remarquables qui peuvent faciliter la recherche des cartes dans l'atlas.

Cartouche.

301. En tête de chaque tableau d'assemblage doit être un cartouche, qui désigne le département, l'arrondissement, le canton, la commune, la date de l'année de la confection, les noms du préfet, du directeur, du maire, de l'ingénieur vérificateur et du géomètre.

Reliure des Atlas.

Lettre du 24 mai 1810. V — 317.

302. Les feuilles des atlas sont pliées en deux et attachées à un talon, ainsi que le tableau d'assemblage placé en tête. Le tout est proprement relié en carton, dans le même format, aux frais de l'ingénieur vérificateur.

Les atlas destinés aux communes sont reliés par commune, et ceux destinés aux départemens, par canton, à moins qu'ils ne soient trop volumineux.

Époque de la Confection des Atlas.

Ibid.

303. La confection de l'atlas d'une commune a lieu immédiatement après l'admission définitive de l'expertise (788).

Atlas portatif.

Ibid.

304. En attendant, aussitôt que l'arpentage d'une commune est terminé, le plan calculé et la première partie du tableau indicatif rédigée (282, 283, 284), l'ingénieur vérificateur livre, pour le travail de l'expertise, un atlas portatif sur papier de calque, format grand *in-quarto*. Cet atlas portatif sera cartonné.

L'ingénieur vérificateur peut, si le directeur le trouve préférable, fournir à l'expert une copie du plan sur papier ordinaire ou papier de calque.

Dans aucun cas, on ne peut employer pour l'expertise la minute du plan.

Plans par Masses, dessinés à Paris.

305. L'ingénieur vérificateur doit fournir les copies du tableau d'assemblage qui lui est livré par le géomètre, même pour les communes dont les trois copies du plan par masses de cultures ont été dessinées à Paris.

CHAPITRE V.

DISPOSITIONS FINALES.

Remise des Pièces à la Direction.

306. Toutes les pièces relatives à l'arpentage doivent être remises à la direction des contributions par l'ingénieur vérificateur ; savoir :

1.° Aussitôt que le plan est calculé,

Le procès-verbal de la délimitation (73),

Les registres et canevas trigonométriques (125, 126),

Le procès-verbal de vérification (257),

La liste alphabétique (156, 209),

Le tableau indicatif (281),

Le second cahier de calculs (274),

L'atlas portatif (304) ;

2.° Après l'admission définitive de l'expertise (788),

Les deux atlas cartonnés (288) ;

3.° A la fin de toute l'opération du cadastre,

Les minutes des plans,

Les premiers cahiers de calculs (270),

Et toutes les pièces quelconques susceptibles d'être conservées dans les archives.

Dépôt des Minutes des Plans.

307. L'ingénieur vérificateur peut, jusqu'à l'entière confection du cadastre de la France, rester dépositaire de toutes les minutes des plans ; il en donne une reconnaissance au directeur, en lui livrant les atlas. Circulaire du 14 mai 1810. V — 317.

Il conserve ces minutes avec soin et sous sa responsabilité, et s'en sert pour vérifier la concordance des limites des communes entre elles, et pour délivrer des extraits des plans aux propriétaires qui les demandent (311).

Changement d'Ingénieur vérificateur.

Circulaire du 24 mai 1810. V — 317.

308. Lorsque l'ingénieur vérificateur quitte le département, son successeur prend le dépôt des plans-minutes, sur un inventaire qui constate l'état de ces plans et leur nombre.

Cet inventaire, fait en présence du directeur, est signé par lui et les deux ingénieurs, ou le représentant de celui qui serait décédé, rédigé en triple expédition, et reste à chacune des trois parties.

État de situation.

Modèle.

309. L'ingénieur vérificateur remet, chaque mois, au directeur un état de la situation des travaux du terrain et du cabinet.

CHAPITRE VI.

EXTRAITS DES PLANS DEMANDÉS PAR LES PROPRIÉTAIRES.

310. Un des avantages du cadastre parcellaire est de pouvoir procurer aux propriétaires la copie des parties du plan qui les intéressent.

Cette copie ne présentant que les figures des parcelles et leurs numéros, ne remplirait pas seule l'objet des propriétaires; mais, en y ajoutant une copie de la partie du tableau indicatif qui y correspond, ils y trouveraient, à peu de frais, le terrier de leurs propriétés.

Enfin ce terrier deviendrait plus complet encore, si, à la copie du tableau indicatif, on substituait celle de l'état de classement, qui réunit à l'indication de la nature de culture et de la contenance, celle de la classe de chaque parcelle et de son évaluation ou allivrement.

Extraits des Plans délivrés par les Ingénieurs vérificateurs.

311. Le plan levé par le géomètre pouvant être susceptible de la rectification des erreurs que l'expertise et la communication des bulletins font découvrir, l'ingénieur vérificateur, qui seul en a la minute rectifiée, est seul en état d'en donner des copies ou extraits exacts et corrects.

D'ailleurs, l'arpentage fini, le géomètre peut être envoyé dans un autre canton, dans un autre arrondissement, et les propriétaires ne seraient plus à portée de s'adresser à lui.

En conséquence, tout propriétaire qui desire se procurer une copie des parties du plan qui l'intéressent, doit s'adresser à l'ingénieur vérificateur.

Prix des Extraits.

312. Les prix des copies ou extraits ci-dessus sont réglés, pour tous les départemens, aux taux suivans :

Pour dix parcelles et au-dessous, réunies sur une même feuille, ci...........................	2^f	00^c
Pour tout nombre de parcelles excédant dix, réunies sur une même feuille, par parcelle...	0.	20.
Pour chaque parcelle sur une feuille séparée, avec indication des tenans et aboutissans.....	0.	50.
Pour copie d'une section entière, par parcelle.	0.	10.
Pour copie du plan entier d'une commune, par parcelle........................	0.	5.
Les mêmes copies en trait colorié, moitié en sus du prix précédent.		

Partage du prix des Extraits.

313. Sur la portion du prix revenant à l'ingénieur vérificateur, il est prélevé un quart pour le géomètre qui a levé le plan; et s'il n'est plus dans le département, pour celui qui lui a succédé dans la place de géomètre de première classe.

Le géomètre n'a point de part à la portion du prix relative au coloris des extraits de plans.

Copies plus détaillées.

314. Les prix réglés ci-dessus, à payer par les propriétaires, sont le *minimum.* Ceux qui desirent plus de détails sur les plans, peuvent traiter de gré à gré avec l'ingénieur vérificateur.

Difficultés sur les Prix des copies de Plans.

315. En cas de difficultés, il y est statué par le préfet, sur le rapport du directeur.

Extraits de l'État de classement.

316. L'ingénieur vérificateur ne peut délivrer d'extraits du tableau indicatif; cet objet concerne la direction des contributions (839).

TITRE V.

PRINCIPES DES ÉVALUATIONS.

CHAPITRE I.er

PRINCIPES GÉNÉRAUX.

317. La contribution foncière est répartie par égalité proportionnelle sur toutes les propriétés foncières, à raison de leur revenu net imposable. Loi du 1.er décembre 1790. I— 2.

Revenu net.

318. Le revenu net des terres est ce qui reste au propriétaire, déduction faite, sur le produit brut, des frais de culture, semences, récolte, entretien et transport des denrées au marché. Loi du 23 novembre 1798.

Revenu imposable.

319. Le revenu imposable est le revenu net, calculé sur un nombre d'années déterminé. *Ibid.*

Égalité proportionnelle.

320. L'égalité proportionnelle dans la répartition, est un principe fondamental en matière de contribution (I); et ce principe peut recevoir une application exacte dans la contribution foncière, puisque les revenus sur lesquels elle porte sont susceptibles d'une évaluation précise, et que la publicité de cette évaluation permet à tous les contribuables de la surveiller. Instruction du 1.er déc. 1790, I— 2.

Contribution foncière due par le revenu.

Instruction du 1.er déc. 1790. I — 3. 321. La contribution foncière a aussi pour un de ses principaux caractères, d'être absolument indépendante des autres facultés du propriétaire : on pourrait donc dire avec justesse que c'est la propriété qui seule est chargée de la contribution, et que le propriétaire n'est qu'un agent qui l'acquitte pour elle, avec une portion des fruits qu'elle lui donne.

CHAPITRE II.

PROPRIÉTÉS NON BÂTIES.

322. Le produit brut des terres est nécessairement très-inégal, puisqu'il dépend d'abord de la qualité du sol, ensuite du plus ou du moins de soin donné à sa culture. L'opération du cadastre a pour objet de constater ce produit, tel qu'il existe au moment de l'évaluation.

Déductions.

Ibid. I — 5. 323. Les déductions à faire sur le produit brut sont de même très-inégales de commune à commune; il n'est pas possible de les prévoir et de les spécifier toutes dans une instruction; il suffit de déterminer quelques règles générales, dont l'expert, avec des connaissances agricoles, fait le développement et l'application selon les localités.

Frais de culture.

Ibid. I — 6. 324. Les frais de culture sont très-multipliés et peu faciles à calculer en détail ; on peut seulement dire qu'il faut y comprendre les objets suivans :

L'intérêt de toutes les avances premières nécessaires pour l'exploitation, telles que les bestiaux et les autres dépenses

dépenses qu'on est obligé de faire avant d'arriver au moment où l'on peut vendre ou consommer les produits; l'entretien des instrumens aratoires, tels que les charrues, voitures, &c.; les salaires des ouvriers, les salaires ou bénéfices du cultivateur qui partage et dirige leurs travaux; l'entretien et l'équipement des animaux qui servent à la culture, et les renouvellemens d'engrais lorsqu'il est nécessaire d'en acheter.

Frais de Semence.

325. Il faut encore déduire la quantité de grains employée à l'ensemencement, en évaluant les grains d'après le tarif du prix des denrées (503).

Frais de récolte.

326. Les frais de récolte sont aussi très-variables; suivant les méthodes usitées dans chaque pays, pour chaque espèce de production; ils consistent, par exemple, pour les blés, dans le paiement, en grains ou en argent, des moissonneurs qui les coupent, de ceux qui les lient, les charient à la grange ou à l'aire, de ceux qui les y battent, les transportent au grenier, soit peu de jours après, soit en d'autres temps de l'année, enfin jusqu'à l'époque où le blé peut être porté au marché ou au moulin. Instruction du 1.er déc. 1790. I—6.

Frais d'entretien.

327. Les frais d'entretien d'une propriété sont ceux nécessaires à sa conservation, tels que les digues, les écluses, les fossés, et autres ouvrages sans lesquels les eaux de la mer, des rivières, des torrens, pourraient détériorer et même détruire des propriétés que des travaux utiles conservent. *Ibid.* I—7.

Évaluations en argent.

Instruction du 1.er déc. 1790. 1—7.

328. La contribution foncière étant perçue en argent, toutes les évaluations de revenu seront faites de même en argent.

Ainsi, dans les pays où les biens s'afferment en grains ou autres denrées, dans ceux où les fruits se partagent entre le propriétaire et le colon dans des proportions convenues, et lorsque le colon est obligé à un certain nombre de journées de travail avec ses chevaux ou bœufs, il sera nécessaire d'estimer ces différens objets en argent, et au prix moyen de leur valeur.

Évaluations sans égard aux charges.

Loi du 1.er décembre 1790. 1—7.

329. Chaque propriété doit être évaluée sans égard aux charges dont elle est grevée. En effet, ces charges ne changent rien au revenu réel de la propriété; il en résulte seulement que le propriétaire ne reçoit pas seul ce revenu; mais il est autorisé à retenir la contribution de la portion du revenu dont il ne jouit pas.

Si un propriétaire a renoncé à la faculté que la loi lui donnait de faire cette retenue, c'est une convention particulière qui ne peut préjudicier à l'État; il n'en doit pas moins la totalité de la contribution.

Partage des Terres par natures de cultures et par classes.

Ibid. 1—7.

330. Les évaluations du produit brut, des déductions et du produit net, ne se font point séparément pour chaque propriété. On partage les terres de chaque nature de cultures en un nombre déterminé de classes (510); on fait ensuite l'évaluation de l'arpent de chaque classe, et l'on applique cette évaluation à toutes les terres de la

commune qui ont la même nature de culture et sont de la même classe.

Prix moyen des Fermages.

331. Une grande connaissance des récoltes que donne un territoire, des avances et des frais qu'elles exigent, peut suppléer amplement à tous ces calculs, ainsi que le prouve l'expérience presque toujours sûre de ceux qui donnent ou prennent à bail des propriétés territoriales. Le prix moyen des fermages, dans lequel il ne faut pourtant pas comprendre l'entretien des bâtimens nécessaires à l'exploitation, et dont il faut aussi déduire le loyer ou l'avance des bestiaux dans les pays où ils sont fournis par le propriétaire du fonds, est le véritable produit net. Instruction du 1.er déc. 1790 I — 8.

Valeur locative.

332. Chaque estimateur doit se pénétrer de ces principes, et se dire à lui-même : « Si j'étais propriétaire de ce » bien, je pourrais trouver à l'affermer raisonnablement » tant; si j'étais dans le cas d'être fermier, je pourrais » en rendre la somme de, » c'est-à-dire, le prix que serait affermée cette propriété, lorsque, pour son exploitation, le propriétaire ne fournirait ni bâtimens, ni bestiaux, ni instrumens aratoires, ni semences, mais serait chargé d'en acquitter la contribution foncière. Ibid.

Objets accessoires à l'Exploitation.

333. Dans quelques départemens, si le propriétaire ne fournissait point de bâtimens, et si, dans d'autres, il ne donnait pas en même temps des bestiaux, des instrumens de labourage et des semences, il lui serait difficile, et peut-être impossible, de trouver à faire exploiter ses Ibid.

domaines ; mais pour lors il joint à sa qualité de propriétaire du bien, celle de propriétaire d'une partie ou de la totalité des avances nécessaires à l'exploitation : ces objets accessoires de la propriété foncière ne doivent point être confondus avec elle, ni par conséquent assujettis au même genre de contribution. Ainsi, soit que le propriétaire fasse valoir son bien en entier et à ses risques, soit qu'il fournisse à un cultivateur partiaire la totalité ou partie des objets nécessaires à cette exploitation, soit que le bien seul soit affermé, et que le fermier possède les bâtimens et tout ce qui est nécessaire à la culture, l'évaluation doit être la même, c'est-à-dire, uniquement celle du revenu de la terre, sans y comprendre tout ce qui n'y est qu'accessoire et qui sert seulement à la faire produire.

Terres labourables.

Loi du 23 nov. 1798, art. 56. 1 — 29.

334. Pour évaluer le revenu imposable des terres labourables, l'expert s'assurera d'abord de la nature des produits qu'elles peuvent donner, en s'en tenant aux cultures généralement usitées dans la commune, telles que froment, seigle, orge et autres grains de toute espèce, lin, chanvre, tabac, plantes oléagineuses, à teinture, &c. Il supputera ensuite quelle est la valeur du produit brut ou total qu'elles peuvent rendre année commune, en les supposant cultivées sans travaux ni dépenses extraordinaires, mais selon la coutume du pays, avec les alternats et assolemens d'usage, et en formant l'année commune sur quinze années antérieures moins les deux plus fortes et les deux plus faibles (445).

Accidens prévus par le calcul de l'année commune sur quinze années.

335. Il est possible de compter que dans quinze années les terres produisent successivement les fruits dont la culture étant la plus usitée, en fait la véritable valeur; d'ailleurs, pendant cet espace de temps quelques récoltes abondantes dédommagent de celles des années malheureuses pendant lesquelles des sécheresses, des pluies, des hivers rigoureux, des grêles, des débordemens de rivières et d'autres accidens, diminuent et même détruisent quelquefois les récoltes.

Instruction du 1.er déc. 1790. I — 10.

Ces accidens ne doivent être pris en considération que proportionnellement à leur gravité ordinaire et au nombre de leurs retours périodiques, pendant quinze années, d'après les observations recueillies dans la commune.

Frais de Culture, Assolemens, Proportion de la récolte à la semence.

336. L'expert calcule les frais de culture qu'elles exigent en labour, engrais, semence et récolte; la succession de leurs assolemens, et la proportion de chaque récolte à la semence; enfin, la quotité de fruits qui en revient au propriétaire.

Instruction du 24 nov. 1802. I — 74.

Qualité des terrains.

337. Les variétés de terrains sont nombreuses: ici, c'est une couche profonde de pure terre végétale; là, elle est mêlée d'argile, de pierres, de craie, de cailloux ou de sable, &c. Ces qualités les rendent propres à produire, soit en grains, des fromens, meteils, seigles, orges, avoines ou sarrasins, &c., soit en fourrages, des

Ibid.

trèfles, sainfoins, luzernes, &c., soit en plantes oléagineuses, des chanvres, lins, colzas, navettes, pavots, &c., soit en légumes, des haricots, pois, vesces, &c.

Frais de labour.

Instruction du 24 nov. 1802. 1—74.

338. Les frais de labour s'estiment par la qualité et le nombre d'animaux attelés à la charrue, le nombre d'hommes employés à la conduire et la quantité de façons qu'exige le terrain.

Engrais extraordinaires.

Ibid. 1—75.

339. Indépendamment des engrais ordinaires provenant de la consommation des pailles, il y a des cantons où l'on en emploie d'extraordinaires, comme marne, cendres, &c.; le prix d'achat ou d'extraction et les frais de transport de ces engrais font partie des frais de culture.

Semence.

Ibid.

340. La qualité de chaque espèce de semence qu'il faut jeter par arpent ou autre mesure locale, s'exprime par le poids ou par des mesures de capacité.

Assolemens.

Ibid.

341. L'ordre successif des assolemens s'entend d'une suite d'années pendant lesquelles la terre labourable reçoit diverses sortes de semences, qui sont presque toujours suivies d'une année de repos.

La succession la plus commune est de trois années.

Il y a des terrains si ingrats, ou si éloignés de tous engrais, qu'après une seule récolte on est forcé de les laisser en repos pendant une ou plusieurs années.

Dans les terres très-fertiles, au contraire, ou qui sont

à portée de recevoir beaucoup d'engrais, on fait succéder diverses cultures, et la succession des assolemens est de cinq, six, sept ans et plus.

Proportion de la Récolte à la Semence.

342. La proportion de la récolte à la semence, année commune, est généralement connue des cultivateurs. Instruction du 24 nov. 1802. I—75.

Ils l'expriment par un seul chiffre 6, 7, 8, ce qui veut dire que la récolte est à la semence, comme 6 est à 1 &c., ou par la quantité de quintaux de grains ou de fourrages, de gerbes ou de mesures qu'ils récoltent.

Par la connaissance de ce rapport et celle des assolemens, on a le produit brut annuel d'une terre labourable. Il se compose du total des produits bruts de toutes les récoltes, divisé par le nombre d'années de l'assolement, y compris celle du repos, s'il s'en trouve.

Quotité de Fruits.

343. La quotité de fruits que le cultivateur rend au propriétaire, est presque toujours notoirement connue dans le pays : c'est une portion en nature, comme moitié, tiers, ou une rétribution en numéraire, qui représente cette portion. Ibid. I—76.

Lorsque la rétribution est en grains, elle est évaluée au prix des mercuriales.

L'expert doit recueillir toutes ces notions, tant par l'inspection du terrain que par les questions qu'il fait aux maires et indicateurs, et il les consigne dans l'état de classification. Si elles ne suffisent pas pour lui donner une connaissance parfaite du revenu imposable de chaque nature de terre, elles lui sont infiniment utiles, lorsque, les réunissant aux baux, ventes et autres preuves écrites, il a besoin de faire des comparaisons et des ventilations. Elles le mettent même à portée de juger de la fidélité des baux.

Vignes.

Instruction du 24 nov. 1802. I.-77.

344. Les nombreuses variétés qui existent en France; soit dans la manière de cultiver la vigne et dans les conditions de la culture, soit dans la quantité et la valeur de ses produits dans la même commune, soit enfin dans la durée de la vigne et les moyens de l'entretenir et de la renouveler, en rendent l'évaluation très-difficile.

On peut rarement recourir au prix de fermage, parce que l'usage n'est pas de donner la vigne à ferme en argent.

Il y a des cantons où le vigneron cultivateur la tient du propriétaire à portion de fruits, comme moitié ou tiers franc. On peut alors estimer le produit imposable de la vigne, par la quantité de vin qu'on y récolte année commune, et par son prix moyen.

Dans les cantons où il est assez ordinaire de vendre la vendange pendante au cep, ces transactions peuvent donner des notions pour évaluer le produit brut, dégagé des frais de récolte : mais il reste encore à déduire les frais de culture, et leur évaluation présente aussi de grandes difficultés.

La vigne est aussi un terrain planté, qui même, dans quelques pays, se cultive à la charrue, et admet des semences intermédiaires, mais qui plus ordinairement admet la culture à bras et occupe tout le terrain.

Année

Année commune du revenu des Vignes.

345. Lorsqu'il s'agit d'évaluer le produit imposable des vignes, l'expert doit supputer d'abord quelle est la valeur du produit brut total qu'elles peuvent rendre année commune, en les supposant cultivées sans travaux ni dépenses extraordinaires, mais selon la coutume du pays, en formant l'année commune sur quinze, comme pour les terres labourables. Loi du 23 novembre 1798, art. 60. I — 30.

Déductions.

346. L'année commune du produit brut des vignes étant déterminée, l'expert déduit, sur ce produit brut, les frais de culture, de récolte, d'entretien, d'engrais et de pressoir. *Ibid.* I — 31.

Il déduit en outre un quinzième de ce produit, en considération des frais de dépérissement annuel, de replantation partielle, et des travaux à faire pendant les années où chaque nouvelle plantation est sans rapport.

Ce qui reste du produit brut, après ces déductions, forme le revenu net imposable.

Vignes dont la durée n'est pas perpétuelle.

347. Lorsque la vigne ne dure qu'un certain nombre d'années après lesquelles il faut la renouveler entièrement ou même l'arracher pour laisser reposer le terrain par une autre culture, l'expert doit combiner son évaluation d'après les considérations suivantes :

1.° La quantité et la qualité du vin que la vigne produit;

2.° La qualité du terrain sur lequel elle est plantée, et les produits que ce terrain pourrait donner, s'il était cultivé comme terre labourable;

3.° La durée effective de la vigne;

4.° Le nombre d'années pendant lequel le terrain est sans rapport comme vigne.

L'exemple de cette opération se trouve dans le modèle du tableau de classification.

Classification des Vignes.

Instruction du 24 nov. 1802. 1—79.

348. La vigne est susceptible d'être distribuée en plusieurs classes dans la même commune : elle donne lieu principalement à une observation qui peut être étendue à d'autres sortes de propriétés; c'est que le terrain qui produit la meilleure denrée, n'est pas toujours celui qui doit tenir le premier rang dans la classification, parce que souvent il en produit fort peu, soit par la nature du terrain, soit par celle du plant.

La classification doit être déterminée par la combinaison de la quantité, de la qualité et du prix des denrées.

Jardins.

Loi du 23 novembre 1798, art. 58. 1—30.

349. Les jardins doivent être évalués d'après le produit de leur location possible, année commune, en calculant cette année commune sur quinze, comme pour l'évaluation du revenu des terres labourables.

Ils ne peuvent, dans aucun cas, être évalués au-dessous du taux des meilleures terres labourables de la commune (410).

Minimum *de leur évaluation.*

Instruction du 24 nov. 1802. 1—79.

350. Les jardins, comme les vignes, présentent rarement un prix de fermage connu.

On fixe leur estimation au *maximum* des meilleures

terres labourables de la commune, parce que leur situation ordinaire auprès des habitations les rend susceptibles de recevoir plus d'engrais et de soins journaliers, et de donner de plus abondantes productions.

C'est pourquoi, s'ils sont situés sur un terrain de première qualité, ils peuvent être portés au double et au triple des meilleures terres labourables, puisque les terrains les plus médiocres servant de jardins, ne peuvent être portés au-dessous des terres labourables de première classe de la commune.

Jardins d'une culture plus soignée.

351. On doit observer que le jardin du laboureur, de l'artisan, du journalier, occupés ailleurs de travaux continuels, n'est ordinairement cultivé qu'en gros légumes les plus nécessaires, et qui demandent le moins de soin; de sorte que sa valeur ne peut guère différer de celle de la terre de première qualité : mais celui qui est cultivé par un jardinier de profession, soit comme propriétaire, soit comme locataire ou gagiste, acquiert plus de valeur, parce qu'il est l'atelier de son travail journalier; il est donc susceptible d'une plus forte estimation.

Instruction du 24 nov. 1802. I — 80.

Terrains de pur agrément.

352. L'évaluation du revenu imposable des terrains enlevés à la culture pour le pur agrément, tels que parterres, pièces d'eau, avenues, &c., doit être portée au taux de celui des meilleures terres labourables de la commune (410).

Loi du 23 novembre 1798, art. 59. I — 30.

Terrains enclos.

353. Les terrains enclos sont évalués d'après les mêmes règles, dans les mêmes proportions que les terrains

Ibid. art. 77. I — 35.

non enclos de même qualité et donnant le même genre de productions ; on n'aura égard, dans la fixation de leur revenu imposable, ni à l'augmentation du produit, qui ne serait évidemment que l'effet des clôtures, ni aux dépenses d'établissement et d'entretien de ces clôtures, quelles qu'elles puissent être.

Enclos contenant diverses natures de Biens.

Loi du 23 novembre 1798, art. 78. I—35.

354. Si un enclos contient différentes natures de biens, telles que bois, prés, terres labourables, jardins, vignes, étangs, &c., chaque nature de biens est évaluée séparément, de la même manière que si le terrain n'était point enclos.

Nulle déduction pour l'entretien des clôtures.

355. L'évaluation de ces terrains doit être faite sans avoir aucun égard aux clôtures de haies, de fossés ou de murailles, de manière que les bois, les prés, les vergers et potagers qu'elles contiennent, soient estimés au même taux que les terrains non enclos, d'égale qualité et donnant les mêmes productions.

Prés.

Ibid. art. 62. I—31.

356. Le revenu imposable des prairies naturelles, soit qu'on les tienne en coupes régulières ou qu'on en fasse consommer les herbes sur pied, sera calculé d'après la valeur de leur produit, année commune prise sur quinze, comme pour les terres labourables, déduction faite, sur ce produit, des frais d'entretien et de récolte. Ainsi, toutes les herbes, s'il y en a plusieurs chaque année, doivent être évaluées (527).

Produit brut des Prés.

357. Le produit brut des prés est facile à déterminer, car on sait dans chaque commune ce que telle prairie rapporte de milliers de foin, année ordinaire, par arpent ou autre mesure locale. Instruction du 25 nov. 1802, I — 8.

Ainsi, la quantité est le premier élément de la classification.

On distingue aussi par-tout différentes qualités de foin, par la nature des plantes dont il est principalement composé. La qualité du foin est donc le second élément.

Enfin, on sait quel est le prix ordinaire de chaque qualité de foin, à raison de la préférence qu'il obtient dans les marchés, et ce prix devient le troisième élément.

Le produit brut d'un pré est donc la combinaison de la quantité, de la qualité et du prix du foin qu'il rapporte.

Déductions.

358. La production du pré étant spontanée, il n'y a pas de frais de culture à déduire, si ce n'est les frais d'irrigation pour les prairies qui en sont susceptibles, la dépense d'engrais ou de terrage, suivant l'usage du pays, et, de temps en temps, le curement des fossés. *Ibid.* I — 81.

Les frais de récolte, fauchage, fanage, bottelage, sont faciles à évaluer et doivent être déduits sur le total du produit.

Ceux de transport au marché sont déjà déduits dans le tarif du prix des denrées.

Il est donc assez facile, pour les prés, d'arriver du produit brut au produit imposable.

Herbages.

Instruction du 24 nov. 1802. I — 82.

359. Les prairies dont on fait consommer les herbes sur pied, appelées dans plusieurs cantons *herbages*, doivent être estimées d'après le produit qu'elles représentent.

Prairies artificielles.

Loi du 23 novembre 1798 art. 63. — 31.

360. Les prairies artificielles ne sont évaluées que comme les terres labourables d'égale qualité.

Marais, Pâtis, bas Prés.

Ibid. I — 32.

361. L'évaluation du revenu imposable des terrains connus sous les noms de pâtis, palus, marais, bas prés et autres dénominations quelconques, qui, par la qualité inférieure de leur sol, ou par d'autres circonstances naturelles, ne peuvent servir que de simples pâturages, est faite d'après le produit que le propriétaire serait présumé pouvoir en obtenir année commune, selon les localités, soit en faisant consommer la pâture, soit en les louant sans fraude à un fermier auquel il ne fournirait ni bestiaux ni bâtimens, et déduction faite des frais d'entretien.

Pâtures.

362. Il y a bien des variétés dans la valeur des pâtures, soit sèches, soit marécageuses, depuis celles qui sont immédiatement inférieures aux prairies ou herbages dont on vient de parler, jusqu'à celles qui ne diffèrent guère des terres vaines et vagues (377). Leur valeur peut être déterminée d'après le nombre des bestiaux qu'elles peuvent nourrir.

Terrains mêlés d'arbres.

363. Les terres labourables, vignes, prés, pâtures, &c. sur lesquelles se trouvent des arbres forestiers, soit épars, soit en bordure, sont évaluées à leur taux naturel, sans égard ni à l'avantage que le propriétaire peut retirer de ces arbres, ni à la diminution qu'ils peuvent apporter dans la fertilité du sol ; le sol occupé par les arbres doit, dans tous les cas, être évalué.

Loi du 23 novembre 1798, art. 74.
I — 31.

Arbres fruitiers épars.

364. Si ces arbres épars ou en bordures sont des arbres fruitiers, mais qu'ils ne forment pas le principal revenu, alors il faut ajouter à la valeur donnée à la terre, à raison de sa culture dominante, la plus-value résultant du produit des arbres.

Instruction du 24 nov. 1802.
I — 77.

Les terrains mêlés de plantations donnant un produit sensible, doivent, sous la dénomination de *Labours plantés*, *Prés plantés* ou *Terrains plantés*, faire l'objet d'une classification particulière.

Si les arbres forment le produit principal, alors le terrain rentre dans la classe des vergers (373).

Bois en coupes réglées.

365. L'évaluation des bois en coupes réglées est faite d'après le prix moyen de leurs coupes annuelles, déduction faite des frais de garde, d'entretien et de repeuplement.

Loi du 23 novembre 1798, art. 67.
I — 33.

Mode d'évaluation de ces Bois.

366. Si le bois est divisé en quinze coupes annuelles, c'est-à-dire, s'il s'en coupe chaque année un quinzième, on calcule le produit de ces quinze coupes, et le quinzième de ce produit total forme le produit moyen, en y faisant la déduction portée à l'article précédent (365).

Loi du 1.er décembre 1790.
I — 16.

Si le bois était divisé en vingt coupes, on prendrait le produit de ces vingt années, et le vingtième ferait le produit annuel.

De même pour tout autre nombre de coupes par lequel le bois serait divisé.

Bois non en coupes réglées.

Loi du 23 novembre 1798, art. 68. I — 33.

367. L'évaluation des bois non en coupes réglées se fait d'après leur comparaison avec les autres bois de la commune ou du canton.

Futaies.

Lettre du 22 janvier, 1811.

368. La plus-value que les bois de haute futaie acquièrent sur les bois taillis, étant accidentelle et pouvant cesser après la coupe, n'est pas dès-lors susceptible d'un allivrement cadastral fixe et immuable, et ces bois doivent être compris dans les expertises et les matrices cadastrales sur le même pied que ceux qui se trouvent en taillis dans la commune ou dans les communes voisines (365, 366, 367).

Correspondance des Classes des taillis et des futaies.

Ibid.

369. En assimilant les futaies aux taillis, on doit néanmoins avoir égard à la classe de taillis à laquelle la futaie correspond.

Si, par exemple, une futaie est, par la nature de son sol et la qualité de ses arbres, d'une classe supérieure à la première classe des taillis, l'estimation doit être réglée à raison de ce que produirait un taillis de même classe.

Si, au contraire, la meilleure classe des futaies ne correspondait qu'à la seconde classe des taillis, elle devrait recevoir l'estimation de cette seconde classe.

Bois futaie sur taillis.

370. Si un taillis contient des arbres de haute futaie, on ne doit pas estimer la place que ces arbres occupent comme si elle était couverte de taillis, mais évaluer comme si ces arbres n'étaient pas plus âgés ni plus forts que les autres, l'intention du Gouvernement étant de favoriser les propriétaires qui laissent croître leurs bois ou partie de leurs bois en futaies.

Bois de sapins, &c.

371. Les bois de pins, de sapins, les plants de mûriers, les châtaigneraies, olivets, saussaies, &c. ne sont point compris sous la dénomination de futaie, et doivent être estimés d'après leur produit réel.

Pépinières.

372. Les pépinières doivent être évaluées comme terres labourables de première classe.

Vergers.

373. Les vergers sont des terrains dont la plantation en arbres fruitiers, tels que pommiers, poiriers, &c. forme la culture dominante et donne le principal revenu.

Ils doivent être évalués d'abord, d'après le produit de la plantation, ensuite en y ajoutant la plus value de la culture intermédiaire ou accessoire.

Cultures mêlées.

374. On donne ce nom aux terrains qui contiennent à-la-fois diverses productions, telles que des terres labourables ou des prés mêlés de vignes et d'arbres, sans que

l'on puisse reconnaître quelle est la culture dominante; ces cultures mêlées doivent être évaluées en réunissant leurs divers produits.

Châtaigneraies, Olivets, &c.

375. Les châtaigneraies, olivets, plants de mûriers, les aulnaies, saussaies, oseraies et autres plants de nature analogue, doivent être évalués en estimant d'abord cette culture dominante, et y ajoutant les produits des cultures accessoires, s'il s'en trouve.

Cultures diverses.

376. Les rizières, cultures en maïs, houblonnières, chenevières, cultures en tabac, champs de colzat, de pommes de terre et autres légumes, et toutes les autres cultures particulières à quelques départemens, s'évaluent d'après les mêmes principes et par les mêmes procédés que les terres cultivées en froment, seigle, &c.

Ces cultures doivent faire l'objet d'une classification particulière, lorsqu'elles sont permanentes. Si elles ne sont que momentanées, on les fait entrer dans le calcul de l'assolement des terres labourables (334, 341).

Terres vaines et vagues.

Loi du 23 novembre 1798, art. 65. I — 32.

377. Les terres vaines et vagues, landes, bruyères et les terrains habituellement inondés ou dévastés par les eaux, sont évalués d'après leur produit net moyen, quelque modique qu'il puisse être; mais, dans aucun cas, leur évaluation ne peut être moindre de 50 centimes par arpent métrique.

Laisses de mer.

378. Les sables de la mer, les laisses de mer ou terrains abandonnés par ses eaux, lorsqu'ils sont réunis à des propriétés et devenus productifs, doivent être évalués à raison de ce produit.

Carrières et Mines.

379. Les carrières et mines ne seront évaluées qu'à raison de la superficie des terrains qu'elles occupent, et sur le pied des terrains environnans.

Loi du 23 novembre 1798, art. 81.
I — 36.

On entend par le terrain qu'elles occupent, non-seulement celui de leur ouverture, mais tous ceux où sont les réserves d'eau, les déblais et les chemins qui ne sont qu'à leur usage.

Tourbières.

380. Les tourbières ne sont de même évaluées qu'à raison de la superficie et sur le pied des terrains environnans.

On entend par terrains environnans non les bords qui sont des bruyères mais l'ensemble du sol sur lequel se trouve la tourbière.

Étangs.

381. Le revenu imposable des étangs permanens est évalué d'après le produit de la pêche, année commune formée sur quinze, moins les deux plus fortes et les deux plus faibles, sous la déduction des frais d'entretien, de pêche et de repeuplement, frais d'entretien de vannes et de chaussées.

Loi du 23 novembre 1798, art. 79.
I — 36.

Produit annuel des Étangs.

382. Les étangs se pêchant ordinairement tous les trois ans, on établit, dans ce cas, le produit annuel en prenant le tiers du prix de la pêche.

Instruction du 24 nov. 1802.
I — 85.

Si la pêche n'avait lieu que tous les quatre ou tous les cinq ans, on prendrait le quart ou le cinquième.

Terrains momentanément en Étangs.

Instruction du 24 nov. 1802. I—85.

383. L'évaluation du revenu imposable des terrains alternativement en étang et en culture, se combine d'après ce double rapport, c'est-à-dire, d'une part le prix de la pêche, et de l'autre le produit de la culture.

Queues d'Étangs.

Ibid.

384. La superficie tant en eau qu'en ce qu'on appelle *queue d'etang*, doit être déterminée, puisqu'elle fait partie du territoire, et on doit répartir le produit annuel de l'étang sur cette superficie, pour en diviser la valeur par arpent métrique.

Cependant, lorsque les queues des étangs sont affermées séparément, soit comme pâtures, soit pour y faucher de grosses herbes, elles doivent être estimées distinctement de la superficie en eau.

Canaux de navigation.

Loi du 25 avril 1803. I—203.

385. Les canaux de navigation ne sont évalués qu'à raison de leur superficie, y compris leurs francs bords, et sur le pied des meilleures terres labourables (410).

Les maisons d'habitation et usines dépendantes des canaux seront évaluées comme les autres propriétés de même nature (391).

Canaux imposés dans les Communes qu'ils traversent.

Ibid.

386. Les canaux sont compris dans les matrices de rôles des communes qu'ils traversent, à raison de la

portion du canal qui passe sur le territoire de chacune d'elles.

Canaux non navigables.

387. Les canaux non navigables destinés à conduire les eaux à des moulins, forges ou autres usines, ou à les détourner pour l'irrigation, sont évalués à raison de l'espace qu'ils occupent et sur le pied des meilleures terres labourables (410).

Loi du 23 novembre 1798, art. 104.
I — 41.

Salins, Marais salans, Salines.

388. Les salins, les marais salans et les salines sont évalués à raison de leur superficie sur le pied des meilleures terres labourables (410).

Décret imp. du [illegible]

Les bâtimens qui en dépendent, sont estimés comme les propriétés de même nature, d'après leur valeur locative.

Blanchisseries.

389. Les prés employés au blanchissage des toiles, ne sont évalués que d'après leur valeur naturelle comme prés, sans avoir égard au produit des blanchisseries, qui est purement industriel.

Ponts.

390. Les ponts appartenant à des particuliers ou à des compagnies d'actionnaires, ne sont évalués qu'à raison des terrains qu'occupent les deux culées, et sur le pied des meilleures terres labourables (410).

CHAPITRE III.

PROPRIÉTÉS BÂTIES.

Loi du 15 septembre 1807, art. 34. IV — 227.

391. Toute maison, bâtiment, usine, manufacture, enfin toute propriété bâtie est évaluée en deux parties; savoir, la superficie, sur le pied des meilleures terres labourables (410), et l'élévation, d'après la valeur locative, déduction faite de l'estimation de la superficie.

Valeur locative.

Loi du 23 novembre 1798, art. 82. I — 36.

392. Le revenu net imposable des maisons d'habitation, en quelque lieu qu'elles soient situées, soit que le propriétaire les occupe ou les fasse occuper par d'autres, à titre gratuit ou onéreux, est déterminé d'après leur valeur locative, calculée sur dix années, sous la déduction d'un quart de cette valeur locative, en considération du dépérissement et des frais d'entretien et de réparations; et à la déduction aussi de l'évaluation donnée à la superficie (391).

Minimum *de l'Évaluation des Maisons.*

Ibid. art. 83. I — 37.

393. Le *minimum* du revenu d'une maison est, pour la superficie, la valeur des meilleures terres labourables (410), et pour l'élévation, une valeur double de la première, si elle n'a qu'un rez-de-chaussée, triple si elle a un étage au-dessus, et quadruple si elle a plusieurs étages.

Le comble ou toiture, de quelque manière qu'il soit disposé, n'est point compté pour un étage.

Caves.

394. Les caves et souterrains des maisons d'habitation doivent entrer dans leur évaluation.

Les caves ou bâtimens souterrains isolés des maisons, doivent être évalués à raison de leur valeur locative et sous les mêmes déductions (392).

Maison appartenant à plusieurs Propriétaires.

395. Si une maison appartient à deux propriétaires, dont l'un ait le rez-de-chaussée et l'autre l'étage supérieur, le rez-de-chaussée est évalué, Lettre du 20 mai 1807.

1.° Pour sa superficie (391);

2.° A raison de la valeur locative du rez-de-chaussée, aux déductions ci-dessus (392);

L'étage supérieur est évalué à raison de la valeur locative, à la déduction du quart, et sans déduction pour la superficie.

Bâtimens servant à l'Exploitation rurale.

396. Les bâtimens servant à l'exploitation rurale, tels que granges, écuries, greniers, caves, celliers, pressoirs et autres, destinés soit à loger les bestiaux des fermes et métairies, soit à serrer les récoltes, ainsi que les cours et basses-cours des fermes et métairies, ne sont point évalués comme bâtimens; leur superficie seule est estimée sur le pied des meilleures terres labourables (410). Loi du 23 novembre 1798 art. 85. I — 37.

Forges, Moulins, Usines, Manufactures.

397. Les forges, fourneaux, moulins à eau, à vent et sur bateaux, les bacs, les bains publics, les fabriques, Ibid. art. 96. I — 38.

briqueteries, tuileries, papeteries, verreries et autres manufactures ou usines de toute espèce, sont évalués d'abord, à raison de leur superficie, sur le pied des meilleures terres labourables (391), ensuite à raison de leur valeur locative, calculée sur dix années, sous la déduction d'un tiers de cette valeur pour le dépérissement et les frais d'entretien et de réparations, et sous la déduction aussi de la valeur donnée à la superficie.

Valeur locative des Usines.

ou dans les environs, s'il ne se trouve aucun bail qui puisse servir de comparaison, l'expert s'en tient à l'évaluation que l'usine ou manufacture avoit dans l'ancienne matrice de rôle

Décision du 12 juin 1813.

398. La valeur locative d'une usine ou manufacture quelconque se constate par les baux, si elle est louée ou affermée ; si elle n'est pas louée, par la comparaison avec les propriétés de même nature qui seraient louées dans la commune ; s'il n'y a aucune propriété du même genre louée dans la commune, s'il ne se trouve aucun point de comparaison, on calcule le revenu brut des marchandises ou productions, on déduit les frais d'exploitation de toute espèce et on établit le revenu net, sur lequel on fait ensuite les déductions spécifiées ci-dessus (397).

CHAPITRE IV.

EXCEPTIONS.

Rues, Places, Rivières.

Loi du 23 novembre 1798, art. 103.
I — 41.

399. Les rues, places publiques, carrefours, fontaines publiques, les lieux publics servant aux foires et aux marchés, les ponts, les grandes routes, les chemins vicinaux, les promenades publiques, boulevarts, les rivières, ruisseaux, lacs, les rochers nus et arides, ne sont point imposables.

Les

Les promenades publiques appartenant à des particuliers sont évaluées comme terrains de pur agrément (352).

Forêts impériales.

400. Les forêts impériales et bois nationaux inaliénables ne sont point imposables.

Domaines nationaux non productifs.

401. Les domaines nationaux non productifs, aliénables ou inaliénables, ne sont point imposables.

Loi du 23 novembre 1798, art. 105 et 106.

I — 41 et 42.

Dotation de la Couronne.

402. Les biens de la dotation de la couronne ne sont point imposables.

Sénatus-consulte du 12 janvier 1810.

Bâtimens destinés à un service public.

403. Ne sont pas imposables,

Loi du 23 novembre 1798, et décret impérial du 11 août 1808.

Les palais, châteaux et bâtimens impériaux, les palais du sénat et du corps législatif, les jardins et parcs en dépendant;

Le panthéon, l'hôtel des invalides, l'école militaire, l'école polytechnique, la bibliothèque impériale, le jardin impérial des plantes;

Les bâtimens affectés au logement des ministres, du grand-maître de l'université, des administrations et de leurs bureaux;

Les églises et les temples consacrés à un culte public, les cimetières;

Les archevêchés, évêchés et séminaires, les presbytères et jardins y attenant;

Les bâtimens occupés par les cours de justice et les tribunaux ;

Les lycées, prytanées, écoles et maisons d'éducation impériales, les bibliothèques publiques, musées, jardins de botanique des départemens, leurs pépinières et celles faites au compte du Gouvernement par l'administration des forêts, et les ponts et chaussées ;

Les hôtels de préfecture, sous-préfecture et jardins y attenant, les maisons communales, maisons d'école appartenant aux communes ;

Les hospices et jardins y attenant, dépôts de mendicité, prisons, maisons de détention,

Les fortifications et glacis en dépendant; les arsenaux, magasins, casernes et autres établissemens militaires ;

Les manufactures de poudres de guerre, les manufactures de tabacs et autres au compte du Gouvernement, les haras, enfin tous les bâtimens dont la destination a pour objet l'utilité publique.

Bâtimens publics appartenant à des particuliers.

404. Les propriétés énoncées à l'article précédent, appartenant à des particuliers, sont imposables d'après les principes qui les concernent respectivement.

Domaines nationaux productifs.

Loi du 23 novembre 1798, art. 107 et 108. 1 — 42 et 43.

405. Les domaines nationaux productifs, aliénables ou inaliénables autres que les bois (400), sont évalués comme les autres propriétés semblables.

Biens communaux.

Ibid. art. 108, 109 et 111. 1 — 43 et 44.

406. Les propriétés appartenant aux communes autres que les maisons communales et les écoles (403), les biens

communaux, les propriétés des hospices et établissemens publics autres que les maisons et jardins y attenant (403), sont évalués comme les autres propriétés.

Marais communaux.

407. Les marais, terres vaines et vagues, situés dans le territoire d'une commune, seront évalués d'après les principes qui leur sont applicables, et l'imposition en sera acquittée par la commune.

Loi du 23 novembre 1798, art. 108, 109 et 111. I — 43.

Biens communs à une partie des habitans.

408. Les biens communs à une partie des habitans, seront évalués comme les autres, et la contribution acquittée par ces habitans.

Ibid. art. 108, 109 et 111, I — 43.

Desséchemens et Défrichemens.

409. Les exemptions accordées par la loi du 23 novembre 1798, pour les desséchemens et défrichemens et pour les plantations de bois et de vignes, qui auront lieu après la confection du cadastre de la commune, n'ont plus besoin d'être spécifiés, puisque ces terrains conserveront l'allivrement fixe qu'ils avaient avant cette amélioration, laquelle ne donnera lieu à aucune augmentation d'imposition jusqu'au renouvellement du cadastre.

Les propriétaires de terrains dont le desséchement ou défrichement a eu lieu avant le cadastre, continuent de jouir, pour le reste du temps fixé par la loi, des exemptions ou modérations qu'elle leur accorde (820).

Évaluation sur le pied des meilleures terres labourables.

410. Dans tous les articles où il est dit qu'une propriété sera imposée sur le pied des meilleures terres

labourables (349, 352, 385, 387, 388, 390, 391, 393 et 396), on doit entendre les terres labourables de première classe, situées dans la commune; et s'il n'y en avait pas, dans celle des communes voisines dont le territoire a le plus de contiguité et d'analogie avec le sien.

TITRE VI.

EXPERTISE.

SECTION I.re

OBSERVATIONS PRÉLIMINAIRES.

411. ÉVALUER, d'après les principes établis dans le titre précédent, les revenus imposables de toutes les propriétés comprises dans la commune et rapportées sur le plan, constitue ce que l'on nomme l'expertise d'une commune.

Difficulté de l'Expertise.

412. Cette évaluation des revenus, réellement difficile en elle-même, le paraît encore plus dans l'opinion : le géomètre, qui mesure et représente sur le plan chaque propriété telle qu'il la voit sur le terrain, opère sur des vérités mathématiques ; l'expert, chargé de constater un revenu qui se dérobe à ses regards, semble livré davantage à l'arbitraire.

Expertise fondée sur des bases positives.

413. Cependant, si l'expertise ne peut reposer sur des bases aussi positives, aussi évidentes que l'arpentage, il est possible de lui tracer une marche telle, que l'estimateur soit conduit à la vérité par les procédés mêmes qu'il

suit, et que la confiance que peut inspirer son caractère, soit justifiée encore par son opération elle-même.

Expertise opérée par des calculs abstraits et généraux.

414. C'est pour atteindre ce but, c'est pour faire reposer aussi l'expertise sur des vérités mathématiques, que le Gouvernement a d'abord entouré l'estimateur de tous les renseignemens qui pouvaient lui être utiles; qu'il lui a prescrit ensuite d'opérer, non sur chaque propriété individuellement, mais sur chaque nature de culture considérée abstraitement : ce n'est pas la terre labourable de tel propriétaire, le pré de tel autre, la vigne d'un troisième, que l'expert est chargé d'évaluer; il est appelé à déterminer, d'une manière abstraite et générale, quel est le produit de l'arpent de telle culture et de telle classe.

Expertise libre de toute influence personnelle.

415. Par-là, l'expert est à l'abri de toute influence, de toute passion, puisque ni les propriétaires ni lui-même ne peuvent connaître quel effet ses opérations auront sur le revenu de chaque individu, qu'après que l'application en a été faite à chaque propriété : or cette application s'exécute lorsque l'expert a quitté la commune et terminé sa mission, et elle est confiée à d'autres agens (798).

Évaluations générales appliquées aux propriétés particulières.

416. Les propriétaires n'ont donc point à redouter que les opérations de l'expertise soient favorables aux uns et défavorables aux autres, puisque les évaluations de chaque espèce de culture et de chaque classe, une fois déterminées, sont applicables à tous, d'après l'étendue, la culture et la

classe de la propriété de chacun : l'arpent de terre labourable de première classe, par exemple, fixé pour une commune à 100 francs de revenu net, est fixé ainsi pour tous ceux qui, dans cette commune, possèdent des terres labourables de première classe ; celui qui en a deux arpens, a 200 francs de revenu ; celui qui n'en a qu'un demi-arpent, n'a qu'un revenu de 50 francs.

Uniformité de principes et de procédés.

417. Si les propriétaires peuvent être tranquilles sur le résultat pour chacun d'eux du travail de l'expertise, ils doivent l'être également sur l'évaluation de la masse des revenus de leur commune, comparativement aux autres communes : par-tout les experts suivent les mêmes principes et opèrent par les mêmes procédés; par-tout les renseignemens dont ils sont environnés, les formes qui leur sont prescrites, les conduisent de même et sans que, pour ainsi dire, le concours de leur volonté soit nécessaire à la connaissance de la vérité.

Craintes de surévaluation générale, mal fondées.

418. Enfin, les propriétaires n'ont point à craindre une surévaluation générale des revenus. Le Gouvernement n'a et ne peut avoir aucun intérêt à ce que la masse des revenus territoriaux de l'Empire français soit plus ou moins évaluée. Sa quotité plus forte ne serait pas un motif d'augmenter l'impôt ; sa quotité plus faible ne serait pas un obstacle à cette augmentation.

Intérêt du Gouvernement au Cadastre.

419. Le véritable intérêt qu'a le Gouvernement au

cadastre, c'est que par-tout la vérité soit connue, c'est que toutes les propriétés soient évaluées dans une juste proportion. Cet intérêt se fonde sur deux considérations : l'une, que plus l'impôt est également réparti, plus il se perçoit avec facilité ; l'autre, bien plus puissante à ses yeux, que l'égalité de la répartition est un grand acte de justice qu'il devait à tous les Français.

Ainsi l'intérêt du Gouvernement n'est autre que celui des propriétaires eux-mêmes.

Conduite louable des Experts.

420. Les experts déjà employés ont jusqu'à présent justifié en général la confiance publique ; les propriétaires ont reconnu la justice de leurs opérations.

Égalité des Évaluations entre les Départemens.

421. Une crainte seulement s'est élevée : en se reconnaissant justement évalué, chaque canton, chaque commune a paru appréhender que l'on n'opérât point partout avec la même bonne foi et la même exactitude.

Mais par-là même que cette crainte est générale, elle se détruit, elle devient honorable pour le corps des experts et rassurante pour tous les contribuables.

SECTION II.

OPÉRATIONS PRÉLIMINAIRES À L'EXPERTISE.

CHAPITRE I.er

MATÉRIAUX POUR LES EXPERTISES.

422. Le soin de rassembler, préparer et mettre en ordre les matériaux relatifs à l'expertise, est confié aux agens de la direction des contributions directes.

Notions générales sur les Forces respectives des Communes.

423. Depuis leur établissement, les directeurs des contributions ont dû chercher à se procurer des connaissances sur les revenus respectifs des communes de leurs départemens; ils ont dû y mettre plus de soin et d'activité encore depuis que le cadastre est entrepris.

Matériaux utiles à rassembler.

424. Les matériaux qu'ils ont dû et doivent encore rassembler, consistent dans les tableaux généraux ou particuliers de statistique; les mémoires faits à diverses époques sur les revenus fonciers du département ou des arrondissemens; les mémoires ou états envoyés chaque année, par les conseils d'arrondissement, au conseil général du département, et par celui-ci au Ministre de l'intérieur; les anciens cadastres, s'il en existe; les anciennes vérifications de vingtièmes; les états formés en l'an 9 (1801) sur la consistance territoriale et le produit des communes; et enfin les états de sections rédigés en 1791.

Instruction du 1.er janv. 1801. I — 48.

Circulaire du 11 février 1803. I — 112.

Relevés des Baux et Actes de Vente.

Instruction du 5 nov. 1805, III — 150.

425. Les directeurs font former, par les contrôleurs, des relevés des baux, des actes de vente ou de partage.

Modèle.

Il est fait deux relevés séparés pour chaque commune; l'un comprend les baux, l'autre les actes, &c.

Modèle.

Actes de Vente.

Circulaire du 24 fév. 1803. I — 149.

426. Les seuls actes de vente ou de partage que l'on doive recueillir, sont ceux antérieurs à 1790, époque où le retrait lignager ou féodal empêchait de dissimuler la véritable valeur des biens. Depuis cette époque, la valeur vénale a éprouvé tant de variations, qu'il est difficile d'établir des estimations sur des données aussi incertaines.

Baux.

Instruction du 5 nov. 1805. III — 151.

427. Les contrôleurs ne doivent pas se borner à relever un certain nombre de baux; ils doivent relever généralement tous ceux qui existent et ont été enregistrés seulement à compter de l'année 1797 jusqu'en 1809 inclusivement.

Forme des Relevés.

Ibid.

428. Afin que les relevés contiennent les détails des fermages, les contrôleurs, au lieu de transcrire les tables alphabétiques, ont recours aux registres sur lesquels les actes sont enregistrés et les détails établis.

Recherches chez les Notaires par les Préposés de l'Enregistrement.

Ibid.

429. Si, parmi les baux relevés, les directeurs ne trouvent pas des détails et renseignemens suffisans, ils en transmettent la note au directeur de l'enregistrement, en

l'invitant à en faire faire la compulsion chez les notaires par l'inspecteur ou vérificateur, qui prend la note exacte de toutes les charges du bail.

Autres Renseignemens.

430. Les contrôleurs prennent communication chez les receveurs de l'enregistrement et des domaines, des adjudications concernant les domaines nationaux, ainsi que des registres d'actes et de déclarations des héritiers, donataires et légataires ; ils s'attachent à recueillir, auprès de ces receveurs, tous les renseignemens que ceux-ci peuvent leur fournir et qui sont dans le cas de suppléer aux détails non exprimés dans les enregistremens.

Lettre du Ministre des finances au Directeur général de l'enregistrement.
I — 151.
Instruction du Directeur général.
I — 183.
Circulaire du 18 juillet 1804.
II — 164.

Contrôleurs chargés des Relevés.

431. Les contrôleurs sont chargés de faire, chacun dans son arrondissement, les relevés de tous les baux et actes de vente qui peuvent concerner non-seulement leurs arrondissemens, mais encore les arrondissemens voisins et les départemens limitrophes.

Ibid.
II — 165.

Triage des Baux.

432. Ces relevés sont adressés au directeur des contributions ; celui-ci en fait le triage, et fait passer à chaque contrôleur les notes des baux relatifs à des communes de son arrondissement.

Ibid.

Baux concernant des Départemens différens.

433. S'il se trouve des baux qui concernent les communes d'un département voisin, le directeur les envoie à son collègue de ce département.

Ibid.
II — 166.

S 2

Baux des Établissemens publics et Registres des Économes.

Circulaire du 18 juillet 1804. II — 166.

434. Les contrôleurs prennent communication des baux et des registres tenus par les économes des biens des hospices et des établissemens publics de bienfaisance, aux bureaux mêmes de l'administration de ces biens.

Baux et Registres des Hospices.

Ibid.

435. Comme les hospices sont confiés à la surveillance des préfets et à l'autorité immédiate des maires, les préfets donnent les ordres nécessaires pour que les communications soient faites aux contrôleurs aussitôt qu'ils le requerront, et de manière qu'ils y emploient le moins de temps possible.

Affiches de Biens à vendre.

Circulaire du 27 avril 1804. II — 122.

436. Il est important que les directeurs forment des collections d'affiches de biens à vendre ; dans beaucoup de départemens ces affiches donnent des connaissances précieuses sur les produits des biens-fonds.

Relevés des Affiches envoyés aux Contrôleurs.

Ibid. II — 124.

437. Les directeurs rassemblent les annonces de biens à vendre qui sont insérées dans les papiers publics, ou affichées, notamment de ceux qui se vendent par licitation. Ils en envoient des copies au contrôleur de l'arrondissement dans lequel le bien est situé.

Jugemens des Conseils de Préfecture.

Ibid.

438. Depuis l'établissement des directions, un grand nombre de propriétaires ont formé des demandes en décharge ou réduction de contribution foncière ; ces

demandes ont été instruites par les contrôleurs, des baux ont été produits, des experts ont été nommés; ils ont constaté les revenus, et entendu les répartiteurs; les directeurs ont fait leurs rapports, et il est intervenu des jugemens de conseils de préfecture.

Ces jugemens, les expertises particulières qui en ont été la base, sont des renseignemens très-précieux. Les notions qu'ils donnent sur des propriétés particulières peuvent être très-utiles dans l'estimation générale des revenus.

Le directeur doit rassembler les jugemens et les pièces sur lesquelles ils ont été motivés, et faire passer au contrôleur tous ceux qui intéressent les communes à expertiser.

Ventes de Biens nationaux.

439. Lorsque des biens nationaux sont vendus, les préfets font remettre aux directeurs une note des bases qui ont servi à régler la première mise à prix, à raison de tant de fois le revenu, et l'indication du prix auquel ils ont été adjugés. Les directeurs envoient également aux contrôleurs les notes relatives aux communes à expertiser. Circulaire du 27 avril 1804. II — 124.

Ordre de compléter les Relevés des Baux.

440. Dans les départemens où il aurait été négligé de former ou de compléter le relevé général des baux, et dans ceux où l'on n'a pas employé tous les moyens propres à grossir le nombre des matériaux utiles aux expertises, les directeurs doivent donner les ordres les plus précis pour que les contrôleurs s'occupent, sans délai, de rassembler tous les matériaux qu'ils peuvent se procurer; Circulaire du 30 nov. 1808. V — 134.

un plus long retard dans la confection d'un travail aussi essentiel prouverait une indifférence répréhensible.

Importance des Renseignemens préalables.

Circulaire du 30 nov. 1808. V — 134.

441. Les directeurs doivent se rappeler que le succès des expertises est attaché en grande partie aux renseignemens préalables que les contrôleurs peuvent réunir.

Classement des Renseignemens par Commune.

442. Toutes les pièces recueillies sont classées par commune.

Époque où la compulsion des Baux doit être terminée.

443. Au 1.er janvier 1812, les directeurs doivent donner au commissaire impérial l'assurance que la compulsion générale des baux et actes de vente est terminée, et que les contrôleurs sont parfaitement en règle sous ce rapport.

Il est recommandé aux inspecteurs généraux de donner une attention particulière à cet objet.

CHAPITRE II.

RELEVÉ DU PRIX DES GRAINS ET AUTRES DENRÉES.

Tableau du Prix des Denrées.

Instruction du 22 janv. 1801. I — 55.

Modèle.

444. Il est formé un tableau du prix des denrées, d'après les mercuriales de quinze années.

Formation de l'année commune sur quinze années.

Ibid.

445. Le prix moyen des denrées qui doit servir à l'évaluation du produit des propriétés foncières, est établi sur le prix de quinze années, en retranchant les deux plus

faibles et les deux plus fortes; le onzième de la somme des années restantes forme le prix des denrées de l'année moyenne (334, 335).

Choix des quinze années.

446. Le tableau du prix des denrées comprend les quinze années suivantes, 1783, 1784, 1785, 1786, 1787, 1788, 1789, 1790, 1797, 1798, 1799, 1800, 1801, 1802, 1803; les sept dernières années correspondent aux années 5, 6, 7, 8, 9, 10 et 11.

Instruction du 5 nov. 1805. III — 154.

Il a été fait des changemens au choix de ces années dans les départemens réunis à l'ancien territoire de la France, où l'époque et la durée de la circulation du papier-monnaie n'ont pas été les mêmes.

Prix spécifiés en francs.

447. Ces tableaux doivent présenter le prix des denrées en francs, puisque la contribution foncière est répartie et perçue en cette valeur (328); il convient dès-lors d'avoir égard à la différence qui existe entre les monnaies des divers pays.

Circulaire du 22 juin 1803. I — 255.

Relevés des Mercuriales faits par les Inspecteurs.

448. Le relevé des mercuriales est fait par les inspecteurs.

Instruction du 5 nov. 1805. III — 155.

Les inspecteurs forment un relevé séparé pour chaque commune.

Formés dans le lieu du marché.

449. Ce relevé est formé dans le lieu du marché où chaque commune porte ses denrées, et l'on prend les prix auxquels se vendent les denrées de chacune des communes, s'ils sont distingués sur les mercuriales.

Ibid.

Actes de notoriété suppléant aux Mercuriales.

Circulaire du 24 mai 1810. V — 320.

450. Si les prix de la commune ne sont pas distingués, et qu'elle ait une denrée d'une qualité supérieure ou inférieure à celles des autres denrées qui sont vendues dans le même marché, il y est suppléé par un acte de notoriété, comme pour les denrées non comprises dans les mercuriales (453).

Denrées de qualités différentes.

Ibid.

451. Si la même commune a une denrée de plusieurs qualités très-différentes, le relevé en indique les prix séparément, s'ils se trouvent sur les mercuriales ; sinon il y est suppléé par un acte de notoriété (453).

Communes qui ne vendent à aucun Marché.

Ibid.

452. Les communes qui ne vendent aucune denrée dans un lieu de marché, sont censées porter leurs denrées au marché dont elles sont le plus voisines, et assujetties aux prix des mercuriales de ce marché.

Actes de notoriété.

Ibid.

453. Dans les lieux de marché où il n'existe pas de mercuriales, dans d'autres où ces mercuriales sont incomplètes et ne présentent point la série de quinze années, les inspecteurs font constater devant le maire, par des marchands, négocians ou cultivateurs, les prix communs des denrées.

Prix moyen des Mercuriales.

Instruction du 5 nov. 1805. III — 135.

454. Dans quelques départemens, le relevé des mercuriales présente, au lieu du prix moyen de l'année entière, le

le prix d'une seule époque. Cette manière d'opérer est vicieuse; il faut, au contraire, prendre le prix moyen de chaque jour de marché pendant l'année entière, additionner ces prix, et ensuite diviser le produit total par le nombre de jours de marché.

Bois, Vins, Cidres, &c.

455. Dans les communes ou lieux de marché où l'on n'était pas dans l'usage de tenir les mercuriales de certaines denrées, telles que bois, vin, foin, cidre, &c. les inspecteurs font constater devant le maire le prix de tous ces objets, par des marchands, négocians ou cultivateurs. Instruction du 5 nov. 1805. III — 135.

Signature des Relevés et Actes de notoriété.

456. Les relevés et les actes de notoriété sont revêtus de la signature des personnes qui auront concouru à leur formation. Circulaire du 24 mai 1810. V — 321.

Révision des Actes de notoriété.

457. Les directeurs doivent examiner très-attentivement les actes de notoriété, les comparer entre eux, les rapprocher de ceux résultant des mercuriales des marchés voisins : s'ils trouvent des différences, en chercher les causes ; et si elles ne leur paraissent pas justifiées, soit par la qualité des denrées, soit par la situation plus ou moins favorable des communes, conclure à ce que les prix soient augmentés ou diminués. *Ibid.*

Sur le rapport du directeur, le préfet peut modifier les résultats des actes de notoriété, de manière à les mettre en harmonie avec les prix des autres denrées fixés par les mercuriales.

Révision des Relevés des Mercuriales.

Circulaire du 24 mai 1810. V — 321.

458. Les relevés des mercuriales sont présentés aux préfets pour être définitivement arrêtés.

CHAPITRE III.

TABLEAU COMPARATIF DES MESURES ANCIENNES ET NOUVELLES.

Tableau de conversion rédigé par le Contrôleur.

Instruction du 5 nov. 1805. III — 132. *Modèle.*

459. Les contrôleurs sont chargés de rédiger les tableaux de conversion des anciennes mesures locales, soit de superficie, soit de poids, soit de capacité en nouvelles mesures métriques (62).

Importance du Tableau de conversion.

Ibid. III — 133.

460. Tous les tableaux des expertises devant être rédigés d'après le nouveau système de poids et mesures, en conservant les dénominations vulgaires énoncées dans l'arrêté du Gouvernement du 4 novembre 1800 (62), il importe que ces tableaux soient faits avec le plus grand soin, puisqu'ils sont la base de tous les calculs.

Table de Réductions.

Ibid.

461. Dans les départemens où il existe des tables de comparaison entre les mesures anciennes et nouvelles, les contrôleurs s'assurent si les rapports sont exactement établis.

Livres élémentaires à consulter.

Ibid. III — 134.

462. Dans les départemens où ces tables n'existent point, les contrôleurs constatent les mesures anciennes

usitées dans les communes ; ils en font ensuite la conversion en nouvelles mesures, d'après les livres élémentaires qui ont paru sur cette matière : les meilleurs qui aient été publiés jusqu'à présent, sont ceux de MM. *Tarbé* et *Vassali ;* le Manuel pratique et élémentaire des poids et mesures de M. *Tarbé,* est approuvé par le Ministre de l'intérieur.

Fractions, ne doivent pas être négligées.

463. Les fractions ne doivent pas être négligées, parce que, dans les calculs des grandes contenances, ces omissions deviennent très-importantes, et qu'en résultat elles influent sur l'évaluation totale des communes. Instruction du 5 nov. 1805, III — 153.

Mesures portant le même nom.

464. Lorque, dans une même commune, des mesures locales différentes portent le même nom, leur valeur doit être spécifiée comme ci-après : *Ibid.*

Journal — carreau — pied
de 200 carreaux. — de 12 pieds. — de Guyenne.

Journal — carreau — pied
de 180 carreaux — de 12 pieds — de Guyenne.

Vérification du Tableau de conversion.

465. Le contrôleur vérifie cet état, en le comparant avec celui rédigé par le géomètre chargé du parcellaire (103) ; il a le plus grand soin de lui donner toute l'exactitude possible.

CHAPITRE IV.

TRAVAUX PRÉPARATOIRES DE L'INSPECTEUR.

Examen des Relevés des Mercuriales.

Instruction du 23 fév. 1810, art. 2. V — 282.

466. Aussitôt que le budget d'un département a fait connaître les cantons désignés pour les opérations cadastrales d'une année (47), l'inspecteur réunit les relevés des mercuriales d'un de ces cantons, quand même ce budget ne contiendrait qu'une partie des communes dont le canton est composé ; il vérifie ces relevés, s'assure s'ils sont exacts et complets; et, dans le cas contraire, il prend sur-le-champ tous les renseignemens qui peuvent lui manquer.

Approbation des Relevés des Mercuriales.

Ibid. art 3.

467. Après avoir complété les relevés de toutes les mercuriales du canton, il les soumet, par un rapport écrit, au directeur, pour être, comme il a été expliqué ci-dessus, approuvés par le préfet (458).

Envoi à l'Inspecteur général.

Ibid. art. 4. V — 282.

468. Il adresse à l'inspecteur général de la division dont son département fait partie, un double de son rapport, visé du directeur, et y joint la récapitulation seulement des divers relevés.

Cantons et parties de canton désignés pour le Cadastre de l'année.

Ibid. art. 5. V — 283.

469. Si le budget de l'année désigne pour les travaux du cadastre d'autres cantons ou parties de canton, il fait pour la totalité des communes de ces cantons le travail prescrit (466, 467).

Réunion des Baux, Actes de vente et Affiches.

470. L'inspecteur réunit ensuite, pour ces mêmes cantons, tous les baux compulsés, soit par lui, soit par les contrôleurs (425); il rassemble de même les actes de vente (426), les affiches de biens à vendre ou à louer (436), et tous les matériaux qui peuvent être déposés à la direction (424, 438, 439).

Instruction du 23 fév. [illegible], art. 6.

V — 283.

Tableau du Prix commun des Fermages.

471. Il fait alors une espèce de ventilation des baux qu'il a réunis, c'est-à-dire, il s'attache à connaître pour quelle somme chacune des natures de biens-fonds comprises dans le bail, entre dans le prix total de ce bail.

Il parvient ainsi à constater le *prix commun de fermage* de l'arpent de terres labourables, de prés, de vignes, de bois, &c.; et il en rédige, pour chaque canton, un tableau par commune.

Modèle.

Colonage à portion de Fruits.

472. Dans les départemens où le colonage à portion de fruits ou toute autre condition d'exploitation remplace l'amodiation en argent, l'inspecteur peut parvenir à faire le travail et à rédiger le tableau prescrit par l'article précédent, en convertissant en argent les colonages en denrées.

A cet effet, il s'attache à bien connaître le mode de colonage le plus usité dans le canton, et les charges respectives du propriétaire et du colon.

Il choisit, dans chaque commune, trois ou quatre domaines exploités selon le mode le plus usité.

Il constate la portion de fruits que retire le propriétaire, et l'évalue en argent d'après le rélevé des mercuriales (458).

Il ajoute ensuite à ce prix les charges du colon qui augmentent réellement le revenu du propriétaire, et en déduit au contraire les charges contractées par ce propriétaire, et qui diminuent ce même revenu.

Alors il sait combien ce domaine rapporte au propriétaire ; il a en argent le prix du bail, et est à portée de faire la ventilation, de constater *le prix commun de fermage* de l'arpent de chaque nature de bien, et d'en rédiger le tableau ; enfin, de faire toute l'opération expliquée par l'article précédent (471).

Tableau du Prix commun de la Valeur vénale.

Modèle.

473. L'inspecteur doit faire ensuite, pour les actes de vente, ce qu'il a fait pour les baux, ventiler ces actes de la même manière, et rédiger un tableau du prix commun de la valeur vénale des terres, prés, vignes, bois, &c.

Manière de suppléer aux Baux et aux Actes de vente.

Instruction du 23 fév. 1810, art. 3.
V — 284.

474. Dans les cantons pour lesquels il n'a été possible de découvrir ni baux ni actes de vente, l'inspecteur fait le travail et rédige les deux tableaux prescrits par l'article précédent, d'après les prix de fermages et les valeurs vénales notoirement connus, d'après les partages, les actes de licitation entre mineurs, et les relevés des registres des économes d'administrations ou d'établissemens publics.

Envoi au Directeur et à l'Inspecteur général.

Ibid.

475. Il remet les deux tableaux du prix commun des fermages (471, 472), et du prix commun de la valeur vénale (473), avec un rapport écrit, au directeur, pour

qu'il les examine et les approuve, et adresse à l'inspecteur général un double du rapport et des états.

Communication aux Maires des Communes.

476. L'inspecteur se transporte successivement dans toutes les communes du canton ; il communique son travail à chaque maire, et reçoit ses observations.

Instruction du 23 fév. 1810, art. 9.
V — 284.

Prix communs du produit des Terres.

477. Il consulte le maire et, s'il lui est possible, quelques-uns des principaux propriétaires ou cultivateurs, sur le produit des différentes natures de propriétés, non-seulement de la commune, mais encore des communes voisines, et rectifie ses deux premiers tableaux des *prix communs de fermage* et des *prix communs de la valeur vénale.* Il s'attache à ce que les différentes espèces de biens soient classées proportionnellement entre les communes.

Ibid.

Classement des Communes entre elles.

478. Comparant les opinions du maire de chaque commune sur les communes voisines, il met la dernière main aux deux tableaux ci-dessus, en fait la rédaction définitive, et les adresse au directeur avec son rapport, pour être examinés et approuvés ou modifiés par lui.

Ibid. art. [illegible].

Il adresse ce rapport et ces tableaux définitifs à l'inspecteur général.

Envoi aux Contrôleurs.

479. Le directeur fournit aux contrôleurs chargés des expertises, les relevés des mercuriales et des copies des tableaux mentionnés dans les articles 466, 471 et 472.

Renseignemens ci-dessus non obligatoires pour l'Expert.

480. Les renseignemens contenus dans ces tableaux

Ibid. art. 13.
V — 285.

ne sont pas obligatoires pour l'expert ; mais le contrôleur est tenu de lui en donner connaissance, de lui demander les motifs qui le portent à s'en écarter, et de consigner ces motifs dans un procès-verbal.

Remplacement de l'Inspecteur.

Instruction du 23 fév. 1810, art. 14. V — 285.

481. Lorsque l'inspecteur, par maladie, absence, ou par toute autre cause, ne peut être chargé des travaux qui lui sont prescrits (466 à 478, 641 à 644, 756 à 762), le directeur propose au préfet de nommer, pour le remplacer, un contrôleur, qui, dans ce cas, jouit de l'indemnité.

SECTION III.

OPÉRATIONS DE L'EXPERTISE.

CHAPITRE I.er

PRÉSENTATION ET CHOIX DES EXPERTS. CHOIX DES CONTRÔLEURS.

Experts nommés par les Préfets.

Circulaire du 11 fév. 1803. I — 113.

482. Les experts sont nommés par le préfet, sur la présentation du directeur des contributions.

Experts présentés par le Directeur.

483. A mesure que les communes sont en état d'être expertisées, le directeur présente l'expert ou les experts qu'il propose de charger des expertises.

Préférence donnée aux Experts déjà employés.

484. On emploie de préférence ceux qui ont déjà travaillé aux expertises, et dont les opérations ont été reconnues régulières.

Experts

Experts réduits au plus petit nombre.

485. Les experts doivent être réduits à un petit nombre, de manière cependant qu'il y en ait toujours au moins deux dans chaque canton.

Expert chargé de toutes les parties du travail.

486. Les diverses parties qui constituent l'expertise d'une commune, ne peuvent être faites que par un seul et même expert.

Expert général prohibé.

487. Il ne peut être nommé un expert général assisté de sous-experts,

Ni une commission chargée d'un travail préalable aux expertises.

Circulaire du 24 mai 1810.
V — 322.

Incompatibilité.

488. Les fonctionnaires publics salariés par le Gouvernement et les employés des diverses administrations ne peuvent pas être experts.

Arrêté du Gouvernement du 3 novembre 1802.
I — 64.

Expert étranger au Canton.

489. Un expert ne peut opérer dans une commune dépendante d'un canton où il est domicilié et où il a ses principales propriétés.

Lettre du 4 juillet 1804.
II — 269.

Exception.

490. Toutefois un citoyen qui n'aurait que quelques propriétés éparses dans les diverses communes d'un canton, pourrait être chargé des évaluations, si, d'ailleurs, ses

travaux précédens, ou son intégrité et son expérience, lui méritaient cette exception motivée.

Choix des Contrôleurs.

491. Toutes les opérations préliminaires à l'expertise étant terminées et les experts nommés, le directeur désigne les contrôleurs des contributions chargés de concourir au travail des experts.

CHAPITRE II.

AFFICHES, INDICATEURS.

Affiches.

492. Le préfet fait afficher dans chaque commune à expertiser et dans les communes circonvoisines, un avis indiquant l'époque de l'ouverture des travaux, les noms de l'expert et du contrôleur, et l'invitation aux maires de seconder leurs opérations, et aux propriétaires, régisseurs, fermiers ou ayans-cause, d'assister au classement de leurs terres, et de fournir tous les renseignemens qui pourront être utiles à ce classement.

Cet avis doit être inséré dans le journal du département.

Indicateurs.

493. Il est accordé des indicateurs aux experts. Ces indicateurs fournissent des renseignemens sur les produits imposables des communes; ils aident à reconnaître les parcelles et leurs limites, et à s'assurer de l'exactitude des noms des propriétaires et de la dénomination des propriétés.

Changement d'Indicateurs.

494. Lorsque l'indicateur ne connaît pas toutes les parties du territoire, le maire, sur la demande du contrôleur ou de l'expert, le fait remplacer.

Choix des Indicateurs.

495. Les maires doivent choisir les indicateurs parmi ceux des habitans qui connaissent le mieux les localités.

CHAPITRE III.

FONCTIONS DES EXPERTS.

496. L'expert est appelé dans une commune arpentée, à l'effet de déterminer le revenu imposable de cette commune, par l'estimation de toutes ses propriétés.

Commencement des Opérations.

497. L'expert commence ses opérations aussitôt qu'on lui a remis l'atlas portatif ou la copie de la minute du plan (304), et le tableau indicatif des diverses propriétés (287), lequel tableau donne la connaissance de la contenance du territoire, de sa division en sections, et des différentes natures de propriétés que contient chaque section.

§. I.er

TARIF DÉFINITIF DU PRIX DES GRAINS ET DENRÉES.

Modération au Tarif des Denrées.

498. La première opération de l'expert est la modération à faire au relevé du prix des grains et denrées, à raison de leur transport au marché.

Circulaire du 11 fév. 1809, I — 114.

Modération basée sur le prix moyen des quinze années.

Instruction du 5 nov. 1805. III — 137.

499. L'expert ne doit pas baser ses déductions sur les prix actuels, mais sur le prix moyen des quinze années comprises dans les mercuriales.

Calcul de la Modération.

500. Cette modération ne doit pas être calculée précisément sur ce qu'il en coûterait pour un transport spécial ; elle doit être très-faible, attendu que les chariots et les animaux qui sont employés aux transports, servent aux travaux de l'agriculture et entrent dans les frais d'exploitation.

Communes qui consomment leurs Denrées.

501. Les communes qui consomment les denrées qu'elles produisent, ont droit aux déductions pour les frais de transport, si le prix des denrées est établi pour elles d'après le tarif dressé pour le chef-lieu de marché dont elles sont plus voisines.

Communes ayant un Marché.

502. Dans les communes qui ont un marché, il ne doit être fait aucune déduction pour les frais de transport.

Tarif définitif du Prix des Denrées.

Instruction du 5 nov. 1805. III — 136.

Modèle.

503. Le tarif définitif du prix des grains et denrées est établi au *verso* du relevé ; il présente, dans une première colonne, le prix constaté par le relevé ; dans la seconde, la modération faite pour frais de transport au

marché, et dans une troisième colonne, le prix des denrées, déduction faite des frais de transport.

Tarifs en mesures anciennes et nouvelles.

504. Comme tous les calculs du produit brut et des déductions pour arriver au produit net, sont faits en mesures locales dans le tableau de classification, il est indispensable de présenter un tarif, 1.° en mesures anciennes, 2.° en mesures nouvelles. Instruction du 5 nov. 1805. III—137.

Déductions motivées.

505. L'expert motive, au bas du tarif, les déductions qu'il a jugées nécessaires; il indique exactement les distances, l'état des chemins, les usages suivis pour le transport au marché, les hommes et les bêtes qu'on y emploie, et enfin la quantité des grains et des denrées que les bêtes peuvent transporter. *Ibid.* III—137.

§. II.

CLASSIFICATION DE CHAQUE GENRE DE PROPRIÉTÉ.

Définition de la Classification.

506. La classification consiste à déterminer en combien de classes chaque nature de propriétés doit être divisée, à raison des divers degrés de fertilité du terrain et de la valeur du produit. Instruction du 24 nov. 1804. I—72.

Différence entre la Classification et le Classement.

507. Il ne faut pas confondre cette opération avec le classement, qui consiste à distribuer, entre les classes établies par la classification, tous les terrains que chaque propriété occupe (516). *Ibid.*

Ainsi on classifie les cultures, on classe les parcelles; et le classement est l'application de la classification à chaque partie du territoire.

Opération de la Classification.

Instruction du 5 nov. 1805. III — 140.

508. L'expert fait la classification de chaque genre de propriétés et de chaque nature de culture, en se transportant successivement, avec le contrôleur, le maire, s'il veut bien s'y prêter, et l'indicateur, sur chaque section.

Tableau de la Classification.

Ibid.

509. Le tableau de classification est une des pièces les plus importantes de l'expertise, puisqu'il doit présenter tous les calculs faits par l'expert pour parvenir à la connaissance du produit net.

Nombre de Classes.

Ibid. III — 143.

510. Le nombre de classes est limité à cinq pour les terres labourables, à trois pour les autres natures de cultures : cependant, pour les cultures prédominantes ou qui présentent une grande variété, l'expert peut porter le nombre de classes de quatre à cinq; mais il ne doit user de cette latitude qu'avec beaucoup de réserve.

Culture mieux entendue.

Instruction du 25 nov. 1802. I — 73.

511. L'expert néglige les différences legères; sur-tout il ne compte pour rien celles qui ne proviennent que d'une culture mieux entendue ou d'une plus grande avance de fonds.

Classification particulière à chaque Commune.

512. La qualification de 1.re, 2.e, 3.e, 4.e et 5.e classes, n'a de rapport qu'à la comparaison des terrains de la commune entre eux, et non avec ceux des autres communes du canton, ou de l'arrondissement, ou du département ; telle terre est de 1.re classe dans la commune où elle est située, qui serait peut-être de 5.e classe dans l'ensemble des communes du canton. Circulaire du 24 mai 1810. V — 525.

Types ou Étalons.

513. A la suite de la définition de chacune des classes de chaque nature de culture, le contrôleur et l'expert indiquent spécialement et nominativement une terre de cette nature et de cette classe, pour servir de point de comparaison et être une espèce d'étalon de ce qu'ils entendent par terre de telle nature et de telle classe; exemple: *Ibid.*

Après la définition de la terre labourable de première classe, il sera ajouté : Telle est, section , la pièce appartenant à , située canton ou triage de , N.° , tenant vers le nord à , vers l'orient, à , vers le sud, à , et vers l'occident, à

Et de même pour les autres classes et les autres cultures.

Rédaction du Tableau de classification.

514. Le tableau de classification est rédigé conformément au modèle. On n'a pu donner dans ce modèle un exemple applicable à toutes les natures de culture; on a choisi les plus générales. Le directeur de chaque département doit éclairer l'expert et le contrôleur sur la marche Instruction du 5 nov. 1807. III. — 141. *Modèle.*

qu'ils ont à suivre pour l'évaluation des natures de culture particulières à leur département ; mais ils doivent se renfermer dans ce principe constant, qu'il faut toujours présenter le produit brut, et à la suite les déductions pour frais de culture, semence, engrais et récolte.

Déductions.

Instruction du 5 nov. 1805. III — 143.

515. Les déductions à faire (324, 325, 326, 327), doivent être détaillées le plus possible ; cependant il faut éviter d'en présenter qui, entrant les unes dans les autres, feraient un double emploi.

Si, pour la culture des terres des dernières classes, on établissait les mêmes frais que pour celles de première classe, le produit non-seulement serait absorbé, mais encore se trouverait au-dessous des frais ; et l'on ne peut pas admettre qu'un propriétaire cultive des terres qui ne lui rendraient aucun produit, mais qui tous les ans diminueraient son capital.

Déduction pour les dernières Classes.

Ibid. III — 143.

516. Il convient d'observer que les dernières classes étant cultivées avec les bestiaux du domaine et les domestiques qui y sont attachés, les frais de leur exploitation rentrent, en majeure partie, dans les frais d'exploitation des premières classes : ainsi, après avoir établi avec soin les frais de culture des premières classes, ce n'est que comparativement au produit brut que l'on doit ensuite les établir pour les autres classes.

Par exemple, les frais de la première classe se sont élevés à la moitié du produit brut ; ceux des autres classes ne ne doivent pas être au-dessus de la moitié de leur produit brut.

Latitude donnée à l'Expert.

517. Néanmoins, lorsque l'expert aura l'intime conviction que, par l'effet de cette déduction proportionnelle, l'évaluation des dernières classes est trop élevée, il peut l'établir en énonçant ses motifs. Circulaire du 24 mai 1810. V—323. / affaiblir

Engrais.

518. Les déductions pour engrais ne peuvent avoir lieu, lorsqu'on n'en achète point ; les pailles récoltées, n'entrant point dans l'évaluation du produit net, tiennent lieu de cette déduction. Instruction du 5 nov. 1805. III—145.

Engrais achetés au dehors.

519. Lorsque les engrais sont achetés, ils doivent entrer en déduction ; mais, pour en fixer la quotité, l'expert se tromperait évidemment, si, après avoir reconnu qu'on emploie cinq charrois de fumier pour un arpent de vigne, il portait en déduction le prix de ces cinq charrois. Ibid.

Emploi des Engrais.

520. L'expert doit donc s'assurer comment les engrais sont employés. Par exemple, on emploie cinq charrois dans un arpent de vigne, mais tous les cinq ans seulement ; alors c'est le prix d'un charroi qu'il faut déduire, et non celui de cinq. Ibid.

Transport et placement des Engrais.

521. En général les frais de transport et de placement des engrais sur les terres labourables ne donnent lieu à aucune déduction, attendu que, dans la plupart des

départemens, ils sont compensés par le produit des pailles qui n'entrent point dans l'évaluation.

Néanmoins, lorsque l'expert croit que les pailles ne suffisent pas pour compenser ces frais, il peut en faire la déduction, mais elle ne doit pas excéder le prix d'un labour.

Marnage.

Instruction du 5 nov. 1805. III — 145.

522. Pour le marnage, il faut s'assurer de-même de sa durée, et si cette durée est de trente ans, il faut diviser les frais qu'occasionne le marnage par trente, et ne porter en déduction que le trentième.

Dépenses extraordinaires.

Ibid. III — 146.

523. L'expert ne doit pas perdre de vue qu'outre les déductions ordinaires, il est des dépenses extraordinaires particulières à quelques propriétés.

Des terrains exposés aux inondations, des terrains en pente rapide, d'autres soutenus, garantis et rendus fertiles par des ouvrages d'art, nécessitent des frais extraordinaires; là, il faut fréquemment rapporter les terres déplacées ou enlevées, ici, il faut réparer, réédifier, entretenir les ouvrages qui servent d'appui et conservent la propriété.

Comme ces déductions sont particulières et ne peuvent influer sur l'évaluation d'une commune, l'expert doit prendre en considération ces dépenses extraordinaires, en faisant le classement.

Quant aux dépenses extraordinaires qui tendent à obtenir des produits extraordinaires, ni les produits ni les dépenses ne sont pris en considération.

Vignes.

524. L'évaluation des vignes exige beaucoup de soins (344). Les principes en ont été établis (345 à 348).

Déductions pour les Vignes.

525. Dans les pays où il est d'usage d'échalasser les vignes, l'expert doit s'assurer de la durée de l'échalassement, et déduire le dixième des frais d'échalas, s'ils se renouvellent tous les dix ans.

Il n'est fait aucune déduction pour la taille des vignes et pour les frais de vendange, attendu qu'on ne calcule ni les bois ni les revins.

Prés.

526. L'expert évalue et classifie les prés d'après les principes qui ont été établis (356 à 360).

Droit d'usage.

527. Les propriétés grevées d'un droit d'usage, telles que les prés grevés d'un droit de parcours, dont la première herbe appartient au propriétaire, et la seconde, soit aux habitans de la commune, soit à d'autres particuliers, doivent être évaluées en raison du produit total de la terre, sauf au propriétaire à se faire tenir compte de la portion d'imposition qui frappe sur la partie dont il ne jouit pas, à moins qu'il n'y ait un titre contraire. Instruction du 5 nov. 1805. III—147.

Cette disposition rentre dans le principe général que chaque propriété doit être évaluée sans égard aux charges dont elle est grevée (329).

Bois taillis en coupes réglées.

528. L'évaluation des bois taillis en coupes réglées offre peu de difficultés : il s'agit de constater la quantité de bois que donne la coupe annuelle, et de l'évaluer d'après

le tarif du prix des denrées. Il reste à faire ensuite la déduction des frais de garde, d'entretien et de repeuplement (365).

Bois taillis non en coupes réglées.

529. Les bois taillis non en coupes réglées s'évaluent d'après leur comparaison avec ceux en coupes réglées situés dans la commune ou dans le canton; et s'il ne s'en trouvait pas, d'après la quantité de bois que peut produire chaque arpent, ayant égard à la nature du sol et à la qualité des arbres.

Bois de haute futaie.

530. Les bois de haute futaie ne s'évaluent qu'au taux des simples taillis (368); néanmoins l'expert en fait une classification séparée, attendu qu'il est possible que les terrains où sont situés ces bois soient d'une qualité supérieure ou inférieure à ceux des bois taillis (369), ou soient dans un autre rapport entre eux.

Bois séquestrés ou nationaux aliénables.

531. Les bois séquestrés, et les bois nationaux aliénables, c'est-à-dire, d'une contenance inférieure à trois cents arpens métriques, doivent entrer dans la classification des taillis ou des futaies, le classement doit aussi en être fait; mais leur évaluation n'est que pour mémoire, sauf à entrer dans l'allivrement, si, par la suite, ces bois sont restitués ou vendus.

Plantations diverses.

532. Les bois de pins, de sapins, les châtaigneraies,

olivets, plants de mûriers, oseraies, aulnaies, saussaies et autres plantes analogues, sont l'objet d'autant de classifications particulières (371, 375), à moins que, ne se trouvant qu'accessoirement et en petite quantité sur un terrain, ils n'en soient pas la culture dominante (363, 364).

Cultures diverses.

533. Il en est de même des rizières, cultures en maïs, houblonnières, chenevières, champs de tabac, de colzat, de pommes de terre, &c. Ces cultures diverses forment des classifications particulières, à moins que, n'étant que momentanées, elles n'entrent dans l'assolement des terres (376).

Cultures mêlées.

534. Enfin, les champs consacrés à plusieurs cultures dont aucune n'est dominante, sont l'objet d'une classification particulière sous le nom de cultures mêlées (374).

Maisons.

535. Le mode d'évaluation des maisons ne présente aucune difficulté : lorsque la valeur de quelques-unes est constatée par des baux, l'expert évalue les autres par comparaison, et en suivant la proportion qui résulte de leur étendue et de leur situation (391, 392, 393). Instruction du 5 nov. 1805. III — 146.

Il doit indiquer les maisons dont il a les baux et qu'il a prises pour termes de comparaison.

Moyens de suppléer aux Baux.

536. Lorsqu'il n'existe aucun bail, l'expert doit s'attacher à reconnaître la valeur locative : il trouve cette *Ibid.* III — 147.

valeur en combinant l'étendue des maisons, leur situation, les commodités qu'elles présentent et le nombre de pièces dont elles sont composées : l'expert doit enfin déclarer le prix qu'on pourrait en espérer d'un particulier qui se présenterait pour les louer.

Maisons évaluées par comparaison.

Instruction du 24 nov. 1802. I — 88.

537. Il peut arriver, sur-tout dans les campagnes, que les premières classes ne comprennent qu'une ou un très-petit nombre de maisons; pour les classes inférieures, les comparaisons sont plus faciles, parce que les hommes de même profession se logent convenablement aux besoins et aux facultés de leur état, et que leurs habitations occupent à-peu-près le même terrain.

Procédé pour l'Évaluation des Maisons.

Ibid.

538. Pour estimer les maisons dans des proportions convenables, l'expert doit commencer par les plus basses classes, en remontant aux classes supérieures graduellement par comparaison.

Maisons des Villes.

Circulaire du 24 mai 1810. V — 324.

539. Les maisons des villes, des bourgs et des communes très-peuplées, ne sont pas susceptibles d'être divisées en classes; chaque maison est évaluée séparément.

Maisons des Communes rurales.

540. Dans les communes rurales, les maisons peuvent être divisées en dix classes au plus : lorsque la commune contient des maisons que la variété de leur produit ne permet pas de réduire en dix classes, on suit le mode adopté pour les villes (539).

Usines non divisibles en Classes.

541. La division en classes n'est point applicable aux usines, fabriques, manufactures, &c.; chaque usine doit être évaluée séparément.

Lettre du Commissaire impérial du 25 mars 1803. II — 213.

Minimum *de l'Évaluation des Maisons.*

542. Dans aucun cas l'expert ne peut évaluer les maisons au-dessous du *minimum* fixé par la loi (393).

Instruction du 24 nov. 1802. I — 88.

Minimum *non applicable à l'universalité des Maisons d'une Commune.*

543. L'expert ne doit pas évaluer les maisons, uniformément et sans distinction, au *minimum* fixé par la loi; de semblables évaluations sont évidemment infidèles.

Instruction du 5 nov. 1805. III — 146.

L'évaluation au *minimum* ne doit avoir pour objet que de misérables chaumières ou des maisons dans un état de dégradation absolue.

Bâtimens ruraux.

544. Les bâtimens servant à l'exploitation rurale n'étant évalués qu'à raison de leur superficie (396), et la valeur de l'édifice n'entrant point dans la classification, il n'y a pas lieu non plus à faire ni la déduction du quart ni aucune autre déduction pour les frais de leur entretien.

Instruction du 24 nov. 1802. I — 87.

Mesures locales.

545. Le modèle du tableau de classification est rempli d'exemples fictifs. Ce modèle annonce que tous les calculs qu'il présente doivent être faits en mesures locales.

Instruction du 5 nov. 1805. III — 148.

Modèle.

§. III.

CLASSEMENT.

Distribution des Terrains entre les Classes.

Instruction du 24 nov. 1802. I — 92.

546. Après avoir déterminé le nombre de classes de chaque genre de propriétés, et préparé l'estimation de chaque classe, l'expert s'occupe du classement, qui consiste à distribuer entre les classes établies et reconnues, tous les terrains que chaque genre de propriétés occupe, et à déterminer de quelle classe est chaque parcelle ou portion de parcelle.

Industrie du Cultivateur non atteinte.

Instruction du 5 juillet 1803. I — 263.

547. L'expert ne doit jamais perdre de vue un principe général, qui souffre très-peu d'exceptions, c'est que la contribution foncière n'atteint point l'industrie extraordinaire du cultivateur; et que, par une juste conséquence, elle est sans égard pour sa négligence.

Culture bien ou mal soignée.

Instruction du 5 juillet 1803. I — 163.

548. L'expert doit donc rechercher avec attention la cause des différences qu'il aperçoit, et s'assurer si ces différences dérivent d'une culture bien ou mal soignée, relativement aux travaux agricoles usités dans le pays, ou bien si elles sont inhérentes à la qualité ou à la situation du sol. Ce n'est que dans ce dernier cas qu'il doit faire une distinction.

Examen sur le terrain de toutes les Parcelles.

549. L'expert, assisté du contrôleur qui doit être muni du plan et du tableau indicatif (497), se transporte successivement

successivement sur toutes les parcelles, examine et décide la classe dans laquelle chacune d'elles doit être rangée en totalité ou en partie ; et le contrôleur en porte l'indication dans la colonne de l'état de classement à ce destinée.

Notes des Erreurs du Plan ou du Tableau indicatif.

550. Le contrôleur, qui tient le tableau indicatif, doit, à mesure qu'il arrive sur une parcelle, lire la ligne qu'elle occupe sur le tableau, appeler les noms, prénoms et professions des propriétaires, la nature de culture et la contenance, et tenir des notes de toutes les erreurs que lui ou l'expert découvriraient, ou dont l'indicateur le ferait apercevoir.

Parcelles dépendantes des Baux.

551. Il peut être très-utile au contrôleur, lorsqu'il rencontre une parcelle dépendante d'un bail dont il a le relevé, de porter, au crayon, sur le tableau indicatif, à la suite de cette parcelle, le numéro du bail ; cette méthode facilite la rédaction du tableau de l'application du tarif aux biens compris dans les baux.

Propriétés bâties.

552. L'expert estime le revenu locatif de toutes les propriétés bâties, sans égard à la superficie; et faisant ainsi mentalement la déduction (391), le contrôleur n'a plus à faire sur le papier que la déduction du quart pour les maisons, et du tiers pour les usines (392, 397).

Ciculaire du 4 juillet 1807.
IV — 198.

Clôture du Tableau de classification.

553. Lorsque le classement des parcelles est terminé sur le terrain (549), l'expert finit son tableau de classification, et procède à la rédaction du tarif provisoire.

§. IV.

TARIF PROVISOIRE.

Instruction du 5 nov. 1805. III — 150.

Modèle.

554. Ce tarif présente les résultats de la dernière colonne du tableau qui est à la fin de la classification, c'est-à-dire, le revenu net de l'arpent métrique de chaque nature et de chaque classe de propriétés.

§. V.

APPLICATION DU TARIF PROVISOIRE AUX PROPRIÉTÉS COMPRISES DANS LES BAUX.

Ibid.

Modèle.

555. L'application des baux est une opération très-essentielle de l'expertise; elle fait l'objet d'un tableau rédigé par le contrôleur (628).

Nécessité d'employer plusieurs Baux.

Instruction du 5 nov. 1805. III — 152.

556. Il serait très-dangereux de ne faire dans une commune que l'application d'un petit nombre de baux; une semblable application pourrait donner lieu à des erreurs considérables.

En conséquence, l'expert doit faire la ventilation de tous les baux, à moins qu'il ne s'en trouve pour lesquels cette opération soit absolument impossible, ou qu'il n'y en ait qui soient reconnus suspects ou exagérés.

Prix des Baux, Régulateur des Évaluations.

557. Les prix des baux doivent, en général, être le régulateur des évaluations, parce qu'en général la somme stipulée par le bail est le revenu que le propriétaire retire de son bien. Ce principe est cependant susceptible de plusieurs modifications.

Différence entre le Revenu cadastral et le Prix du Bail.

558. En effet, comme le cadastre évalue le produit moyen imposable des biens, et que les évaluations résultent d'un tarif applicable à toutes les propriétés, il est impossible que le revenu assigné à un propriétaire par le cadastre, cadre jamais parfaitement avec le prix de son bail.

Produit moyen des Revenus.

559. Il doit résulter encore de ce produit moyen, que les biens affermés à un prix exagéré sont estimés au-dessous de ce prix, et que ceux affermés à un prix trop modique sont plus évalués.

Choix des Baux.

560. Aussi l'expert doit avoir soin de prendre des baux de toutes les espèces, de manière à ce qu'il y ait compensation entre ceux qui sont exagérés et ceux qui sont affaiblis.

Communes en grandes et en petites Cultures.

561. Une commune est exploitée partie en grande tenue et partie en petite tenue. Un bail d'une grande tenue porte la valeur des terres à 38 francs; un autre bail

Instruction du 5 nov. 1805. III — 132.

de petite tenue la porte à 52 francs. Cependant les unes et les autres sont de même qualité ; la différence ne vient que de ce qu'un propriétaire à petite tenue trouve à affermer plus avantageusement que le propriétaire à grande tenue.

Mode d'évaluation dans ces Communes.

562. Dans ce cas, on ne peut évaluer le bien en petite tenue et celui en grande tenue, séparément et chacun d'après les baux qui lui sont particuliers, d'abord, parce que la qualité de la terre est la même, ensuite, parce que l'on ne peut pas faire deux classifications dans la même commune.

Il est possible, d'ailleurs, que celui qui afferme en grande tenue, vienne à diviser son domaine en petite tenue ; son évaluation alors resterait à 38 francs, pendant que celle des autres propriétaires en petite tenue serait de 52 francs. Il en serait de même de plusieurs domaines à petite tenue, qui, réunis en grande tenue, se trouveraient évalués à 52 francs, pendant que les autres ne le seraient qu'à 38 francs.

On doit donc prendre le terme moyen de ces deux estimations, c'est-à-dire, 45 francs.

Résultats de ce Mode.

563. En ce cas, on fait, à la vérité, supporter aux propriétaires en grande tenue une augmentation de 7 fr., et les propriétaires en petite tenue reçoivent une diminution de pareille somme.

Ce dernier système n'est nullement injuste, comme il pourrait le paraître au premier aspect. Le but qu'on se propose dans l'évaluation d'une commune, est d'atteindre le taux moyen du produit des terres (559); et la loi dit positivement qu'on n'aura aucun égard au plus ou moins d'industrie des propriétaires; c'est une industrie que de diviser son domaine en petite tenue, et c'est une raison de convenance qui porte un autre propriétaire à affermer le sien en grande tenue.

Bien affermé en grande tenue.

564. Le propriétaire d'un bien affermé en grande tenue ne peut donc réclamer contre son évaluation, sous prétexte qu'on lui assigne un revenu plus fort que celui qu'il retire réellement de son bail. Ce revenu, constaté par le cadastre, est celui dont son domaine est naturellement susceptible; et le sacrifice qu'un propriétaire fait, par un motif quelconque, à son fermier, ne peut préjudicier à l'état ou plutôt à la masse des contribuables.

L'évaluation cadastrale d'un bien ainsi affermé, peut d'ailleurs éclairer le propriétaire sur le revenu qu'il peut raisonnablement espérer de son domaine, et le mettre en état d'affermer par la suite ce bien d'une manière plus avantageuse.

Communes où les Baux sont tous en grande ou tous en petite tenue.

565. Il résulte des principes ci-dessus, que si, dans un canton où les baux en grande et petite tenue ont lieu, une commune ne présentait que des baux de la première espèce, et une autre des baux de la seconde, l'expert peut toujours consulter ces baux, mais ne doit pas les prendre pour régulateur absolu. Il doit alors s'en tenir au tarif

provisoire, ou le modifier par la comparaison des expertises des communes voisines où il se trouve des baux des deux espèces.

Baux d'un Prix très-inférieur au Produit réel des Biens.

566. Dans les communes où les biens s'afferment à des prix très-inférieurs à leur produit réel, soit parce que le fermier a contribué à l'acquisition du domaine et en est en quelque sorte copropriétaire, soit par suite d'un usage local quelconque, ces baux doivent être entièrement rejetés ; l'expert doit évaluer les biens d'après le produit dont ils sont naturellement susceptibles, sauf au propriétaire à réclamer de son fermier, s'il s'y croit fondé, la part de contribution qui frappe sur la portion de revenu dont jouit ce dernier.

Ceci est encore une application du principe général, que chaque propriété doit être évaluée, sans égard aux charges dont elle est grevée (329).

En général, les fermiers étant chargés du paiement de la contribution, ils supportent par le fait la part de cette contribution pour la portion qu'ils ont dans le revenu net imposable.

Communes voisines des grandes Villes.

Instruction du 5 nov. 1805. III — 153.

567. L'expert ne doit pas perdre de vue que la proximité des grandes villes ajoute une valeur considérable aux terres, par la facilité qu'ont les propriétaires et fermiers de se procurer des engrais qui en améliorent la qualité, et par le débit plus prompt et plus avantageux de leurs denrées.

Baux simulés, Contre-lettres.

568. Si un bail s'écarte trop de l'estimation, c'est une indication presque certaine qu'il est simulé ou accompagné d'un pot-de-vin ou d'une contre-lettre, et il doit être rejeté. Circulaire du 11 février 1803. I — 118.

Recours aux Baux des Communes voisines.

569. Dans le cas où l'on manquerait de baux, il est un moyen qui peut être employé avec avantage, c'est de recourir aux baux des communes voisines. Il convient seulement de n'en faire usage que lorsqu'il est reconnu qu'il existe des rapports entre les propriétés des unes et des autres communes.

Charges du Bail.

570. Le prix d'un bail se compose, non-seulement de la somme stipulée en argent, mais encore de toutes les charges et redevances dont le fermier peut être tenu, telles que grains, volailles, charrois, contributions, &c. Instruction du 5 nov. 1805. III — 155.

Évaluation des Charges.

571. L'expert doit en présenter le tableau, en évaluant les redevances en denrées d'après le prix des mercuriales, et les autres charges d'après le prix notoirement connu. *Ibid.*

Évaluation de la Contribution payée par le Fermier.

572. Quant aux contributions, la justice veut qu'on ajoute au prix du bail celles de la première année de ce bail; mais, comme il est souvent impossible de constater le montant des contributions antérieures à 1800, alors, et dans ce cas seulement, il faut ajouter au prix du bail *Ibid.*

la contribution établie en 1800, ou celle de l'année courante.

Entretien des Bâtimens ruraux.

Instruction du 5 nov. 18[illegible] II — 156.

573. Quoique dans l'évaluation des revenus on ne déduise rien pour l'entretien des bâtimens servant à l'exploitation rurale, attendu qu'on n'estime que la superficie de ces bâtimens et non leur élévation (396), il n'en est pas moins juste de déduire sur le prix du bail la somme qu'exige réellement l'entretien de ces bâtimens, attendu qu'ils ont dû influer sur le prix de ce bail.

On ne pourrait, en effet, comparer le prix d'un bail où l'élévation des bâtimens entre pour quelque chose, avec le résultat d'une classification où cette élévation n'est entrée pour rien.

Point de règle générale pour cette Déduction.

574. La dépense de l'entretien des bâtimens ruraux doit varier beaucoup, et sur-tout entre les pays de grande et ceux de petite culture. Dans les premiers, un seul corps de ferme suffit pour une très-grande exploitation; dans les autres, chaque ferme n'exploite qu'une petite portion de terre. Dans les uns et dans les autres, la culture est plus ou moins divisée. Il est dès-lors impossible de fixer une règle générale pour ces déductions. La règle doit varier, en quelque sorte, de commune à commune.

Déduction de la Dépense moyenne.

Ibid. III — 157.

575. L'expert constate la portion des bâtimens ruraux attachée et nécessaire à chaque exploitation; et calculant ce que leur entretien peut coûter pendant dix ans, sans examiner

examiner leur état naturel et leur plus ou moins de vétusté, il doit tirer le taux moyen de cette dépense annuelle, et la déduire sur la totalité du prix de chaque bail.

Détail des Motifs de cette Déduction.

576. L'expert doit mettre le plus grand soin à cette déduction, et en détailler les motifs dans son tableau d'application.

Instruction du 5 nov. 1805. III — 157.

Fermier chargé de l'Entretien.

577. Cette déduction doit avoir lieu sur les baux par lesquels l'entretien des bâtimens reste aux frais du propriétaire, mais non sur ceux par lesquels le fermier s'en est chargé. Il est évident, dans ce cas, que le fermier, à raison de cette charge, a diminué le prix de son bail, et que la déduction est faite d'avance.

Ibid. III — 158.

Distinction des Baux à cet égard.

578. Si, dans une commune, il se trouve des baux des deux espèces ci-dessus, la déduction ne doit avoir lieu que sur ceux de la première.

Ibid.

Déduction sur les Baux pour les Maisons et Usines.

579. La loi porte qu'il sera déduit, sur le produit brut des maisons d'habitation, un quart de leur valeur locative, pour tenir lieu des réparations et entretien, et un tiers pour les usines (392, 397).

Ibid.

Cette déduction doit également avoir lieu sur le prix du bail, lorsqu'une maison d'habitation ou une usine en fait partie ; si cette déduction n'avait pas lieu, le résultat de la ventilation ne pourrait être exact.

Instruction du 5 nov. 1805. III — 157.

On suppose, en effet, un bail d'une maison louée 600 francs ; cette somme est le produit brut.

Dans son tarif provisoire, l'expert l'a évaluée 450 francs en produit net.

Si l'on compare l'évaluation au prix du bail, on trouve une différence de 150 francs.

Cela vient de ce que l'on compare un produit net à un produit brut, et qu'on aurait dû déduire 150 francs sur le prix du bail.

Mode de cette déduction.

Instruction du 5 nov. 1805. III — 158.

580. Il faut donc, pour opérer avec justice, après avoir fait l'application du tarif provisoire à toutes les propriétés comprises dans le bail, déduire du prix du bail le tiers de la somme pour laquelle la maison aura été comprise dans l'application du tarif provisoire : ce tiers revient au quart du produit brut ; et pour les usines, il faut porter en déduction la moitié de la somme pour laquelle elles auront été comprises dans l'application du tarif provisoire, cette moitié revenant au tiers, qui doit être déduit.

Déduction de l'intérêt du prix des Bestiaux et Instrumens fournis par le Propriétaire.

Ibid.

581. Lorsque le propriétaire a fourni au fermier des bestiaux et instrumens aratoires, il doit être déduit, sur le prix du bail, l'intérêt de la valeur de ces objets, mais seulement à raison de cinq pour cent.

Déduction des autres Charges du Propriétaire.

Ibid. III — 158.

582. L'expert examine quelles sont les autres charges dont le propriétaire pourrait être tenu, et il en fait la déduction.

Procédé de l'application du Tarif provisoire aux Baux.

583. Lorsque l'expert a choisi les baux qu'il veut employer, et a établi leur prix définitif par l'augmentation des charges actives et la diminution des charges passives, il procède à leur ventilation.

A cet effet, il constate la contenance de chacune des parcelles comprises dans le bail, la nature de sa culture et la classe qui lui est assignée par le classement.

Il applique ensuite son tarif provisoire à chacune de ces parcelles.

EXEMPLE :

584. Si le bail contient en terres labourables un arpent de première classe, deux arpens de seconde classe et cinquante perches de troisième ; plus, en pré, deux arpens de première classe, et un arpent de seconde ; plus, dix perches de jardin première classe, et quatre perches de maison, superficie de première classe de terres labourables ;

Et que le tarif provisoire donne les évaluations suivantes :

Terre labourable....	1.re classe................	100f
	2.e classe................	80.
	3.e classe................	50.
Vigne............	1.re classe................	150.
	2.e classe................	120.
Jardin............	1.re classe................	100.
Maison, superficie..........................		100.
Maison, élévation..........................		60.

L'expert fait l'application de cette manière :

	CLASSE.	CONTENANCE.			ÉVALUATION d'après le tarif provisoire.	
		Arpens.	Perches.	Mètres.		
Terre labourable..	1.re	1.	00.	00.	100f	00c
	2.e	2.	00.	00.	160.	00.
	3.e	0.	50.	00.	25.	00.
Pré............	1.re	2.	00.	00.	300.	00.
	2.e	1.	00.	00.	120.	00.
Jardin..........	1.re	0.	10.	00.	10.	00.
Maison, superficie..	1.re	0.	4.	00.	4.	00.
Élévation........	1.re	0.	00.	00.	60.	00.
		6.	64.	00.	779f	00c

Résultat de cette Application.

585. Si le bail est de 800 francs, l'expert conclut que ses évaluations provisoires sont trop faibles; s'il n'est que de 700 francs, il en conclut qu'elles sont trop fortes.

Mais c'est sur l'ensemble des baux, et non pas sur un seul bail, qu'il doit chercher ce résultat.

Évaluations définitives.

586. L'expert, après avoir établi les évaluations résultant du tarif provisoire et celles résultant des baux, peut adopter définitivement les premières ou les secondes, ou prendre un taux intermédiaire.

Énoncé des Motifs des Évaluations définitives.

Instruction du 5 nov. 1805. III — 159.

587. Dans le cas où l'expert aurait suivi la proportion

d'augmentation ou de diminution donnée par les baux; dans celui où il aurait fait frapper l'augmentation ou la diminution d'une manière différente sur les diverses natures ou classes de propriétés, enfin dans celui où il aurait maintenu ses évaluations provisoires, quoique inférieures ou supérieures aux prix des baux, il doit en consigner les motifs dans le tableau d'application.

Rectification des Évaluations.

588. L'expert qui s'aperçoit, après la comparaison des baux, qu'il n'a pas observé une proportion exacte dans les évaluations de chaque nature et de chaque classe, peut se rectifier, en faisant frapper l'augmentation ou la diminution, dans une proportion plus forte ou plus faible, sur la nature de culture ou sur les classes qui lui en paraîtraient susceptibles : l'expert doit seulement ne pas faire frapper cette diminution ou augmentation sur des objets tels que maisons, moulins ou fabriques dont les évaluations auraient été basées sur des baux. Instruction du 5 nov. 1807. III — 158.

Résultats de l'application du Tarif aux Baux.

589. Les résultats de l'application du tarif provisoire aux propriétés comprises dans les baux, et des évaluations définitives de l'expert, sont consignés dans un état final, qui présente, en autant de colonnes,

1.° Toutes les natures de propriétés, et les classes entre lesquelles elles se divisent;

2.° Le revenu net imposable pour chaque nature de propriété et chaque classe, suivant le tarif provisoire;

3.° Le revenu suivant le résultat des baux;

Et 4.° ce revenu suivant les évaluations définitivement adoptées par l'expert.

Rejet de Baux, motivé dans le Tableau d'application.

Instruction du 5 nov. 1805. III — 159.

590. L'expert consigne dans le tableau d'application des baux, les motifs qui lui ont fait rejeter tels ou tels baux, ainsi que ceux d'après lesquels il aurait pensé ne pas devoir admettre en totalité la différence en plus ou en moins résultant de leur application.

Par exemple, l'application des baux a fait connaître que l'augmentation sur le tarif provisoire doit être de 25 centimes pour franc; l'expert a jugé qu'elle ne doit être que de 15 centimes : il doit en expliquer les motifs.

Expédition de ce Relevé par le Contrôleur.

591. Le contrôleur joint aux pièces de chaque expertise une expédition du relevé des baux annotant ceux qui ont été rejetés, afin qu'il soit facile de constater si la ventilation de tous les baux compulsés a été faite, et d'apprécier les motifs de rejet de ceux qui n'ont pas été employés.

Colonage à portions de Fruits.

592. L'application du tarif provisoire aux baux (555) ne peut avoir lieu dans les départemens où le fermage en argent est remplacé par le colonage à portion de fruits, ou par un autre mode d'exploitation analogue.

L'expert peut néanmoins et doit faire tout le travail prescrit par les articles précédens (583 à 589), en opérant sur quelques domaines situés dans la commune, et exploités suivant le mode le plus usité.

Il constate, pour chacun de ces domaines, la portion

de fruits que retire le propriétaire, et la convertit en argent, d'après le tarif du prix des denrées.

Charges du Colon.

593. Le revenu du propriétaire ne se compose pas seulement de la portion de fruits stipulée, mais encore des charges dont le fermier peut être tenu (570); l'expert doit en présenter le tableau, en les évaluant d'après les prix notoirement connus (571).

Charges du Propriétaire.

594. De même, le revenu du propriétaire s'affaiblit de toutes les charges qu'il a contractées envers le colon (573, 579, 581, 582); l'expert doit également faire le tableau de ces charges, les évaluant d'après les prix notoirement connus.

Application du Tarif provisoire à ces Domaines.

595. Par ces procédés, l'expert a le revenu du propriétaire, tel que le lui donnerait un bail en argent; il procède alors à la ventilation de ces domaines et à l'application du tarif provisoire, absolument de la même manière que pour les baux (583 à 585).

Évaluations définitives.

596. Après avoir établi les évaluations résultant du tarif provisoire, et celles résultant des domaines pris pour comparaison, l'expert adopte définitivement les premières ou les secondes, ou un taux intermédiaire (586); et il énonce les motifs de sa détermination (587).

Résultats de l'application du Tarif.

597. Les résultats de cette application sont consignés dans un tableau à trois colonnes (589).

Valeur vénale.

Instruction du 24 nov. 1801. I — 90.

598. Quoique la valeur vénale soit une mesure bien fautive pour évaluer absolument le revenu d'une propriété quelconque, elle peut être utilement consultée pour estimer, relativement et par comparaison, les produits des divers genres de propriétés.

Si, par exemple, il résulte de la valeur vénale moyenne, constatée par les actes de ventes, ou indiquée par la notoriété publique, que, dans une commune, on vend, en général,

L'arpent de terre labourable	1,200f,
L'arpent de pré	2,400,
L'arpent de vigne	1,800,
Et l'arpent de bois	800,

l'expert peut en conclure que ces quatre espèces de biens sont entre eux dans la proportion de 24, 12, 18, 8; que les prés doivent être évalués à un revenu double de celui des terres labourables, les vignes aux trois quarts des prés, et les bois au tiers seulement.

Si son tarif ne donne pas ces mêmes proportions, l'expert peut le réformer.

Valeur vénale d'un Terrain planté.

Ibid.

599. La valeur vénale peut être utile pour estimer la plus-value qu'un terrain planté soit en arbres fruitiers, soit en vignes, ou consacré à une culture particulière, doit

doit avoir sur un terrain de même qualité, mais nu et employé à la culture ordinaire.

Valeur vénale, simple renseignement.

600. La connaissance de la valeur vénale n'est donc pas à négliger comme renseignement, mais ne peut être admise comme règle. Instruction du 24 nov. 1802, I — 90.

§. VI.

TARIF DÉFINITIF.

601. Ce tarif est déjà formé dans la dernière colonne du tableau d'application des baux (589). Il ne s'agit que de le rédiger dans la forme du modèle. Instruction du 5 nov. 1805, III — 160. *Modèle.*

Nulle Déduction à faire pour l'Entretien des Bâtimens ruraux.

602. Dans quelques départemens, on avait pensé que, puisqu'on faisait sur les prix des baux la déduction des frais de l'entretien des bâtimens ruraux, on devait, pour les communes où il n'y a pas de baux, déduire ces mêmes frais d'entretien sur le tarif définitif; c'est une erreur. D'après les principes développés ci-dessus (544, 573), les bâtimens ruraux n'entrant point dans la classification, ne doivent point donner lieu à une déduction; ils sont nuls, sous les deux rapports, dans la formation du tarif provisoire.

Suppression des Fractions.

603. Pour faciliter les calculs, il importe de faire disparaître dans les fractions de franc le dernier chiffre, et de le remplacer par un zéro, de manière que ces fractions présentent toujours des décimales entières, telles que 10, 20, 30 centimes; par exemple, lorsque le tarif *Ibid.*

donne les fractions 11, 12, 13 et 14, on met seulement 10 centimes; lorsqu'il présente 15, 16, 17, 18, 19, on met 20 centimes.

§. VII.

PROCÈS-VERBAL D'ÉVALUATION.

Instruction du 5 nov. 1805. III — 160.

Modèle.

604. Ce procès-verbal n'est autre chose que le narré des diverses opérations de l'expert, l'énonciation des tableaux qui composent l'expertise, et l'attestation de leur vérification.

Rédaction du Procès-verbal.

Circulaire du 4 juillet 1807. IV — 198.

605. Le contrôleur doit le terminer en spécifiant que l'expert a estimé les maisons, les usines, manufactures, &c., à tant, sans y comprendre ni la superficie des maisons, ni les bâtimens ruraux et dépendances.

Améliorations possibles dans la Culture.

Lettre du Ministre, du 15 mars 1804. II — 235.

606. Les experts ne peuvent ajouter aux tableaux des expertises aucune colonne destinée à offrir l'indication des améliorations possibles. L'intention du Gouvernement est de chercher, par la fixité de l'impôt, à ôter à l'agriculteur la crainte d'augmenter son imposition en améliorant les terres. Il importe que les experts dissipent à cet égard les craintes des cultivateurs, et qu'ils fassent connaître que l'un des principaux avantages du cadastre est de fixer l'allivrement de chaque propriété, c'est-à-dire, son revenu net imposable (16), de manière qu'il ne puisse augmenter, quand même le revenu foncier augmenterait par l'industrie du cultivateur.

CHAPITRE IV.

FONCTIONS DES CONTRÔLEURS.

§. I.er

DISPOSITIONS GÉNÉRALES.

Réunion des Contrôleurs sur le Canton à cadastrer.

607. Pour mettre plus d'ensemble et de célérité dans la confection des expertises et faciliter la surveillance de l'inspecteur, le directeur peut appeler, des divers points du département, tous les contrôleurs sur le canton à cadastrer, et leur distribuer les communes de ce canton.

Contrôleurs non employés aux Expertises.

608. Lorsque le directeur juge que des contrôleurs, soit par leur âge, soit par la faiblesse de leur santé, soit par toute autre raison, ne peuvent pas être employés avec succès aux expertises, il peut proposer au préfet de reverser sur ces contrôleurs l'examen des réclamations et les autres travaux ordinaires de leurs collègues, pendant la durée des expertises. Circulaire du 4 avril 1804. II — 115.

Contrôleurs employés aux Expertises.

609. Les contrôleurs employés au cadastre participent néanmoins aux indemnités accordées pour les travaux relatifs aux patentes et aux portes et fenêtres, comme s'ils en avaient fait le travail. Id.

§. II.

CONCOURS DU CONTRÔLEUR AUX TRAVAUX DE L'EXPERT.

610. Le contrôleur chargé d'une expertise, accompagne sans cesse l'expert dans toutes les opérations. Circulaire du 11 février 1805. I — 126.

Conduite du Contrôleur avec l'Expert.

Circulaire du 11 février 1803, I — 126.

611. Le contrôleur éclaire l'expert de ses conseils ; il ne néglige rien pour prévenir ou faire rectifier les erreurs qu'il découvre, soit lorsque l'expert procède à la classification et à l'estimation des produits, soit lorsqu'il s'occupe du classement des propriétés.

Observations personnelles du Contrôleur.

Ibid.

612. Si l'expert n'adhère pas à des observations que le contrôleur persiste à croire justes, le contrôleur les consigne dans un rapport particulier. Ce rapport est envoyé au directeur, qui en défère l'objet, avec son avis, au préfet.

Renseignemens sur les Baux.

613. Le contrôleur doit prendre des renseignemens sur la consistance des baux, sur le mode d'administration, sur les usages locaux et sur les circonstances qui rendent les prix favorables, soit au propriétaire, soit au fermier.

Renseignemens divers.

Instruction du 24 nov. 1802. I—71.

614. Le contrôleur doit consulter la notoriété publique sur le prix raisonnable et ordinaire de location de telle ou telle propriété, et prendre des informations sur le produit de quelques domaines non affermés ; il en garde note, pour leur appliquer le tarif provisoire, et corroborer ainsi la ventilation des baux.

Prix commun des Fermages.

Circulaire du 11 fév. 1803. I — 119.

615. Le contrôleur doit tirer le prix commun des fermages, qui résulte de la combinaison de plusieurs baux, et comparer ce prix au prix moyen des classes réunies.

Prix moyen des Évaluations.

616. Il ne s'agit, pour avoir le prix moyen des classes réunies, que de diviser le produit des évaluations de toutes les classes d'une propriété par le nombre d'arpens qui les compose (668). Circulaire du 11 fév. 1803. I — 119.

Comparaison du Prix moyen et du Prix commun.

617. Le contrôleur a une idée de l'exactitude de ce résultat, en comparant le prix moyen tel qu'il l'a obtenu, avec le prix commun de fermage qui aura été déterminé par la connaissance de la valeur des baux. *Ibid.*

Résultat de cette Comparaison.

618. Si le prix moyen résultant de la division du produit des classes par le nombre d'arpens, est inférieur à la valeur locative, il faut en conclure, ou que le classement n'a pas été bien fait, et que les premières classes ne contiennent pas les quantités qui leur appartiennent, ou que les évaluations partielles de chaque classe sont trop faibles. Cette différence reconnue entre deux résultats qui doivent être à très-peu de chose près les mêmes, détermine un nouvel examen, et le contrôleur doit le provoquer auprès de l'expert. *Ibid.*

Baux des Communes voisines.

619. Lorsque les baux qui existent pour une commune sont insuffisans et ne peuvent guider sûrement l'expert, le contrôleur doit recourir à ceux des communes voisines déjà expertisées, et dont les propriétés ont le plus d'analogie avec celles de cette commune. Lettre du 7 mai 1804. II — 248.

Actes de Vente et autres Renseignemens.

Lettre du 7 mai 1804.
II-..:;8.

620. S'il n'existe aucun bail, le contrôleur qui a dû se procurer des actes de vente et autres, translatifs de propriété, doit consulter la valeur vénale. Il doit consulter encore quelques propriétaires ou cultivateurs de bonne foi : s'il existe dans la commune des régies de biens dépendans ou d'administrations ou d'établissemens publics, le contrôleur prend auprès des régisseurs tous les renseignemens qu'ils peuvent lui procurer; enfin, le contrôleur doit examiner si les décisions du conseil de préfecture, intervenues sur les réclamations des propriétaires, sont dans le cas de lui fournir quelques connaissances : c'est par la combinaison de ces différens moyens, qu'on peut parvenir à s'approcher de la vérité et à préserver l'opération de l'influence de l'intérêt et de la partialité.

Actes de Partage.

621. Il est un moyen sûr de vérifier si le classement est bien fait, et si les évaluations de chaque nature de propriété sont bien proportionnelles entre elles.

Ce moyen consiste à prendre un acte de partage, et à voir si les évaluations assignées aux portions de chaque copartageant sont dans la proportion indiquée par le partage.

En voici deux exemples :

Le bien d'*Antoine Lebrun* a été partagé par tiers entre ses deux fils et sa fille, *Pierre*, *Jean* et *Cécile Lelong;*

Le contrôleur applique le tarif définitif à chacune des trois portions de ce bien, d'après la contenance et la classe de chaque portion :

S'il en résulte que la portion de *Pierre* soit évaluée à.......................... 335^f 50^c
celle de *Jean*, à.......................... 332. 80,
et celle de *Cécile*, à.......................... 334. 00,
le contrôleur en conclut que le classement est bon, ainsi que les évaluations dans leur rapport entre elles, puisque les trois copartageans ont chacun un revenu à-peu-près égal.

Le bien de *Georges Després* a été partagé par sixièmes ; le S.r *Durand* en a cinq sixièmes et le S.r *Guillemet* un sixième :

Si les évaluations cadastrales assignent à *Durand* un revenu de.......................... 510^f 00^c
et à *Guillemet* un revenu de.......................... 101. 50,
c'est une preuve de la justesse du classement et des évaluations.

Communes pour lesquelles il n'existe aucun renseignement.

622. Si, en définitif, un contrôleur se trouve totalement dépourvu de renseignemens pour une commune, il doit, quand l'expert lui paraît affaiblir ses évaluations, insérer ses remarques personnelles dans son rapport.

Lettre du 7 mai 1804. II—249.

Erreurs du Plan et du Tableau indicatif.

623. En parcourant le terrain, le contrôleur tient note de toutes les erreurs qu'il remarque, soit dans le plan, soit dans le tableau indicatif, telles qu'erreurs de situation, de désignation, de numération, omission, confusion de natures de culture, contenance, &c. (550).

Instruction du 5 nov. 1805. III.—140.

Changemens de Cultures, postérieurs au levé du plan.

624. Le contrôleur ne peut pas regarder comme des défectuosités dans le plan, les changemens de nature de culture survenus sur le terrain dans l'intervalle des opérations des géomètres à celles de l'expertise.

Rectification de ces erreurs.

625. Le contrôleur transmet ses notes au directeur, pour que les rectifications reconnues nécessaires soient faites sans retard par l'ingénieur vérificateur et les géomètres.

Vérification du nombre de Parcelles.

Circulaire du 30 déc. 1807. V — 137.

626. Le contrôleur s'assure si le plan ne présente pas plus de parcelles que le terrain n'en comporte ; il rend compte au directeur du résultat de cette vérification.

Recensement des Portes et Fenêtres.

627. Afin de faciliter l'expédition du rôle de la contribution foncière des maisons, et de celle des portes et fenêtres, le contrôleur profite de la circonstance de l'expertise des communes pour faire le recensement exact des ouvertures imposables.

§. III.

TRAVAUX PERSONNELS DU CONTRÔLEUR.

Procès-verbal de l'Expertise.

Instruction du 24 nov. 1802. I — 70.

628. Le contrôleur est chargé de la rédaction du procès-verbal de l'expertise (604), et de tous les états et tableaux qui en dépendent (444, 459, 498, 514, 546,

546, 554, 555, 601). Il est tenu de suivre en tout l'opinion de l'expert, sauf à consigner, dans un rapport, ses observations personnelles.

Classement sur le terrain.

629. En parcourant le terrain avec l'expert (549), le contrôleur porte au crayon, dans la dernière colonne de la page *verso* du tableau indicatif, la classe de chaque parcelle.

Si une parcelle est divisée en deux ou plusieurs classes, il indique ces classes au crayon, et, autant qu'il est possible, la position et la contenance de chaque classe.

Classement, sur le terrain, des Propriétés bâties.

630. Lorsqu'une parcelle se trouve consister en une propriété bâtie, le contrôleur porte, toujours dans la même colonne, la classe de cette parcelle comme maison (540), ou la laisse en blanc, si c'est une usine, les usines n'étant pas susceptibles de division en classes (541).

Précaution pour conserver la trace du Classement.

631. Chaque soir, le contrôleur marque à l'encre les indications des classes qu'il n'a fait que tracer au crayon dans le cours de la journée. Il évite, par ce moyen, que la trace du crayon ne s'efface et ne l'oblige de retourner sur le terrain.

Circulaire du 30 avril 1807. IV. — 162.

Classement dans le Cabinet.

632. Le classement sur le terrain étant déterminé, le contrôleur porte, dans les cinq colonnes du tableau indicatif destinées au classement, la contenance de chaque

classé pour chaque parcelle, d'après les indications qu'il a prises sur le terrain.

Il remplit, sur le relevé des numéros de même nature de culture, les cinq colonnes relatives au classement.

Classement, dans le Cabinet, de la superficie des Propriétés bâties.

633. Pour toutes les propriétés bâties, il porte la contenance entière dans la première classe, attendu que leur superficie est évaluée comme terre labourable de première classe (18).

Second Cahier du Tableau indicatif.

Circulaire du 30 avril 1802. IV — 162.

634. Le contrôleur rédige ensuite un second cahier de tableau indicatif ou minute d'état de classement, pour les propriétés bâties.

Il forme ce second cahier, en relevant sur le premier toutes les maisons, caves isolées, bâtimens autres que ceux servant à l'exploitation, forges, moulins, usines, manufactures, &c., déjà portés dans le premier cahier.

Il donne à ce second cahier une nouvelle série de numéros, et indique, pour chaque propriété bâtie, la classe qu'elle a en cette qualité, et non plus celle à raison de sa superficie.

Rédaction de ce second Cahier.

Ibid.

Modèle.

635. Le second cahier de classement contient moins de détails que le premier; sa rédaction est plus simple et son format plus petit. Les sept premières colonnes sont remplies par le contrôleur.

Portes et Fenêtres.

636. Le contrôleur porte le nombre des portes et fenêtres de chaque propriété, dans les colonnes de l'état de classement des propriétés bâties destinées à les recevoir.

Obligation de suivre exactement les Modèles.

637. Le contrôleur doit suivre rigoureusement les modèles. Le directeur ne peut tolérer qu'il y soit fait aucun changement, ni quant au fond, ni quant à la forme, l'uniformité étant, après la fidélité des évaluations, la qualité la plus essentielle d'une opération qui s'exécute dans toutes les parties de l'Empire.

Circulaire du 18 déc. 1805. III — 113.

Envoi de l'Expertise et Rapport du Contrôleur.

638. Le contrôleur adresse au directeur toutes les pièces des expertises. Il accompagne cet envoi d'un rapport qui contient les renseignemens qu'il aura dû recueillir particulièrement, les observations qu'il aura faites à l'expert et que celui-ci n'aurait pas suivies, et l'explication des motifs déterminans de chaque opération.

Instruction du 5 nov. 1805. III — 164.

Extrait, pour chaque Bail, de l'État de Classement.

639. Le contrôleur ne peut se dispenser, sous aucun prétexte, de fournir le rapport dont il s'agit, ainsi que de joindre aux pièces de l'expertise l'extrait séparé, pour chaque bail, de l'état de classement des propriétés qui y sont comprises, et la note qu'il aura rédigée du rapprochement des évaluations avec les actes du partage (621).

Circulaire du 24 mai 1808. V — 324.

Modèle.

Conduite des Contrôleurs vis-à-vis des Propriétaires.

640. Les contrôleurs, dans le cours de leurs opérations, doivent s'attacher à faire considérer le cadastre sous son véritable point de vue; à dissiper les craintes que peut inspirer l'augmentation du revenu résultant des expertises comparativement à celui donné par les anciennes matrices; à tranquilliser les experts qui appréhenderaient que la bonne

foi mise dans leurs travaux ne fût préjudiciable aux communes : ils font connaître toutes les mesures prises pour que la même loyauté caractérise les opérations de tous les départemens. Enfin les contrôleurs peuvent donner l'assurance que le cadastre n'a nullement pour objet de faire augmenter la contribution des communes, et que son seul but est de rendre la répartition plus égale entre elles.

CHAPITRE V.

FONCTIONS DE L'INSPECTEUR.

Inspection des Travaux.

Instruction du 23 fév. 1810, art. 15. V—285.

641. Lorsque les travaux des expertises d'un canton sont dans la plus grande activité, l'inspecteur, sur l'ordre que lui en donne le directeur, se transporte dans les communes, prend connaissance des travaux déjà exécutés, examine si les instructions sont ponctuellement suivies, si les opérations sont faites avec soin, si les évaluations présentent un caractère de justice et de fidélité, si l'on suit les bases qu'il a données, ou si les motifs que l'on a de s'en écarter sont bien fondés.

Inspection des Agens de l'Expertise.

Ibid. art. 16.

642. Il en rend compte au directeur, ainsi qu'à l'inspecteur général, et donne, en outre, à l'un et à l'autre ses observations sur le zèle, la conduite, l'activité des experts et des contrôleurs.

Examen des Expertises du Canton.

Ibid. art. 17. V—286.

643. Toutes les expertises d'un canton étant terminées, le directeur charge l'inspecteur de les examiner

principalement sous le point de vue de la proportion des communes entre elles, et de préparer le rapport qu'il doit faire (759) sur la justesse des évaluations comparatives.

Abus ou Irrégularités.

644. Si, dans le cours de ses tournées, il vient à la connaissance de l'inspecteur, que les géomètres, les contrôleurs ou les experts laissent quelque chose à desirer dans leurs travaux ou leur conduite, il en rend compte au directeur, qui propose au préfet les mesures qu'il croit convenables, après avoir consulté l'ingénieur vérificateur pour ce qui concernerait les géomètres.

Instruction du 23 fév. 1810, art. 21.
V — 286.

CHAPITRE VI.

ATTRIBUTIONS DU DIRECTEUR.

§. I.er

DIRECTION DES TRAVAUX.

645. Le directeur des contributions est, sous l'autorité du préfet, le seul directeur de tous les travaux du cadastre ; il est chargé de la surveillance de toutes les parties et de tous les agens qui y concourent, tant pour les plans que pour les évaluations.

Circulaire du 24 mai 1810.
V — 324.

§. II.

EXAMEN DES EXPERTISES.

646. Le directeur est particulièrement chargé de l'examen des expertises.

Notions à recueillir par le Directeur.

647. Un directeur qui s'est bien pénétré des devoirs de sa place, qui a bien étudié les localités de son département, doit connaître déjà les communes qui sont plus ou moins chargées dans l'ancienne répartition. La marche des recouvremens, le nombre des réclamations, les jugemens auxquels elles donnent lieu, les opinions des principaux propriétaires, sont autant d'indices qu'il doit avoir soin de recueillir.

Notions préliminaires.

648. Aussitôt qu'un canton est désigné pour l'arpentage, le directeur doit en faire l'objet d'une étude particulière; il doit examiner les baux, les actes de vente des biens qui y sont situés, les annonces ou affiches de ventes dans lesquelles les revenus sont indiqués; il doit interroger les propriétaires, les cultivateurs, faire parler l'opinion publique, et se donner d'avance une idée première des résultats probables des expertises.

Usage des Renseignemens.

649. Muni de ces données préalables, qu'il ne doit pas cependant regarder comme des bases certaines, mais comme des renseignemens utiles, il doit en faire un emploi sage et éclairé dans l'examen des expertises.

Époque de l'examen des Expertises.

650. L'époque où le directeur examine une expertise, est le moment où il vient de recevoir du contrôleur les pièces qui la composent (638); il ne doit les admettre qu'autant qu'elles sont revêtues des signatures de ceux qui ont concouru à leur formation.

Examen de la rédaction des pièces de l'Expertise.

651. Son premier soin doit être de constater si toutes ces pièces sont rédigées régulièrement, et parfaitement conformes aux instructions.

Tableau comparatif des Mesures.

652. Le directeur s'assure si le tableau comparatif des mesures anciennes et nouvelles est bien rédigé, s'il est exact et complet (459). Instruction du 5 nov. 1805. III — 134.

Tarif du prix des Denrées.

653. Le directeur examine si la modération faite au tarif du prix des denrées pour frais de transport au marché, est bien motivée (498 à 502), si l'expert a consigné au bas du tarif les motifs de la modération qu'il aura jugée nécessaire, et si ce tarif a été exactement appliqué dans le tableau de classification.

Plan et Tableau indicatif.

654. Il vérifie si, par suite de l'expertise, le plan et le tableau indicatif sont susceptibles d'être corrigés ; dans ce cas, il prend des mesures pour que l'ingénieur vérificateur opère ou fasse opérer toutes les rectifications.

Tableau de Classification.

655. L'examen du tableau de classification (514) exige la plus grande attention.

Le directeur commence par vérifier si la partie du tableau contenant la statistique de la commune est suffisamment développée. Il examine ensuite la manière dont la classification a été faite, le nombre de classes fixé pour chaque nature de propriétés, les motifs de cette fixation ; il compare les détails que contient ce tableau, avec les renseignemens qu'il a dû se procurer sur le mode de culture qui est usité dans la commune, sur la succession des assolemens, sur le produit brut, sur les frais de culture. Le directeur s'assure, enfin, que les principes relatifs aux évaluations ont reçu une juste application.

États de Classement.

656. Les états de classement fixent particulièrement l'attention du directeur (632). Il examine comment le classement s'est opéré, s'il y a beaucoup de disproportion entre la quantité de terres portée dans la première classe et dans les dernières classes. Pour s'assurer davantage de l'exactitude de l'opération, il compare le classement de l'expertise et celui de l'ancienne matrice.

Application du Tarif provisoire aux Baux.

657. Le directeur vérifie, avec le plus grand soin, l'application du tarif provisoire aux propriétés comprises dans les baux (555). Il examine d'abord quels sont les baux qui ont été présentés à l'expert, quels sont ceux que celui-ci a admis ou rejetés, et quels sont les motifs qui l'ont empêché de faire la ventilation des derniers. Le directeur s'assure si les baux dont l'expert s'est servi, comprennent des portions considérables du territoire des communes; si l'on a ajouté aux sommes stipulées en argent toutes les autres charges et redevances dont les fermiers peuvent être tenus; si les déductions pour l'entretien des bâtimens servant aux exploitations rurales (573 à 578), sont faites en raison de ce qu'il peut en coûter pour l'entretien de ces bâtimens.

Colonage

Colonage à portions de Fruits.

658. Lorsqu'au lieu de baux, l'expert a fait usage de domaines exploités à portion de fruits (592 à 596), le directeur examine et vérifie soigneusement tous les détails de cette opération.

Classement des Propriétés comprises dans les Baux.

659. Le directeur examine le classement particulier des propriétés dépendantes des baux. Il s'assure si ce classement particulier concorde avec les détails établis dans les états du classement général.

Dépouillement des Expertises.

660. Le directeur tient un registre de dépouillement des expertises. Ce registre le met à même de comparer les expertises les unes aux autres, et de s'assurer s'il n'existe pas entre elles des disparates frappantes.

Importance de l'examen du Directeur.

661. C'est à la sagacité, à la prudence du directeur, à tirer de ces rapprochemens le parti le plus utile. Il ne peut trop s'appesantir sur cet objet, puisque le principal but de sa vérification est d'assurer la fidélité des évaluations.

Bureau spécial.

662. Il est établi dans chaque direction un bureau spécial chargé de l'expédition de la partie des expertises qui concerne le directeur, et de la confection des matrices de rôles. Circulaire du 10 déc. 1805, III — 126.

Bureau spécial distinct du bureau ordinaire.

663. Les employés de ce bureau spécial doivent être distincts de ceux du bureau ordinaire de la direction, et placés dans un local séparé. *Ibid.*

Exclusion des Inspecteurs et Contrôleurs.

664. L'inspecteur et les contrôleurs ne peuvent travailler dans les bureaux de la direction comme employés du directeur.

§. III.

RÉCAPITULATION DES CONTENANCES ET DES REVENUS.

Récapitulation de chaque Section.

Modèle.

665. Le directeur, après avoir terminé l'examen de l'expertise, rédige, pour chaque section, la récapitulation provisoire par natures de culture et par classes des contenances et des revenus imposables, divisées en deux parties, la première pour les propriétés non bâties et la superficie des propriétés bâties, et la seconde pour les propriétés bâties.

Il ajoute à chacune de ces parties la contenance des biens non imposables.

Récapitulation générale.

Instruction du 5 nov. 1805. III — 162.

Modèle.

666. Il rédige ensuite la récapitulation générale provisoire de la contenance et des revenus imposables de la commune, par la réunion des diverses récapitulations de sections.

Prix moyen des Classes réunies.

Ibid.

667. Cette récapitulation générale offre une colonne finale qui présente le prix moyen, par classes réunies, de l'arpent de chaque nature de culture.

Calcul du Prix moyen.

Ibid.

668. Ce prix moyen s'obtient, pour chaque nature de

culture, en divisant le total du revenu de toutes les classes, par le total de la contenance de ces mêmes classes (616).

§. IV.

RAPPORT DU DIRECTEUR SUR L'EXPERTISE.

669. Ce rapport consiste en deux parties : l'une présente le résultat de l'examen matériel des pièces de l'expertise ; l'autre, le résultat de l'examen moral des évaluations. Instruction du 5 nov. 1805. III — 164.

Dans la première partie, le directeur atteste la régularité de chacune des opérations de l'expert et du contrôleur, ou explique en quoi il les trouve irrégulières, si elles lui paraissent telles.

Dans la seconde partie, il discute les évaluations, présente leur rapprochement avec les renseignemens qu'il a rassemblés et avec les notions qu'il s'est formées ; il détaille enfin toutes les considérations qui lui paraissent propres à établir le degré de confiance que ces évaluations peuvent inspirer.

Conclusion du Rapport.

670. Ce rapport doit être terminé par des conclusions positives pour l'admission ou le rejet de l'expertise, et accompagné des récapitulations provisoires. *Ibid.*

Importance du Rapport.

671. Le directeur ne peut mettre trop de soin à ce rapport, qui doit former une pièce essentielle du dossier de l'expertise, et être conservée avec soin, pour attester dans tous les temps l'exactitude de l'opération.

Examen des Rapports par les Inspecteurs généraux.

672. Il est spécialement recommandé aux inspecteurs

généraux d'examiner avec attention tous les rapports faits pendant le cours de l'année par le directeur sur les expertises, et de rendre au commissaire impérial un compte particulier de l'état où ils auront trouvé ces rapports, et du degré de soin et d'attention apporté à leur rédaction.

CHAPITRE VI.

EXAMEN ET ADMISSION OU REJET DE L'EXPERTISE PAR LE PRÉFET.

673. Le préfet examine les expertises dans la quinzaine qui suit la remise des pièces et du rapport motivé du directeur des contributions.

Expertises admises ou rejetées sans modifications.

Lettre du 31 octobre 1804. II — 284.

674. Les opérations de l'expert sont admises ou rejetées; elles ne peuvent être modifiées par la considération d'aucune cause générale, telle que l'augmentation extraordinaire du prix des fermages, la stagnation du commerce, et la diminution du prix des grains et denrées.

Admission de l'Expertise.

675. Il y a lieu à admission, lorsque le préfet s'est assuré que toutes les parties du travail sont régulièrement exécutées, et qu'il a reconnu, soit par la comparaison avec d'autres expertises, soit de toute autre manière, que les évaluations sont justes, qu'elles ne sont ni exagérées ni affaiblies.

Rejet de l'Expertise.

676. Lorsqu'il est constaté que le classement général des propriétés blesse la justice, que l'expert s'est écarté

des principes consacrés par les lois et les instructions, qu'il a dissimulé les produits ou exagéré les déductions pour frais de culture, ou qu'il n'a point tiré des baux toutes les inductions utiles à l'opération ; dans tous ces cas, les expertises ne peuvent être admises.

Rectifications.

677. Alors le préfet renvoie d'abord l'expertise au directeur, pour que celui-ci la donne en communication à l'expert, et l'invite à faire toutes les rectifications nécessaires, ou à déduire les motifs qui le porteraient à maintenir son premier travail.

Contre-classement et Contre-expertise.

678. Dans le cas où le préfet, sur le rapport du directeur, ne trouverait pas valables les motifs fournis par l'expert, il ordonnerait un contre-classement ou une contre-expertise.

Exécution de la Contre-expertise.

679. Cette contre-expertise s'exécute sous la surveillance de l'inspecteur des contributions, par un nouvel expert; le premier expert et le contrôleur doivent y assister et en suivre tous les détails.

Cas de la Contre-expertise, très-rares.

680. La contre-expertise ne doit avoir lieu que quand l'expertise présente des erreurs graves, des erreurs générales dans la classification ou dans le classement, attendu que les erreurs particulières dans le classement peuvent être rectifiées sur la réclamation des propriétaires (734 à 745), et les erreurs d'évaluation, par la réunion des

experts indiquée ci-après (763 à 765), et sur les observations de l'assemblée cantonale (783, 788).

Admission provisoire de l'Expertise.

681. Lorsque le préfet a reconnu que l'expertise est régulière, soit dès le principe, soit par les rectifications faites par l'expert, soit par les travaux du contre-expert, il prend un arrêté par lequel il approuve l'expertise, et prononce son admission provisoire, sauf les changemens qui pourraient résulter des réclamations des propriétaires ou de l'assemblée cantonale.

Communication aux Propriétaires.

682. Par cet arrêté, le préfet ordonne la communication à la commune de toutes les pièces de l'expertise ; l'exécution en est confiée au directeur des contributions (684).

Envoi au Ministre.

Circulaire du 18 déc. 1805. III — 213.

683. Aussitôt que le préfet a pris un arrêté d'admission provisoire, il en envoie une expédition au Ministre; il y joint, 1.° un extrait du tableau n.° 8, d'application du tarif provisoire aux propriétés comprises dans les baux (583);

Modèle. 2.° La récapitulation générale provisoire de la contenance et des revenus imposables de la commune (666);

Modèle. 3.° L'état comparatif de l'ancienne et de la nouvelle matrice.

Ces trois pièces doivent être rédigées et fournies par le directeur des contributions.

TITRE VII.

COMMUNICATION AUX PROPRIÉTAIRES.

CHAPITRE I.er

BULLETINS.

684. AUSSITÔT que l'expertise est admise provisoirement par le préfet (682), le directeur rédige autant de bulletins qu'il existe de propriétaires dans la commune, rédaction pour laquelle la liste alphabétique (204) lui est très-utile. Instruction du 1.er déc. 1807. IV — 266. Modèle.

Rédaction des Bulletins.

685. Chaque bulletin contient en tête le nom du propriétaire, et réunit toutes les parcelles qui sont éparses sous son nom dans le tableau indicatif. *Ibid.*

Détails des Bulletins.

686. Ces bulletins ne sont autre chose que le dépouillement, par propriétaire, de tous les articles rangés par ordre topographique dans le tableau indicatif. Circulaire du 24 mai 1810. V — 325.

Ainsi ils indiquent, dans autant de colonnes, le numéro d'ordre, la section, le numéro du plan, le canton, triage ou lieu dit, la nature de culture de la parcelle, sa contenance en mesures locales et en mesures métriques, et la classe dans laquelle cette parcelle est rangée.

Les colonnes des contenances doivent être additionnées.

Définition de l'Article de classement.

687. Si une parcelle est divisée en deux ou trois classes, elle forme deux ou trois lignes sur le bulletin, tandis qu'elle n'en forme qu'une sur le tableau indicatif: chaque ligne du bulletin est un article de classement; ainsi il peut y avoir plus d'articles de classement que de parcelles.

Distinction des Propriétés bâties et non bâties.

688. Pour les propriétaires qui possèdent des biens ruraux et des maisons et usines, les bulletins contiennent d'abord toutes les parcelles comprises dans le premier cahier du tableau indicatif, c'est-à-dire, les propriétés non bâties et la superficie des bâtimens. A la suite viennent les propriétés bâties comprises dans le second cahier du tableau indicatif.

Lettre du Directeur.

Circulaire du 24 mai 1810. V—325.

689. En tête du bulletin est une lettre du directeur au propriétaire; l'objet en est indiqué ci-après (699).

Copie du Tarif définitif.

Ibid.

690. Le directeur doit joindre à chaque bulletin une copie exacte du tarif définitif, pour que le propriétaire puisse, en appliquant ce tarif à ses propriétés, juger de leur évaluation.

CHAPITRE II.

MATRICE-MINUTE.

Bulletins séparés.

691. La matrice de rôle consistant dans la transcription, par ordre de propriétaires, des parcelles qui dans le tableau

tableau indicatif sont rangées par ordre de situation, on voit que cette condition est précisément remplie par les bulletins (686).

Bulletins en Cahiers.

692. Tous ces bulletins expédiés, le directeur les place entre eux dans l'ordre alphabétique des noms des propriétaires.

Circulaire du 24 mai 1810. V — 325.

Il les fait ensuite copier, non plus sur autant de feuilles qu'il y a de propriétaires, mais sur des feuilles qui, dégagées des formules initiales et finales, forment une suite non interrompue où tous les articles des propriétaires sont transcrits successivement, sans autre séparation pour chacun d'eux que le total de leurs contenances.

Modèle

Matrice-Minute.

693. Cette seconde expédition des bulletins forme donc la minute de la matrice de rôle. A cet effet, il y sera ajouté une colonne pour les évaluations.

Distinction des Propriétés bâties et non bâties.

694. Cette matrice-minute doit être séparée en deux cahiers, l'un pour les propriétés non bâties et la superficie des bâtimens, l'autre pour les propriétés bâties.

CHAPITRE III.

COMMUNICATION AUX PROPRIÉTAIRES.

Dépôt à la Mairie.

695. Le directeur envoie cette matrice-minute et tous les bulletins séparés au contrôleur des contributions,

Ibid. V — 326.

qui les remet au maire. La matrice reste déposée à la mairie, et les bulletins sont distribués à tous les propriétaires ou à leurs fermiers ou régisseurs.

Il y joint l'atlas portatif, le tableau indicatif et les pièces de l'expertise depuis le n.° 1 jusqu'au n.° 10 inclusivement, pour être également déposés à la mairie.

Distribution des Bulletins.

696. La distribution aux propriétaires est faite par un des indicateurs, auquel il est payé une ou deux journées de plus, suivant le nombre des bulletins.

Invitation aux Propriétaires.

Loi du 15 septembre 1807. IV — 225.

Modèle.

697. Un avis affiché dans la commune, et lu à la porte de l'église à l'issue de la messe paroissiale de chacun des dimanches du mois de la communication, invite les propriétaires à venir prendre connaissance de la matrice et à rapporter exactement leurs bulletins.

Cet avis est également affiché dans les communes voisines, et aux chef-lieux de l'arrondissement et du département.

Les propriétaires, leurs régisseurs, fermiers, locataires ou autres représentans, sont tenus de fournir leurs réclamations, s'ils en ont à former, avant l'expiration du mois.

Le maire peut également réclamer relativement aux biens communaux.

Bulletins non communiqués pour les Biens nationaux.

698. Il ne doit pas être communiqué de bulletin pour les biens appartenant à l'État ou à la caisse d'amortissement. Les directeurs des domaines sont seulement invités

a faire examiner les états de classement pendant le mois de dépôt au secrétariat de la commune.

Lettres du Directeur.

699. En tête du bulletin est une lettre du directeur (689) au propriétaire, pour l'inviter à examiner son bulletin, à consulter, s'il le juge nécessaire, l'atlas portatif, les états de classement et la matrice de rôles, et à donner ensuite son adhésion au bas de son bulletin, ou à fournir ses réclamations s'il s'y croit fondé.

Circulaire du 24 mai 1810. V — 325.

Modèle.

CHAPITRE IV.

MARCHE À SUIVRE PAR LES PROPRIÉTAIRES.

700. S'il importe de mettre tous les propriétaires à même de prendre une connaissance détaillée de tout ce qui peut les intéresser dans le cadastre, il importe aussi de ne pas trop prolonger la durée de cette opération, et de fixer un terme passé lequel elle sera définitivement close et arrêtée. Il serait impossible, en effet, de revenir sans cesse sur le travail et d'avoir continuellement à le rectifier.

Les propriétaires sont avertis de l'ouverture des travaux de l'arpentage (101); ils sont invités à assister à celui de leurs propriétés (166); ils le sont ensuite à venir reconnaître leurs parcelles (205). Une seconde affiche les prévient du jour de l'ouverture de l'expertise (492); ils peuvent assister au classement de leurs terres.

Lorsque l'expertise est terminée, ils reçoivent des bulletins, où ils trouvent tous les détails relatifs à leurs propriétés (686), et une copie du tarif définitif (690); ils sont prévenus que le plan, le tableau indicatif ou état de classement, toutes les pièces de l'expertise et la matrice-minute, sont déposés à la mairie (697). Ils ont donc toutes les facilités possibles pour défendre leurs intérêts.

Le cadastre complet d'une commune moyenne exige plus d'un an; celui d'une grande commune peut durer dix-huit mois, deux ans; celui de la plus petite commune ne dure pas moins de six mois : un propriétaire, quelque éloigné qu'il soit de sa propriété, ne peut donc ignorer qu'il se fait une opération qui l'intéresse; il a tout le temps de se tenir en mesure.

Lorsque la communication arrive, elle dure un mois; et cet espace de temps suffit encore pour qu'il reçoive de son fermier ou régisseur son bulletin, qu'il l'examine et le lui renvoie.

Les propriétaires très-éloignés ont d'ailleurs des régisseurs ou fermiers plus à portée souvent qu'eux-mêmes, par la connaissance des localités, de défendre leurs intérêts.

Ainsi tous les propriétaires sont avertis qu'après l'expiration du mois donné pour la communication, nulle réclamation ne sera admise. Ce terme est absolument de rigueur.

Distinction des trois espèces de Réclamations.

701. Un propriétaire peut avoir trois sortes de réclamations à former:

La première relative à l'arpentage, lorsque son bulletin lui assigne une propriété qui ne lui appartient pas, ou ne lui donne pas toutes ses propriétés, ou lorsque quelques parcelles ne sont pas portées pour leur véritable contenance, ou enfin que la nature de sa culture est mal indiquée (702).

La seconde espèce de réclamations concerne le classement, lorsque le propriétaire pense que des parcelles sont portées dans une classe trop faible ou trop forte (712).

La troisième espèce de réclamations est relative aux évaluations, lorsque le propriétaire trouve certaines natures de culture ou certaines propriétés trop ou trop peu évaluées (714).

Le propriétaire a une marche différente à suivre dans chacun de ces trois cas.

§. I.er

RÉCLAMATIONS CONTRE L'ARPENTAGE.

702. Pour le premier cas, c'est-à-dire, pour les erreurs commises par le géomètre dans l'indication ou la contenance des parcelles, le propriétaire doit consigner ses observations dans la colonne de son bulletin destinée à les recevoir. Circulaire du 24 mai 1810. V — 316.

Il doit rayer légèrement les parcelles qui ne lui appartiennent pas, et porter à la colonne des observations, sur la ligne de chacune de ces parcelles, les noms des véritables propriétaires.

Il doit ajouter à la fin de son bulletin les parcelles qui lui appartiennent et qui ont été omises.

Enfin, pour les parcelles dont il croit que la contenance n'est pas bien établie, il doit porter sur la ligne, dans la colonne d'observations, la contenance véritable.

Intérêt des Propriétaires à rendre les Bulletins exacts.

703. Sous le rapport de la répartition, les propriétaires sont intéressés à ce qu'on ne leur attribue pas des parcelles qui leur sont étrangères, et à ce que les contenances de leurs parcelles ne soient point exagérées.

Mais le cadastre peut et doit un jour servir de titre pour constater la propriété ; les propriétaires ont donc encore intérêt à ce qu'aucune de leurs parcelles ne soit omise, et à ce que leurs contenances ne soient point affaiblies.

Moyens de reconnaître les Parcelles.

704. Le bulletin indique, pour chaque parcelle, la section et le canton, triage ou lieu dit où elle est située, sa nature de culture et sa contenance ; mais ces indications peuvent ne pas suffire pour reconnaître sa situation précise. On y parvient facilement en cherchant sur le plan le numéro de la parcelle, et en le cherchant également sur le tableau indicatif, où on trouve les tenans et aboutissans, au moyen des noms des propriétaires de la parcelle qui précède et de celle qui suit.

Ainsi tout propriétaire peut prendre communication du plan et du tableau indicatif déposés, à cet effet, à la mairie.

Observations ou Adhésion du Propriétaire.

705. Le propriétaire porte donc sur son bulletin toutes les remarques qu'il croit devoir faire sur l'indication et la contenance de ses propriétés, et énonce au bas du bulletin son adhésion aux articles qu'il ne conteste pas.

S'il trouve tous ses articles justes et réguliers, il donne son adhésion pure et simple.

Il doit, en outre, spécifier au bas de son bulletin, ou qu'il n'a aucune réclamation à faire contre le classement, ou qu'il a consigné les réclamations de ce genre dans une pétition jointe à son bulletin (712).

Parcelles non revendiquées.

706. Les propriétaires qui ne se sont pas fait connaître lors de l'expertise, et dont les parcelles ont été portées comme appartenant au domaine public (211), doivent réclamer ; et le préfet, sur le rapport du directeur, les remet en possession de ces biens, après qu'ils ont valablement justifié de leurs titres.

Réunion des Bulletins à la Mairie.

707. Le propriétaire remet ensuite ce bulletin au maire de la commune, qui veille à ce que tous les bulletins soient réunis à la fin du mois de la communication.

Instruction du 1.er déc. 1807.
IV — 166.

Transport du Géomètre dans la Commune.

708. Le géomètre qui a levé le plan, se transporte dans la commune pendant le mois de la communication, pour y faciliter aux propriétaires l'examen de la partie des bulletins qui concerne l'arpentage, et leur donner les explications dont ils peuvent avoir besoin.

Transport de l'Ingénieur vérificateur dans la Commune.

709. Vers la fin du mois, l'ingénieur vérificateur se rend aussi dans la commune, pour s'assurer que le géomètre s'est bien acquitté de cette partie de ses fonctions, et pour reconnaître si les erreurs dont se plaindraient les propriétaires, ne proviennent pas du calcul des contenances.

Réduction des Mesures à l'horizon.

710. Le géomètre doit éclairer les habitans sur un point essentiel : il leur explique qu'il réduit tout à l'horizon ; qu'il mesure les terres en pente comme si elles

Instruction du [illegible] 18[illegible].
IV — [illegible].

étaient planes ; et que dès-lors ils ne doivent pas s'étonner ni s'inquiéter si le parcellaire donne à un terrain incliné un peu moins d'étendue qu'il n'en a sur leur titre.

Un propriétaire, par exemple, a acquis un champ porté sur son contrat pour un arpent quatre perches ; le parcellaire ne lui donne qu'un arpent ; cette différence ne lui fait aucun tort, attendu que s'il survient par la suite une contestation, on mesure horizontalement un arpent, et l'on arrive juste au point où l'on arriverait en mesurant, d'après l'inclinaison, un arpent quatre perches : son titre et le cadastre cadrent donc parfaitement.

C'est ce que le géomètre leur rend sensible par quelques exemples. Il les prévient donc que, s'ils ne trouvent sur leurs bulletins que ces légères différences, indépendamment même de la tolérance permise, ils ne doivent pas faire d'observations ou de réclamations, ni exiger un réarpentage, dont les frais seraient à leur charge.

Jugemens sur les terrains contestés.

711. Si le géomètre a laissé incertaines des propriétés contestées (178), et qu'à l'époque de son retour dans la commune, il soit intervenu un jugement, il conforme le plan et le tableau indicatif au résultat de ce jugement.

§. II.

RÉCLAMATIONS CONTRE LE CLASSEMENT.

Circulaire du 24 mai 1810. V — 326.

712. Le propriétaire qui croit avoir quelques réclamations à faire contre la classe à laquelle on a porté une ou plusieurs de ses parcelles, ne doit pas les énoncer sur le bulletin. Il doit en faire l'objet d'une pétition particulière sur

sur papier libre. Dans cette pétition, il explique que telle et telle parcelle, portées à telle classe, lui paraissent devoir être portées à telle autre classe, et il en déduit les motifs.

Réunion de ces réclamations à la Mairie.

713. Ces réclamations sont également remises au maire de la commune, qui veille à ce que toutes lui parviennent avec les bulletins, ou que ces bulletins expriment que le propriétaire n'a point à réclamer (706).

Circulaire du 24 mai 1810. V — 326.

§. III.

RÉCLAMATIONS CONTRE LES ÉVALUATIONS.

714. Un propriétaire ne peut réclamer individuellement contre l'évaluation de sa propriété, autrement qu'en réclamant contre son classement; car, si la propriété est bien classée, l'évaluation est la même pour cette propriété que pour toutes celles de même nature et de même classe.

Circulaire du 30 nov. 1808. V — 133.

En effet, si un propriétaire possédant un pré de seconde classe, évalué à raison de 60 francs l'arpent, convient que la contenance et le classement de ce pré sont exacts, mais qu'il croye ce pré trop évalué, tous les autres prés de seconde classe de la commune doivent être également trop évalués; car ils sont tous estimés de même à raison de 60 francs l'arpent. Ainsi un propriétaire n'est pas fondé à réclamer sur l'évaluation, que tous les autres qui ont des terres de même nature et de même classe ne le soient aussi-bien que lui.

Par une conséquence nécessaire, lorsque les autres propriétaires ne réclament pas, c'est une preuve que celui-ci n'est pas fondé à réclamer.

Les Erreurs dans les évaluations concernent l'Assemblée cantonale.

715. Cependant, comme il peut y avoir réellement des erreurs dans les évaluations, il est juste qu'elles soient rectifiées. C'est l'assemblée cantonale des délégués des communes, qui est chargée d'examiner la partie des évaluations (783).

Délégué chargé de constater le vœu des Propriétaires.

716. Chaque commune ne nomme, il est vrai, qu'un seul propriétaire pour assister à l'assemblée cantonale; mais tous les autres propriétaires ont le droit de remettre à ce délégué leurs remarques sur l'évaluation de telle ou telle nature de propriété.

Il est même du devoir du délégué de la commune de provoquer les observations des habitans et de chercher à connaître leur opinion pour en être l'interprète et le défenseur à l'assemblée cantonale.

Propriété dont l'espèce est unique dans la Commune.

717. Il est cependant des cas où un propriétaire peut réclamer contre une évaluation individuellement et sans que les autres y soient intéressés; c'est lorsqu'il s'agit d'une propriété seule dans ce genre sur le territoire de la commune, telle qu'un château, une usine, une manufacture; dans ces cas, le propriétaire doit de même remettre son mémoire au délégué, ou l'adresser à l'assemblée cantonale,

pour qu'elle émette son opinion (783), d'après laquelle il est statué par le préfet.

CHAPITRE V.

RETIREMENT DES BULLETINS ET DES RÉCLAMATIONS.

Transport du Contrôleur dans la Commune.

718. A l'expiration du mois de la communication, le contrôleur se rend dans la commune, pour retirer du secrétariat de la mairie le plan, la matrice-minute et toutes les pièces de l'expertise, ainsi que les bulletins rendus par les propriétaires (707), et les pétitions qui ont pu y être jointes (713).

Loi du 15 septembre 1807. IV — 225.

Contrôleur chargé de faire rentrer tous les Bulletins.

719. Il constate le nombre des bulletins distribués, et celui des bulletins rentrés; s'ils ne l'étaient pas tous, il ferait les diligences nécessaires pour faire rentrer ceux qui lui manqueraient.

Circulaire du 24 mai 1810. V — 328.

Procès-verbal du Retirement des Bulletins.

720. Le contrôleur dresse un procès-verbal sommaire du nombre des bulletins distribués, de ceux remis par les propriétaires; de ceux qui contiennent une adhésion pure et simple, de ceux qui présentent des observations sur l'arpentage, et enfin du nombre des réclamations formées contre le classement.

Ibid.

Attestation du Maire.

Circulaire du 24 mai 1810. V — 328.

721. Ce procès-verbal est certifié par le maire, qui atteste que toutes les formalités prescrites pour la communication (695, 696, 697, 699) ont été remplies, et que le contrôleur n'a rien négligé pour faire rentrer les bulletins.

CHAPITRE VI.

RECTIFICATION DES ERREURS PAR LES GÉOMÈTRES.

Remise aux Géomètres des Bulletins qui présentent des observations.

722. Le contrôleur remet au géomètre, à mesure du retirement des bulletins, tous ceux qui contiennent des réclamations relatives à l'arpentage (702), et en tient une note exacte.

Erreurs de Noms, Omissions, fausses Indications.

723. Le géomètre examine d'abord toutes les observations des propriétaires sur les erreurs de noms, prénoms ou de mesures, celles relatives aux fausses indications de cantons, triages ou lieux dits, et celles relatives aux parcelles omises dans l'article du propriétaire, ou faussement attribuées à un autre.

Il rectifie ensuite ces diverses erreurs.

Fausses Indications de Cultures.

724. Il rectifie également les fausses indications de cultures, quoiqu'il ne soit pas responsable des changemens survenus depuis l'achèvement du plan.

Erreurs de Contenances.

725. Pour les erreurs de contenances, après que l'ingénieur vérificateur s'est préalablement assuré qu'elles ne tiennent pas aux calculs, le géomètre les vérifie sur le terrain; et s'il reconnaît que l'erreur existe réellement, il la rectifie tant sur le plan que sur le tableau indicatif.

Nouvelle communication aux Propriétaires.

726. A mesure que le géomètre opère des rectifications ou rejette celles qu'il ne trouve pas justes, il communique son travail aux propriétaires et obtient leur adhésion.

Réarpentage.

727. Si, toutes rectifications faites, le propriétaire persiste à penser que la contenance assignée à une ou plusieurs de ses parcelles n'est pas exacte, il peut en requérir le réarpentage par un géomètre autre que celui qui a levé le plan. Instruction du 1.er déc. 1807. IV — 267.

Ordre du Réarpentage.

728. L'ingénieur vérificateur fait passer cette demande au directeur, en indiquant le géomètre qu'il propose de charger du réarpentage, et, sur le rapport du directeur, le préfet ordonne cette opération.

Procès-verbal de Réarpentage.

729. Le géomètre chargé de ce travail en dresse le procès-verbal, au bas duquel le maire atteste le temps qu'il a passé dans la commune.

Rectification.

730. Le résultat de cette opération est communiqué à la partie intéressée ; et l'ingénieur vérificateur rectifie ensuite, s'il y a lieu, le plan et le tableau indicatif.

Frais du Réarpentage.

Instruction du 1.er déc. 1807. IV — 267.

731. Si, par le réarpentage, le travail du premier géomètre est reconnu régulier, et la réclamation du propriétaire mal fondée, celui-ci en paye les frais.

Ils sont, au contraire, à la charge du premier géomètre, si son travail est reconnu irrégulier.

Le montant des frais est réglé par le préfet, sur la proposition de l'ingénieur vérificateur et le rapport du directeur.

Remise à la Direction des Pièces rectifiées.

732. L'ingénieur vérificateur remet au directeur l'atlas portatif, le tableau indicatif et la liste alphabétique, le tout bien rectifié et parfaitement en règle; il lui remet également les bulletins, avec une note indiquant, par numéros d'ordre, les rectifications à faire.

Rectification des Bulletins.

733. Le directeur fait faire alors toutes les rectifications nécessaires, tant sur les bulletins séparés que sur les bulletins en cahier ou matrice-minute.

CHAPITRE VII.

EXAMEN ET JUGEMENT DES RÉCLAMATIONS CONTRE LE CLASSEMENT.

Transport de l'Expert dans la Commune.

734. Lorsque le contrôleur a réuni toutes les réclamations contre le classement, il appelle l'expert dans la commune, pour examiner et discuter ces réclamations avec les propriétaires.

Instruction des Réclamations contre le Classement.

735. L'expert doit entendre les propriétaires ou leurs fermiers ou régisseurs ; il peut aussi consulter le maire et les indicateurs ; mais il ne doit pas prendre l'avis des répartiteurs, ceux-ci n'ayant point coopéré à l'expertise. Il doit encore comparer la propriété pour laquelle on réclame, d'abord avec les types ou étalons choisis pour chaque classe (513), ensuite, avec les autres terres de même nature.

Avant de prendre un parti sur une réclamation, l'expert, toujours accompagné du contrôleur, vérifie toutes celles qui ont été formées, parce que cet examen contribue à l'éclairer encore davantage.

Procès-verbal de l'Instruction des Réclamations.

736. Le contrôleur rédige alors le procès-verbal de toute cette opération.

Ce procès-verbal doit expliquer la marche suivie par l'expert, les avis et les renseignemens qu'il s'est procurés, les comparaisons qu'il a faites. Il se termine par les conclusions de l'expert et les motifs qui les ont déterminées.

Réclamations mal fondées.

737. Le procès-verbal énonce d'abord les réclamations qui ont été reconnues mal fondées, et dont les propriétaires se sont désistés.

Propriétés portées dans une Classe trop haute.

738. Viennent ensuite les réclamations que l'expert croit fondées, et ses conclusions pour que telles parcelles, portées dans une classe trop haute, soient descendues dans une classe inférieure qu'il indique.

Conclusions de l'Expert contestées par les Propriétaires.

739. Le procès-verbal présente ensuite les réclamations que l'expert ne croit pas fondées, et ses motifs pour les faire rejeter, avec les dires et observations des réclamans qui n'adhéreraient pas à son avis.

Propriétés portées dans une Classe trop basse.

740. Si, par suite de cette révision du classement, ou des observations des propriétaires, du maire et des indicateurs, l'expert reconnaît que des propriétés ont été portées dans une classe trop basse, le contrôleur les indique à la fin de son procès-verbal, avec les conclusions de l'expert, tendant à ce que telles parcelles soient remontées dans telle classe supérieure qu'il détermine.

Si les propriétaires de ces parcelles n'adhéraient pas à l'avis de l'expert, leurs dires seraient également consignés dans le procès-verbal.

Avis du Contrôleur.

741. Le contrôleur doit, sur chaque réclamation, déclarer s'il partage l'avis de l'expert; s'il est d'un avis différent, il doit l'énoncer et en donner les motifs.

Rapport du Directeur.

742. Le contrôleur envoie les réclamations ainsi instruites au directeur des contributions, lequel fait son rapport au préfet. Instruction du 29 oct. 1805. III — 108.

Décision du Préfet.

743. Le préfet, après avoir pris l'avis du conseil de préfecture, statue sur toutes les réclamations. Loi du 15 septembre 1807. IV — 226.

La classe de chaque propriété est, dès ce moment, invariablement fixée, et ne pourrait plus changer que par l'effet d'une révision générale du cadastre.

Délai fixé pour le jugement des Réclamations.

744. Les réclamations contre le classement sont jugées dans les dix jours qui suivent la remise des rapports faits au préfet. Instruction du 29 oct. 1805. III — 109.

Rectification du Classement.

745. Lorsque le directeur reçoit les décisions du préfet, il en donne connaissance aux parties intéressées, et fait faire toutes les rectifications nécessaires sur la matrice-minute et sur les états de classement.

CHAPITRE VIII.

AUTRE MODE DE COMMUNICATION AUX PROPRIÉTAIRES.

Circulaire du 24 mai 1810. V — 327. 746. Les directeurs qui croient ne pouvoir commencer l'expertise sans être bien assurés que le travail des géomètres et de l'ingénieur vérificateur a subi toutes les rectifications et qu'il est parfaitement exact, sont autorisés à communiquer les bulletins immédiatement après l'arpentage.

Expédition des Bulletins.

Ibid. 747. Dans ce cas, les directeurs sont également chargés de l'expédition des bulletins, toujours conformes au même modèle ; mais ils ne font d'abord remplir que les premières colonnes, jusques et y compris celle des contenances.

Première Distribution des Bulletins.

Ibid. 748. Ils adressent ensuite les bulletins aux contrôleurs, qui les font passer aux maires des communes (695).

Invitation aux Propriétaires.

Ibid. 749. Les maires les font distribuer à tous les propriétaires (696), avec invitation de les examiner et de les leur renvoyer en y joignant leurs observations, s'il y a lieu.

Examen des Bulletins.

Ibid. 750. Les propriétaires ont un mois pour examiner les bulletins et les envoyer avec leur adhésion ou leurs réclamations, s'ils en ont à former.

Observations des Propriétaires.

751. Les propriétaires insèrent leurs observations dans la colonne du bulletin destinée à les recevoir (702). Circulaire du 24 mai 1810. V — 327.

Transport du Géomètre et de l'Ingénieur vérificateur dans la Commune.

752. L'ingénieur vérificateur et les géomètres sont tenus de faciliter aux propriétaires l'examen des bulletins, en allant dans les communes pendant la communication et à la fin du mois, avec la minute du plan et le tableau indicatif. Ibid.

Rectifications.

753. L'ingénieur et les géomètres surveillent et pressent la communication et le retirement, reçoivent les réclamations, en vérifient l'objet, et procèdent aux rectifications (de 722 à 733). Ibid.

Seconde Distribution des Bulletins.

754. Dès que les bulletins, le tableau indicatif et la table alphabétique seront rectifiés, l'expertise commence. Aussitôt qu'elle est terminée, le directeur fait ajouter le classement et la copie du tarif définitif sur les bulletins déjà communiqués; il fait rédiger, en outre, la matrice-minute telle qu'elle a été expliquée ci-dessus. Cette matrice est déposée à la mairie, et les bulletins distribués une seconde fois aux propriétaires, et tout ce qui a été prescrit pour le premier mode s'observe pour celui-ci (de 712 à 717, de 734 à 745). Ibid.

Cette seconde communication dure un mois, comme la première.

Différence des deux Modes.

755. Ce mode ne diffère du premier qu'en ce que la communication aux propriétaires se fait en deux fois et à deux époques : l'une, pour les contenances immédiatement après l'arpentage ; l'autre, pour le classement après l'expertise. A cette différence près, tout ce qui est prescrit pour l'un, l'est également pour l'autre.

TITRE VIII.

ASSEMBLÉE CANTONALE.

CHAPITRE I.er

DISPOSITIONS PRÉLIMINAIRES.

§. I.er

TRAVAIL DE L'INSPECTEUR.

756. LORSQUE les expertises de toutes les communes d'un canton sont terminées, le directeur charge l'inspecteur de les examiner, principalement sous le point de vue de la proportion des communes entre elles. Instruction du 23 fév. 1810. V — 186.

Examen des Expertises par l'Inspecteur.

757. L'inspecteur fait le rapprochement des résultats des expertises avec les renseignemens qu'il a rassemblés (475, 478); il compare les prix moyens des diverses cultures donnés par les expertises (616), avec les prix communs qu'il a obtenus lui-même par son travail préparatoire (477).

S'il trouve, dans ces rapprochemens, des différences notables, il cherche, dans les états de classification des communes les causes de ces différences, et s'attache à connaître si l'erreur est dans ses renseignemens préparatoires, ou si elle provient des expertises.

Comparaison des Expertises.

758. Il rédige un tableau des communes placées entre elles selon le degré de force de leurs évaluations Circulaire du 16 mars 1810 V — 2[illegible]5.

pour chaque nature de culture, et compare ce tableau avec celui qu'il avait formé antérieurement lors de son travail provisoire (478).

S'il y a des différences, il en cherche les causes et s'attache à reconnaître les motifs qui justifient les proportions des communes entre elles, ou qui prouvent que les experts ont commis des erreurs.

Rapport de l'Inspecteur.

Instruction du 25 fév. 1810. V — 186.

759. L'inspecteur rédige un rapport présentant l'analyse succincte des expertises, les rapprochemens qu'il aura faits de leurs résultats avec les renseignemens qu'il avait rassemblés d'avance, et toutes les observations qui peuvent établir le degré de confiance que méritent les diverses évaluations.

Il conclut, dans son rapport, à maintenir les évaluations si elles lui paraissent proportionnelles, ou à élever telle classe dans telle commune, à baisser telle autre classe dans telle autre commune.

Enfin, il présente toutes les vues qui lui paraissent propres à établir entre les communes l'égalité proportionnelle la plus parfaite.

Utilité de ce Rapport.

Circulaire du 16 mars 1810. V — 296.

760. L'inspecteur ne peut mettre trop de soin à ce rapport, qui doit se terminer par des conclusions bien précises et réduites à des calculs positifs.

Ce travail tend à mettre de l'unité et de l'ensemble dans les expertises qui souvent sont l'ouvrage de plusieurs experts, et ont été faites à des époques différentes.

Différence des Rapports de l'Inspecteur et du Directeur.

761. Ce rapport de l'inspecteur sur les expertises des communes d'un canton, doit donc être rédigé dans un sens différent de celui dans lequel le directeur rédige son rapport sur chaque commune isolée (669).

Circulaire du 16 mars 1810. V — 296.

Le directeur examine la régularité matérielle de chaque pièce de l'expertise, les évaluations de chaque commune considérée en elle-même, et les proportions qui existent entre les diverses natures de culture et les différentes classes.

L'inspecteur n'entre pas dans le détail des opérations de l'expert ; il ne s'attache qu'aux résultats des diverses expertises ; il les compare les uns aux autres ; et c'est de cette comparaison qu'il tire toutes ses inductions sur le degré de justesse des évaluations.

Le travail du directeur sur chaque commune a pour principal but l'égalité entre les contribuables ; celui de l'inspecteur, l'égalité entre les communes.

Le premier est en quelque sorte une révision communale, l'autre une révision cantonale des expertises.

Cette observation, qui a pour objet de bien caractériser les deux espèces de rapports, ne doit pas, au surplus, empêcher le directeur d'examiner l'ensemble des expertises et leurs proportions relatives : chargé de la direction de tous les travaux, rien de ce qui peut tendre à la perfection du cadastre ne lui est étranger.

Envoi du Rapport de l'Inspecteur.

762. L'inspecteur remet son rapport au directeur, et en envoie, à l'inspecteur général, un double visé par le directeur.

Instruction du 23 fév. 1810. V — 286.

§. II.

RÉUNION DES EXPERTS ET DES CONTRÔLEURS.

Révision des Évaluations.

Instruction du 25 fév. 1810. V.—286.

763. Le directeur réunit alors l'inspecteur, les experts et les contrôleurs qui ont travaillé aux expertises du canton; il leur fait donner lecture du rapport de l'inspecteur, y ajoute ses propres observations et son opinion personnelle sur chaque point.

Résultats de cette Révision.

764. Cette réunion n'a pour but que de mettre les experts à portée de s'éclairer mutuellement, et de revenir sur les erreurs qu'ils reconnaîtraient avoir commises; mais, quelle que soit l'opinion de la majorité de ceux qui assistent à cette réunion, celle de l'expert qui a fait l'expertise doit prévaloir, les estimations d'un expert ne pouvant être changées que par les décisions du préfet, soit sur les réclamations des propriétaires, soit sur celles de l'assemblée cantonale, ou par une contre-expertise.

Projets de Changemens.

765. Les changemens, au surplus, qui auront été convenus par les experts, chacun pour les communes dont ils auront fait le travail, ne sont que de simples propositions à soumettre à l'assemblée cantonale, sous les yeux de laquelle les expertises doivent être mises, telles qu'elles se trouvent après le jugement des réclamations des propriétaires.

la réunion des experts et des contrôleurs pour la révision des évaluations aura lieu désormais aussitôt après l'expertise et avant la communication des bulletins aux propriétaires
il pourra être fait dans cette réunion soit dans la classification et le classement soit dans les évaluations tous les changements qui seront reconnus justes et nécessaires pour le perfectionnement du travail; en conséquence l'article 765 du R.M. est révoqué

CHAPITRE II.

CHAPITRE II.

NOMINATION DES DÉLÉGUÉS DES COMMUNES.

Convocation des Conseils municipaux.

766. Le préfet, sur la proposition du directeur, convoque le conseil municipal de chacune des communes du canton, à l'effet de nommer un délégué pour assister à l'assemblée cantonale. Loi du 15 septembre 1807. IV — 216.

Choix des Délégués.

767. Ce délégué ne peut être pris que parmi les propriétaires qui possèdent des biens dans la commune. *Ibid.*

Tableau des Résultats des Tarifs.

768. En envoyant l'arrêté du préfet qui convoque le conseil municipal, le directeur fait passer au maire un tableau présentant les résultats des tarifs définitifs de toutes les communes du canton. Le maire donne connaissance de ce tableau au conseil municipal, et le remet ensuite au propriétaire choisi pour être délégué. *Modèle.*

Observations du Conseil municipal.

769. Le délégué doit demander et recueillir les observations du conseil municipal, tant sur les évaluations de sa commune, que sur celles des autres communes du canton.

Opinions des Propriétaires.

770. Le délégué s'attache, en outre, à connaître les opinions de tous les propriétaires sur tout le travail du cadastre (716).

Réclamations sur les Évaluations.

771. Il reçoit du maire toutes les réclamations ou observations qui auront été faites sur les évaluations (714, 717).

Convocation de l'Assemblée.

772. Lorsque le directeur a tout disposé pour la tenue de l'assemblée cantonale, il en informe le préfet, qui, sur sa proposition, fixe le jour de l'ouverture de l'assemblée au chef-lieu de la sous-préfecture, et fait passer aux délégués les lettres de convocation par la voie du sous-préfet.

CHAPITRE III.

TENUE DE L'ASSEMBLÉE.

Objet et importance de l'Assemblée cantonale.

773. Le Gouvernement, voulant mettre la plus parfaite égalité proportionnelle entre les évaluations de toutes les communes, a desiré connaître le vœu de tous les propriétaires, recueilli par celui d'entre eux que le conseil municipal a choisi.

Chaque délégué doit donc se regarder comme chargé des intérêts de tout le canton, et l'objet principal de sa mission doit être d'établir le plus juste équilibre entre les évaluations de toutes les communes.

Composition de l'Assemblée.

Loi du 15 septembre 1807. IV — 226.

774. L'assemblée est présidée par le sous-préfet; le directeur et l'inspecteur y assistent, un contrôleur y fait les fonctions de secrétaire.

Le directeur, l'inspecteur et le contrôleur n'ont point voix délibérative, mais simplement voix consultative, c'est-à-dire, le droit de faire les observations et de donner les explications qu'ils jugent convenables.

Vérification des Mandats.

775. La vérification du mandat de chaque délégué précède toute autre opération; nul ne peut être admis s'il n'a les qualités requises, et s'il ne justifie de son titre par la représentation de la délibération du conseil municipal qui le nomme délégué.

Durée de l'Assemblée.

776. L'assemblée ne peut durer plus de huit jours; elle ne peut ni s'ajourner au-delà de ce terme, ni être convoquée une seconde fois. Loi du 15 septembre 1807. IV — 226.

Experts et Contrôleurs.

777. L'assemblée peut appeler ceux des experts et des contrôleurs qu'elle desire consulter.

Ouverture de l'Assemblée.

778. Le président ouvre l'assemblée par la lecture des articles de la loi du 15 septembre 1807, relatifs à sa tenue, et des articles du présent recueil qui la concernent.

Remise des Pièces.

779. Le directeur remet au président de l'assemblée, *Ibid.*
Les plans ou atlas portatifs,
Les tableaux indicatifs,
Toutes les pièces des expertises, depuis le n.° 1 jusqu'au n.° 10 inclusivement,

Les matrices-minutes,

Et le tableau des résultats des tarifs définitifs de toutes les communes (768).

Rapport de l'Inspecteur.

780. L'inspecteur donne lecture de son rapport (759).

Résultats de la réunion des Experts.

781. Le directeur donne également connaissance à l'assemblée des résultats de la réunion des experts (763, 765).

Travaux de l'Assemblée.

782. L'assemblée ayant ainsi sous les yeux tous les élémens et tous les résultats du travail, les examine en détail, et peut, si elle est trop nombreuse, nommer une commission de membres pris dans son sein; le président et le secrétaire sont nécessairement membres de cette commission.

L'assemblée peut demander que le directeur et l'inspecteur assistent aussi cette commission dans ses travaux.

Délibérations de l'Assemblée.

Loi du 15 septembre 1807. IV — 226.

783. L'assemblée donne, à la pluralité des voix, ses conclusions motivées et positives sur les changemens qu'elle estime devoir être faits aux évaluations de certaines communes et de certaines natures de culture, ou son adhésion formelle à tout le travail.

L'assemblée donne aussi son avis sur les réclamations particulières relatives aux évaluations (717).

Procès-verbal.

784. Le contrôleur, faisant fonctions de secrétaire, rédige le procès-verbal des délibérations : il est signé par les délibérans.

Loi du 15 septembre 1807. IV — 226.

Envoi au Préfet.

785. Le sous-préfet qui a présidé l'assemblée envoie ce procès-verbal au préfet, et y joint ses observations personnelles.

CHAPITRE IV.

RAPPORT DU DIRECTEUR ET DÉCISION DU PRÉFET.

Envoi du Procès-verbal au Directeur.

786. Le préfet renvoie ce procès-verbal au directeur, pour que celui-ci en fasse le rapport.

Ibid.

Rapport du Directeur.

787. Dans ce rapport, le directeur analyse les demandes de l'assemblée, les communique, s'il le juge nécessaire, à l'inspecteur, aux contrôleurs et aux experts, et les appuie ou les combat, selon qu'elles lui paraissent bien ou mal fondées.

Circulaire du 30 sept. 1807. IV — 232.

Il termine par des conclusions positives.

Décisions du Préfet, Admission définitive des Expertises.

788. D'après ce rapport, le préfet, après avoir pris l'avis du conseil de préfecture, statue sur les propositions de l'assemblée, ou constate son adhésion, prononce l'admission définitive des expertises, et fixe les évaluations de toutes les communes du canton : ces évaluations deviennent les allivremens immuables de ces communes.

Loi du 15 septembre 1807. IV — 226 et 227.

CHAPITRE V.

NOUVELLE RÉPARTITION CANTONALE.

Loi du 15 septembre 1807. IV — 227.

789. Lorsqu'il a été statué définitivement sur toutes les demandes ou propositions de l'assemblée, le préfet procède à la nouvelle répartition entre les communes du canton.

Proportion de la Contribution totale à l'Allivrement total.

Circulaire du 30 sept. 1807. IV — 232.

790. A cet effet, le directeur forme une masse des contingens en principal de toutes les communes du canton à la contribution foncière de l'année dans le cours de laquelle il opère ; additionnant ensuite les allivremens de ces mêmes communes, il constate dans quelle proportion le total des contingens est au total des allivremens.

Transports de Contributions.

Loi du 15 avril 1798. I — 106.

791. En établissant ces anciens contingens, le directeur doit examiner s'il se trouve des communes qui, par l'effet de leur nouvelle délimitation, gagnent ou perdent des terrains (93).

Si deux communes qui éprouvent des échanges de territoires font toutes deux partie du canton cadastré, le transport de contribution de l'une à l'autre est opéré par le fait même du cadastre, puisque la masse des contingens réunis se répartit à raison des allivremens (792).

Mais, si une commune du canton cadastré prend des terrains à une commune d'un autre canton ou lui en cède, il faut, pour connaître et établir l'ancien contingent de chacune de ces deux communes dans sa nouvelle consistance, leur ôter la portion de contribution des terrains perdus, et leur ajouter celle des terrains gagnés.

Le directeur constate ces portions de contribution pour la commune cadastrée, d'après le cadastre même; et, pour l'autre commune, d'après l'ancienne matrice, ou d'après le rôle, ou, à défaut de renseignemens, par approximation.

Il propose ensuite au préfet l'arrêté pour opérer les transports de ces portions de contribution.

Application de cette Proportion.

792. Appliquant la proportion trouvée ci-dessus (790) à l'allivrement cadastral de chaque commune, il établit le nouveau contingent de chacune d'elles.

Si, par exemple, le total des allivremens des communes s'élève à 482,000 francs, et que le total de leurs anciens contingens réunis soit de 53,020 francs, la proportion est d'un neuvième environ, ou 11 centimes par franc. Alors le nouveau contingent de chaque commune est de 11 centimes par franc de son allivrement; pour une commune dont l'allivrement serait de 36,000 francs, le nouveau contingent est de 3960 francs.

Séparation des Propriétés non bâties et bâties.

793. Le directeur fait ensuite le départ de la contribution cadastrale des propriétés non bâties et superficie des bâtimens, d'avec la contribution foncière des propriétés bâties.

Loi du 15 septembre 1807, IV — 227.

Cette séparation s'opère en fixant le contingent de chaque commune dans chacune des deux contributions, d'après la portion de revenu imposable assignée à chacune des deux espèces de propriétés, dans la proportion de l'allivrement général (792).

Ainsi, dans l'exemple ci-dessus, si la commune dont le

revenu cadastral est de 36,000 francs, a 30,000 francs en propriétés non bâties et 6,000 francs en propriétés bâties, ses contingens à raison de 11 centimes par franc, sont, pour la contribution cadastrale, de 3,300 francs, et pour la contribution des propriétés bâties, de 660 francs, revenant ensemble à 3,960 francs (792).

Arrêté pour la Répartition.

Instruction du 30 sept. 1807. IV — 233.

Modèle.

794. Le directeur prépare ce travail, qui consiste dans une opération purement arithmétique ; le préfet l'examine, le vérifie, et en fait l'objet d'un arrêté dont il adresse une expédition au Ministre des finances.

Nouveaux Contingens.

Loi du 15 septembre 1807. IV — 226.

795. Les contingens des communes, et par suite des cantons cadastrés, restent, pour le principal de la contribution, tels qu'ils ont été réglés par cet arrêté. Les conseils d'arrondissement ne peuvent y faire aucun changement.

Nouvelle Répartition entre les Cantons.

796. Ces contingens ne peuvent changer que par l'effet d'une nouvelle répartition entre les cantons cadastrés.

Répartiteurs.

Ibid. IV — 227.

797. Il n'y a plus de répartiteurs pour la contribution cadastrale, mais il continuera d'en être nommé pour la contribution des propriétés bâties.

TITRE IX.

MATRICES ET RÔLES.

CHAPITRE I.er

APPLICATION DU TARIF AU CLASSEMENT.

798. Lorsque, par l'arrêté de la nouvelle répartition cantonale (794), le préfet a fixé les allivremens des communes et réglé leurs contingens, le directeur procède, pour chacune de ces communes, à l'application du tarif définitif au classement.

Procédé de l'application du Tarif au Classement.

799. L'application du tarif au classement est un travail purement arithmétique. Il consiste à déterminer le revenu net imposable de chaque parcelle, d'une part, à raison de sa contenance, de sa culture et de sa classe, et, d'autre part, à raison de l'évaluation portée au tarif définitif. — Instruction du 5 nov. 1805, III — 161.

Si, par exemple, une parcelle consiste en terre labourable, qu'elle soit de première classe et qu'elle ait une contenance d'un demi-arpent;

Et que, d'un autre côté, le revenu imposable de l'arpent de terre labourable de première classe soit porté au tarif définitif à 100 francs,

Il est clair que le revenu imposable de cette parcelle est de 50 francs.

Si une autre parcelle consiste en une vigne, qu'elle soit de troisième classe et qu'elle contienne deux arpens,

Et que le revenu imposable de l'arpent de vigne de troisième classe soit, selon le tarif définitif, de 40 francs,

Il s'ensuit également que le revenu imposable de la parcelle est de 80 francs.

Dernières colonnes du Tableau indicatif.

Instruction du 3 nov. 1805. III — 161.

800. C'est par cette application du tarif au classement, que le directeur fait remplir les dernières colonnes du tableau indicatif servant de minute de l'état de classement (198).

Complément du Tableau indicatif.

Ibid.

801. Le directeur complète donc le tableau indicatif dans les parties qui n'ont pas encore été remplies d'abord par l'ingénieur vérificateur, ensuite par le contrôleur.

Second cahier du Tableau indicatif.

802. Le directeur fait également l'application du tarif au classement pour les propriétés bâties, et complète le second cahier du tableau indicatif commencé par le contrôleur (634).

Récapitulations définitives.

803. Il rédige ensuite les récapitulations particulières des contenances et des revenus de chaque section, et la récapitulation générale de chaque commune, dans la même forme que les récapitulations provisoires (665 à 668).

CHAPITRE II.

ÉTAT DE CLASSEMENT ET MATRICE.

État de Classement.

804. Le directeur procède alors à l'expédition régulière de l'état de classement des propriétés non bâties. Cet état est conforme au tableau indicatif entièrement rempli, moins la colonne destinée à porter le classement au crayon, en parcourant le terrain (629). Circulaire du 25 mai 1810. V — 332. *Modèle.*

Une seule expédition de l'État de classement.

805. Il ne fait, de cet état de classement, qu'une expédition qu'il envoie à la commune, le tableau indicatif suffisant à la direction. *Ibid.*

Matrice cadastrale.

806. Il rédige ensuite la matrice du rôle cadastral. *Ibid.* *Modèle.*

Titre de la Matrice.

807. Cette matrice contient, dans la première page, la copie du tarif des évaluations (601), pour les propriétés non bâties et la superficie des bâtimens.

Corps de la Matrice.

808. Le corps de la matrice contient, en autant de colonnes,

1.° Les numéros donnés à chaque propriétaire dans la matrice (877);

2.° Les noms, prénoms, professions et demeures des propriétaires;

3.° L'indication de la lettre donnée à la section (107);

4.° Le numéro de la parcelle, tel qu'il est porté au tableau indicatif (208);

5.° Le nom du canton, triage ou lieu dit;

6.° La nature de la propriété ou culture;

7.° Le nombre d'arpens, perches et mètres, d'abord par article de classement (687), ensuite par article de matrice (877);

8.° La classe de chaque article de classement;

9.° Le revenu d'abord de chaque article de classement, ensuite de chaque article de matrice formant l'allivrement total de chaque propriétaire;

10.° A la fin sont deux colonnes destinées aux renvois des mutations (885 à 887).

Différence entre la Matrice et les Bulletins en cahiers.

809. On voit que cette matrice est la copie des bulletins en cahiers dûment rectifiés, excepté qu'au lieu de cinq colonnes pour les classes, il n'y en a qu'une.

Récapitulation de la Matrice.

810. La matrice est close par une récapitulation des additions, par page, des contenances et des revenus imposables.

Les totaux généraux de cette récapitulation présentent, d'une manière immuable, la contenance du territoire de la commune et de son revenu net imposable, ou son allivrement.

Authenticité de la Matrice.

Instruction du 29 oct. 1805. III — 110.

811. Cette matrice est certifiée par le directeur, vérifiée et arrêtée par le préfet.

Deux Expéditions de la Matrice.

812. La matrice cadastrale est faite en double expédition : l'une est envoyée à la commune ; l'autre reste à la direction.

Instruction du 29 oct. 1805. III — 111.

Domaines congéables.

813. Pour les pays où le domaine congéable est en usage (196), on établit sur la matrice cadastrale, par des articles particuliers, les *teneurs* en domaines congéables, en indiquant, à la suite du nom du propriétaire foncier, celui du *tenuyer* : celui-ci acquitte la contribution, sauf à retenir au *foncier* sur la redevance *convenancière*, la portion de cette contribution relative à la redevance.

Lettre du 22 octobre 18[illegible]. V — 212.

Consorts.

814. S'il y a des consorts au *foncier*, ou *tenancier*, ou à tous deux, il ne sera pas nécessaire de les nommer tous ; il suffira d'inscrire un tel, *foncier, et consorts*, un tel, *tenuyer, et consorts.*

Ibid.

Tenues à devoir.

815. Les dispositions des deux articles ci-dessus sont applicables aux tenues *des vignes et autres propriétés à devoir, de tiers ou de quart*, aux métairies, aux closeries et aux bordages qui se transmettent ordinairement avec les propriétés qui les composent, sous le nom qui leur a été donné de toute ancienneté, sans que leur composition originaire éprouve de changement (197).

Ibid.

Biens régis par un principe analogue.

Lettre du 22 octobre 1807. V — 213.

816. Ils sont également applicables pour les biens qui, sous d'autres dénominations, seraient régis par un principe analogue à celui ci-dessus.

Biens communaux.

Loi du 23 novembre 1793. I — 43.

817. Les propriétés appartenant aux communes, les marais et terres vaines et vagues, situés dans l'étendue de leur territoire, qui n'ont aucun propriétaire particulier ou qui auront été légalement abandonnés, les terrains connus sous le nom de *biens communaux*, sont portés, pour la contenance et le revenu, sous le nom de la commune propriétaire, et la contribution en est acquittée par elle.

Biens appartenant à une partie des Habitans.

Ibid.

818. Les terrains qui ne seraient communs qu'à une portion des habitans d'une commune, sont portés sous une indication collective, comme il suit, *les habitans propriétaires :* la contribution en est acquittée par eux.

Propriétés indivises.

819. Toute propriété indivise (185 à 191) forme, dans la matrice de rôle, un article porté sous le nom du principal copropriétaire et consorts (187).

Cet article est distinct des articles personnels, tant de chacun des consorts, que du principal copropriétaire lui-même.

Le montant de la cote est payé par le propriétaire dénommé, sauf son recours sur ses copropriétaires.

Exemptions ou Modérations temporaires de Contributions.

820. Les propriétaires étant portés, dans la matrice cadastrale, à raison du revenu qu'ils possèdent au moment de la confection du cadastre, il est juste que ceux à qui la loi a accordé des exemptions ou des modérations temporaires de contribution, et qui en jouissaient à cette époque, continuent d'en jouir pour le reste du temps fixé par la loi.

Circulaire du 30 sept. 1807. IV — 2[illegible]4.

Le propriétaire qui se trouve dans ce cas, en justifie, par un certificat du maire, visé du sous-préfet, attestant qu'il a rempli toutes les formalités prescrites par la loi, et spécifiant la propriété qui jouit de cette exemption ou modération, son objet, son titre, l'année où elle a commencé et celle où elle doit finir.

Ce certificat reste attaché à la matrice jusqu'à l'expiration de l'exemption.

Le propriétaire est compris dans le rôle cadastral pour l'intégrité de la cote qui résulte de son allivrement ; mais il lui est accordé, sur le fonds de non-valeurs, le remboursement de ce qu'il paierait de trop d'après sa cote totale, et ce pour toutes les années pendant lesquelles l'exemption doit encore durer.

Formalités requises pour les Exemptions et Modérations.

821. Le directeur des contributions ne doit admettre les exemptions ou modérations énoncées ci-dessus, qu'autant que le contribuable justifiera avoir satisfait aux articles 117, 118, 119 et 120 de la loi du 23 novembre 1798.

Loi du 23 novembre 1798. I — 45.

Table alphabétique de la Matrice cadastrale.

Modèle. 822. Il est fait une table, par ordre alphabétique, des noms des propriétaires compris dans la matrice cadastrale.

La première colonne contient les nom, prénoms et profession de chaque propriétaire;

La seconde, l'article et le volume de la matrice cadastrale.

Propriétaires indivis.

823. Quand un propriétaire, indépendamment de ce qui lui appartient individuellement, posséde encore d'autres articles par indivis ou collectivement, son nom est répété, sur la table, autant de fois qu'il y a de collections ou d'indivisions différentes, ou, ce qui est la même chose, autant de fois qu'il a d'articles différens sur la matrice.

Copropriétaires indivis.

824. Les noms des copropriétaires indivis qui ne sont portés qu'accessoirement au tableau indicatif (188), doivent également être inscrits à leur lettre sur cette table.

Usage de cette Table pour les Mutations.

825. La table alphabétique est nécessaire pour retrouver, en tout temps, sous quel article et dans quel volume de matrice un propriétaire est porté (895).

Cette table doit donc être sans cesse tenue au courant des mutations.

Si un propriétaire, porté primitivement sous le n.° 52 au premier volume de la matrice, passe sous le n.° 301, au au second volume (887), on efface, sur la liste alphabétique à la suite de son nom, *52, tome I;* et on porte sur la même ligne *301, tome II.*

Si un propriétaire meurt on vend tous ses biens, on raye toute sa ligne.

S'il arrive un nouveau propriétaire, on l'inscrit sous la lettre initiale de son nom, à la suite des autres.

On doit, en conséquence, ménager, à chaque lettre, un espace suffisant pour inscrire les nouveaux propriétaires.

Lorsqu'après plusieurs années la liste alphabétique n'offre plus de place pour les nouveaux numéros ou les nouveaux noms, on la recopie d'après le dernier état où se trouvent, à cette époque, les propriétaires et les numéros.

CHAPITRE III.

MATRICE SOMMAIRE.

826. Il est tenu à la direction des contributions, pour chaque commune, une matrice sommaire pour servir chaque année à former le rôle de la contribution cadastrale (868). Circulaire du 25 mai 1807. IV — 177. *Modèle.*

La première colonne indique l'année de l'inscription du propriétaire sur la matrice cadastrale;

La seconde, le numéro de l'article de la matrice où ses propriétés sont détaillées;

La troisième, les nom, prénoms, profession et demeure du propriétaire.

La quatrième contient le revenu net imposable de la totalité de l'article.

Les colonnes suivantes servent à faire, chaque année, la répartition et ce, pendant dix ans.

CHAPITRE IV.

RÔLE DE LA CONTRIBUTION CADASTRALE.

Modèle. 827. Le rôle de la contribution cadastrale est fait conformément au modèle.

Titre du Rôle.

828. Il indique, sur le *recto* du premier feuillet :

1.° Le montant de la contribution en principal,

2.° Le détail des centimes additionnels pour chaque objet auquel il en est affecté,

3.° Les centimes additionnels pour les dépenses de la commune,

4.° Les centimes additionnels autorisés par des lois particulières,

5.° Les centimes additionnels pour frais de perception,

6.° Le total général de toutes ces sommes,

7.° Le montant total du revenu cadastral résultant de la matrice des propriétés non bâties.

8.° Enfin, la proportion dans laquelle chaque propriétaire, et par suite toute la commune, doit acquitter la contribution, est spécifiée au bas du titre du rôle.

Forme du Rôle.

829. Le rôle est ensuite divisé en quatre colonnes :

La première est destinée aux émargemens;

La deuxième indique les nom, prénoms, profession et demeure du contribuable, son revenu, et la somme totale qu'il doit payer en principal et centimes additionnels, écrite en toutes lettres.

La troisième présente le revenu cadastral ou allivrement du contribuable, en chiffres.

La quatrième doit contenir, en chiffres, la somme totale à payer.

Récapitulation du Rôle.

830. Le rôle est terminé par une récapitulation des additions, par page, tant des revenus que du montant de la contribution; les totaux doivent donner les mêmes sommes que celles portées dans la première page du rôle.

CHAPITRE V.

MATRICE ET RÔLE DES PROPRIÉTÉS BÂTIES.

État de classement des Propriétés bâties.

831. L'état de classement des propriétés bâties est conforme au modèle; une colonne suffit pour l'indication des classes qui sont détaillées dans le tableau indicatif (634). *Modèle.*

Matrice des Propriétés bâties.

832. La matrice des *propriétés bâties* est tenue conformément au modèle. Circulaire du 4 juillet 1807. IV — 196.

Elle doit contenir, indépendamment des revenus, le nombre des portes et fenêtres imposables de chaque bâtiment. Quatre colonnes sont destinées à le recevoir, selon la classe du tarif à laquelle chacune d'elles appartient. *Modèle.*

Le tarif définitif d'après lequel le revenu des propriétés

bâties a été calculé, est porté sur la *première page recto* de la matrice.

Le tarif des portes et fenêtres est inscrit à côté du précédent.

Récapitulation.

833. Une récapitulation des additions, par feuillets, tant du revenu des maisons et bâtimens, que du nombre des portes et fenêtres de chaque classe, termine cette matrice.

Table alphabétique.

834. Il est fait pour la matrice des propriétés bâties, une table alphabétique des propriétaires, pour laquelle on suit les mêmes règles que pour celle de la matrice cadastrale des propriétés non bâties.

Rôle.

Modèle. 835. Le rôle de la contribution foncière des propriétés bâties et de celle des portes et fenêtres est conforme au modèle.

Titre du Rôle.

836. Il doit contenir, tant pour la contribution foncière que pour les portes et fenêtres les mêmes indications que le rôle cadastral, sur le *recto* de la première page (828).

En outre, on ajoute, à la somme totale, le montant des réimpositions des décharges et modérations accordées sur les propriétés bâties et les portes et fenêtres.

Forme du Rôle.

837. Le rôle est ensuite divisé en six colonnes :

La première est destinée aux émargemens;

La deuxième doit contenir les nom, prénoms, profession et demeure du propriétaire; sa taxe, à la contribution foncière ; le détail de sa taxe à la contribution des portes et fenêtres, et le total des deux taxes en toutes lettres ;

La troisième doit présenter le revenu des propriétés bâties du contribuable ;

La quatrième colonne présente le montant de la taxe foncière ;

La cinquième le montant de la taxe des portes et fenêtres ;

Et la dernière le montant des deux taxes réunies.

Les sommes, dans ces quatre colonnes, se portent en chiffres.

Récapitulation du Rôle.

838. Ce rôle doit être terminé par une récapitulation ; comme celui des propriétés non bâties (830).

CHAPITRE VI.

EXTRAITS DES ÉTATS DE CLASSEMENT.

839. Les propriétaires qui desirent joindre aux copies de plans qu'ils sont autorisés à demander (310), des extraits des états de classement, doivent s'adresser au directeur des contributions (316).

Forme des Extraits des États de Classement.

840. Ces extraits doivent présenter la copie exacte dans tous ses détails, de l'état de classement et suivant l'ordre topographique, de manière à former la légende

de l'extrait du plan (310) délivré au propriétaire, et à devenir pour lui un livre terrier.

Cet extrait est revêtu de la signature du directeur.

Prix des Extraits.

841. Ces extraits sont payés, par les propriétaires qui les demandent, à raison de 50 centimes pour tout extrait contenant moins de dix articles ou lignes, et de 5 centimes par article pour les extraits qui en contiennent plus de dix.

TITRE X.

MUTATIONS.

CHAPITRE I.er

CONNAISSANCE DES MUTATIONS.

Mutations entre les Propriétaires.

842. L'OPÉRATION du cadastre serait incomplète, si, après avoir fixé définitivement et immuablement l'allivrement des propriétés non bâties et de la superficie des bâtimens, on ne prenait en même temps des mesures pour suivre, dans la matrice cadastrale de rôle, et dans le rôle lui-même, toutes les mutations qui arrivent entre les propriétaires. Circulaire du 25 mai 1807. IV — 172.

Déclaration des Biens acquis.

843. Dans les communes définitivement cadastrées, tout acquéreur, cessionnaire, héritier, légataire ou nouveau propriétaire, à quelque titre que ce soit, doit faire, à la mairie de la commune où les biens acquis sont situés, une déclaration des biens ou parties de biens qu'il a acquis.

Représentation du Titre.

844. Le déclarant représente au maire ou à son adjoint l'acte de vente ou de partage, ou le titre quelconque en vertu duquel il est devenu propriétaire. Instruction du 5 mai 1807. IV — 183.

Manière de suppléer au Titre.

845. A défaut de représentation de cet acte, l'acquéreur se fait accompagner par le précédent propriétaire; tous deux affirment la réalité de la mutation et signent leur déclaration.

Extrait de la Matrice.

Instruction du 5 mai 1807. IV — 183.

846. D'après la déclaration, le maire ou l'adjoint rédige, sur une feuille imprimée et non timbrée, un extrait de la matrice cadastrale, dans lequel est portée chacune des parcelles ou portions de parcelle acquises.

Moyens de reconnaître les Parcelles objets des Mutations.

847. La matrice de rôle ne suffisant pas quelquefois pour reconnaître avec certitude la parcelle objet de la mutation, le maire ou l'adjoint peut s'aider du plan et de l'état de classement, et, par la position et les tenans et aboutissans de cette parcelle, il parvient facilement à la distinguer.

En effet, un propriétaire possède trois parcelles de pré d'égale contenance, situées dans le même canton, triage ou lieu dit, sous les n.os 3, 7, 12.

La matrice ne suffirait pas pour distinguer celle des trois qui a été nouvellement acquise.

Mais le déclarant sait qu'elle tient, d'un côté, à *Jean Després*, et de l'autre à *Pierre de Lorme;* il voit, par l'état de classement, que la parcelle qui est entre ces deux propriétaires est celle numérotée 7; le plan lui donne encore un autre renseignement par la position togographique.

Forme

Forme de l'Extrait de Matrice.

848. L'extrait de la matrice doit indiquer la section, le numéro de la section, la nature de culture, la contenance, la classe et l'évaluation de la parcelle aliénée ; il est, en un mot, la copie exacte de toute la ligne que cette parcelle occupe dans la matrice.

Parcelle dont partie seulement est aliénée.

849. Si le déclarant n'a acquis qu'une portion dans une parcelle, le maire ou l'adjoint copie de même la section, le numéro, et la culture de la parcelle, et indique la part de contenance, la classe et la part d'évaluation que cette portion comporte.

Parcelle divisée en deux ou plusieurs Classes.

850. Si la parcelle dont une partie est aliénée, se trouve divisée en deux ou plusieurs classes, l'acquéreur et le vendeur peuvent s'entendre pour indiquer la classe et l'évaluation de la partie aliénée dans la parcelle.

A défaut de cette indication, on suppose que la portion aliénée participe à toutes les classes de la parcelle.

EXEMPLE:

NATURE DE CULTURE.	CONTENANCE.			CLASSE.	ÉVALUATION.	
	Arpens.	Perches.	Mètres.			
PRÉ.......	0.	25.	00.	1.re	30f	00c
	0.	25.	00.	2.e	20.	00.
	0.	50.	00.	3.e	25.	00.
	1.	00.	00.		75f	00c

Si l'acquéreur de la moitié de cette parcelle convient

avec le vendeur que sa portion se compose des cinquante perches de troisième classe, on porte ainsi la mutation :

PRÉ......	0.	50.	00.	3.e	25f 00c

S'il ne peut distinguer de quelle classe est sa portion, on suppose qu'il a acquis moitié dans chacune des classes, et on porte ainsi la mutation :

PRÉ......	0.	12.	50.	1.re	15f	00c
	0.	12.	50.	2.e	10.	00.
	0.	25.	00.	3.e	12.	50.
		50.	00.		37f	50c

Parcelle partagée entre plusieurs Acquéreurs ou Héritiers.

851. Si une parcelle est transmise à plusieurs acquéreurs ou héritiers, le maire ou l'adjoint donne à chacun d'eux un extrait désignant, de l'une ou l'autre des deux manières ci-dessus, la portion qui appartient à chacun.

Signatures de l'Extrait.

852. Chaque extrait reçoit un numéro, et est signé du maire et du déclarant ou des déclarans.

Frais d'Expédition.

Loi du 6 juin 1797 [18 prairial an 5].

853. Les frais d'expédition de cet extrait sont remboursés au maire, par le déclarant, à raison de 6 centimes par article ou ligne transcrite sur l'extrait.

Impression des Cadres pour les Extraits.

854. Chaque année, le préfet fait imprimer un nombre de cadres d'extraits suffisant pour que le directeur puisse envoyer á chaque commune cadastrée les feuilles qu'il prévoit lui être nécessaires. Cette dépense est prise sur les fonds du cadastre.

Diligences à faire par le Maire.

855. Si le maire est instruit d'une mutation, et que les parties intéressées ne se soient pas présentées, il fait toutes les diligences nécessaires pour les amener à faire leur déclaration.

Avis des Mutations à donner aux Maires par les Percepteurs.

856. Le percepteur de la commune est expressément chargé de donner avis au maire de toutes les mutations qui viendraient à sa connaissance, soit lorsqu'un nouveau propriétaire se présente pour payer une cote qui n'est pas portée sous son nom dans le rôle, soit lorsqu'un ancien propriétaire refuse de payer une cote restée sous son nom, à défaut de déclaration.

Relevés des Actes translatifs de Propriété.

857. Les contrôleurs sont chargés de faire, dans les bureaux de l'enregistrement, les relevés des actes translatifs de propriété et des successions, pour être à même de donner aux maires les avis des mutations arrivées dans leurs communes.

Responsabilité de l'ancien Propriétaire.

858. Tant que la déclaration n'a pas été faite par l'acquéreur ou le vendeur, ce dernier est censé être toujours

Loi du 23 novembre 1798, art. 36.

propriétaire et peut être contraint au paiement de la contribution, sauf son recours contre le nouveau propriétaire.

Récépissés des Extraits.

859. Les extraits restent entre les mains du maire, qui en donne des récépissés aux déclarans, s'ils le demandent.

Contrôleurs chargés de recueillir les Extraits.

860. Les contrôleurs recueillent tous les trois mois les extraits rédigés dans chaque mairie; ils les font passer aussitôt au directeur.

CHAPITRE II.

TENUE DES LIVRES DE MUTATIONS.

861. La tenue des livres de mutations consiste en trois opérations distinctes : le livre-journal des mutations, la matrice sommaire, et le livre de mutations proprement dit, formant les volumes subséquens de la matrice cadastrale.

§. I.er

LIVRE-JOURNAL.

Circulaire du 24 mai 1810. V — 336.

862. Le directeur tient, pour chaque commune cadastrée, un livre-journal de mutations.

Modèle.

Rédaction du Livre-journal.

Ibid.

863. Chaque fois que le directeur reçoit des contrôleurs les extraits de matrice délivrés par les maires pour les mutations (860), il inscrit, sur une première ligne du livre-journal, le nom du propriétaire vendeur, son numéro et le total de la contenance et du revenu de son article à la matrice cadastrale.

Ensuite il copie la ligne de la parcelle vendue, ou, s'il y en a plusieurs, les lignes des parcelles vendues, dans la colonne des objets sortis.

Laissant un espace de huit à dix lignes, il inscrit de même le nom du propriétaire acquéreur et le total de son article à la matrice cadastrale.

Ensuite, comme pour le vendeur, il copie immédiatement au-dessous la ligne ou les lignes des parcelles acquises, dans la colonne des objets entrés.

Acquéreur non encore compris dans la Matrice.

864. On suppose dans cet exemple, que l'acquéreur était déjà porté dans la matrice ; s'il n'y était pas, on inscrirait simplement son nom et la ligne de la parcelle acquise.

Circulaire du 24 mai 1810. V — 356.

Mutations subséquentes.

865. Lorsqu'un des propriétaires déjà inscrits sur le livre-journal éprouve une seconde mutation, on copie, à l'article qui lui a déjà été ouvert sur le livre-journal, la ligne de la parcelle acquise ou vendue, dans les colonnes des objets entrés ou sortis.

Ibid.

Livres-journaux formés à mesure des mutations.

866. On voit que ce livre-journal ne se remplit, pour chaque commune, qu'à mesure qu'il arrive des mutations, et qu'il ne s'y inscrit que les propriétaires que la mutation concerne.

Ibid. V — 357.

Clôture annuelle du Livre-journal.

867. A l'époque de l'expédition des rôles, le directeur fait, pour chaque article du livre-journal, additionner,

Ibid.

d'une part, l'avoir primitif et les objets entrés; d'autre part, les objets sortis; et, déduisant le passif de l'actif, il a la situation présente du propriétaire, et la porte sur la matrice sommaire.

§. II.

MATRICE SOMMAIRE.

Instruction du 5 mai 1807. IV — 182.

Modèle.

868. La matrice sommaire consiste dans la copie des noms et des allivremens de tous les propriétaires portés dans la matrice cadastrale (826).

Radiations et Transcriptions.

869. Prenant le livre-journal d'une commune, le directeur raye, sur la matrice sommaire, les noms des propriétaires portés dans ce livre-journal comme ayant vendu ou acquis, et reporte à la suite du dernier des articles de la matrice sommaire les noms de ces propriétaires rayés, avec le nouveau total de leur allivrement tel qu'il résulte du livre-journal (867).

Radiations sans Transcription.

870. Si un propriétaire a vendu tous les biens qu'il possédait dans la commune, ou s'il est décédé, son nom doit être rayé de la matrice.

Inscriptions sans Radiation.

871. Et, de même, si des biens ont été acquis dans cette commune par un propriétaire qui n'y possédait encore rien, son nom doit être porté sur la matrice sommaire.

Nombre des Radiations différent de celui des Inscriptions.

872. Il s'ensuit que si un acquéreur achète tous les biens de deux propriétaires, il y a deux articles de matrice rayés, et un seul ajouté ;

Et que, si, au contraire, les biens d'un vendeur ou d'un décédé passent à deux nouveaux propriétaires, il y a un seul article rayé et deux ajoutés.

Répartitions annuelles.

873. Par l'effet de ces radiations et de ces inscriptions, la matrice sommaire présente un autre ordre de propriétaires, dans la colonne des allivremens, une autre distribution des sommes ; mais elle arrive toujours au même total.

La répartition, qui s'est faite la première année d'après les allivremens primitifs, se fait de même la seconde année, dans la colonne suivante, sur les allivremens changés ou ajoutés.

La troisième année, mêmes opérations ; radiation des articles objets de changemens, insertion des articles changés ou nouveaux, et répartition, dans la colonne suivante, d'après les articles tels qu'ils se trouvent.

Il en est de même chacune des années suivantes.

Expédition annuelle du Rôle.

874. A l'aide de cette matrice sommaire, l'expédition du rôle devient très-facile, puisque le rôle n'en est qu'une transcription régulière et authentique.

Renouvellement de la Matrice sommaire.

Circulaire du 25 mai 1807. IV — 178.

875. La matrice sommaire est disposée de manière à servir pour dix années, pendant chacune desquelles il y aurait eu des mutations; ce terme expiré et les colonnes destinées à la répartition étant toutes remplies, il faut recopier, d'après l'état des choses, et en rétablissant l'ordre alphabétique, une nouvelle matrice sommaire, qui sert encore pour dix autres années.

§. III.

LIVRE DE MUTATIONS.

Instruction du 5 mai 1807. IV — 179.

876. Il est tenu dans chaque direction, pour chaque commune cadastrée, un livre de mutations.

Modèle.

Matrice cadastrale.

Circulaire du 25 mai 1807. IV — 174.

877. La matrice cadastrale contient toutes les propriétés parcellaires, telles qu'elles existaient à l'instant de sa formation.

Elle se compose d'autant d'articles de matrice (808) qu'il y a de propriétaires, ces articles numérotés par une série de chiffres,

Et d'autant d'articles de classement (687) qu'il y a de parcelles ou de portions de parcelle, quand celles-ci sont divisées en plusieurs classes.

Distinction des Articles de Matrice et des Articles de Classement.

878. Il faut donc distinguer l'article de matrice d'avec l'article de classement.

Le premier est l'article que chaque propriétaire occupe dans la matrice (808);

Le

Le second, l'article que chaque parcelle ou portion de parcelle forme dans l'article de chaque propriétaire (687).

Volumes subséquens de la Matrice.

879. Le livre de mutations n'est qu'une continuation, un volume subséquent de la matrice cadastrale; il se forme de feuilles absolument semblables. Circulaire du 15 mai 1807. IV — 174.

Radiations et Transcriptions.

880. L'opération consiste, en général, d'une part, à rayer sur la matrice l'article entier de tout propriétaire qui vend ou acquiert, qui perd ou gagne un ou plusieurs articles de classement, et, d'autre part, à lui ouvrir un nouvel article de matrice (878), augmenté des articles de classement (687) qu'il a acquis, ou diminué des articles de classement qu'il a perdus. *Ibid.*

Nombre des Radiations et Inscriptions.

881. Le nombre des articles de matrice rayés et inscrits doit être égal à celui des inscriptions et des radiations de la matrice sommaire (869 à 872).

Rédaction du Livre de Mutations.

882. Aussitôt que les rôles de l'année sont achevés, le directeur, ayant sous les yeux la matrice sommaire et le livre-journal, transcrit le nouvel article du premier propriétaire compris dans le livre-journal; il fait cette transcription sur la première page du livre de mutations ou second volume de la matrice cadastrale, sous le numéro qui suit immédiatement le dernier numéro de la matrice, sous le n.° 301, par exemple, si la matrice finit à 300. Le

directeur transcrit les articles de classement que ce propriétaire avait dans la matrice primitive, moins ceux qu'il a vendus, et plus ceux qu'il a acquis.

Il raye ensuite, par deux barres croisées, l'ancien article de matrice de ce propriétaire.

Suite de la Rédaction.

883. Il passe ensuite au second propriétaire porté sur le livre-journal, et transcrit sous le numéro suivant, qu'on suppose être 302, l'article de matrice de ce propriétaire, consistant dans ses anciens articles de classement, moins ceux qu'il a perdus, et plus ceux qu'il a gagnés.

Concordance du total des anciens et nouveaux articles.

884. Le nouvel allivrement total de chacun de ces deux propriétaires doit nécessairement cadrer avec celui qu'il a dans la matrice sommaire, et par suite dans le rôle cadastral.

Colonnes de Renvois pour les Mutations.

885. Deux colonnes sont réservées à la fin de chaque page tant du premier volume de la matrice, que des volumes subséquens ; elles sont destinées aux renvois pour les mutations.

Usage de la première des Colonnes de Renvois.

886. La première de ces colonnes sert à indiquer, à chaque nouvel article de matrice, les numéros des anciens articles de matrice dont sont tirés les articles de classement qui le composent.

Par exemple, un propriétaire est porté à la matrice primitive à l'article 52, pour douze parcelles ; il a acquis une parcelle d'un propriétaire porté à l'article 88, et une autre parcelle d'un propriétaire porté à l'article 104 ;

Il est clair que ses douze premières parcelles sont tirées de l'article 52, la treizième de l'article 88, et la quatorzième de l'article 104.

Le directeur doit donc porter les numéros 52, 88 et 104 à la ligne de ces parcelles, dans l'avant-dernière colonne.

Usage de la dernière des Colonnes de Renvois.

887. La dernière de ces colonnes sert à indiquer à chaque ancien article de matrice rayé, les numéros des nouveaux articles de matrice où ils sont passés.

D'après l'exemple ci-dessus (886), les douze parcelles de l'article 52 sont passées au nouvel article du même propriétaire, qu'on suppose être l'article 301.

Le directeur doit donc porter ce numéro 301 à l'ancienne ligne de chacune de ces parcelles dans la dernière colonne.

Transcriptions par ordre de Sections.

888. Dans les nouveaux articles de matrice ouverts aux propriétaires, les parcelles doivent toujours être transcrites par ordre de sections.

Instruction du 5 mai 1807. IV — 13.

Acquéreur non encore Propriétaire.

889. Si des biens sont acquis par quelqu'un qui n'était pas déjà propriétaire dans la commune, il lui sera ouvert un article dans le second volume de la matrice.

Vendeur à deux Acquéreurs.

890. Si un propriétaire vendait une partie de ses biens à un particulier et le restant de ces mêmes biens

à un autre, son article serait rayé, et deux articles nouveaux seraient ouverts aux deux acquéreurs.

De même, si un père laissait en mourant plusieurs héritiers, son article serait rayé, et il serait ouvert autant d'articles nouveaux qu'il y aurait d'héritiers.

Acquéreur de deux Vendeurs.

891. Si, au contraire, un particulier acquérait la totalité des biens de deux propriétaires, les deux articles de ceux-ci seraient rayés, et un seul article ouvert au nouveau propriétaire.

Radiation sur le Livre de Mutations.

Instruction du 5 mai 1807. IV — 181.

892. Lorsqu'un propriétaire qui, par l'effet des mutations d'une année, a déjà été porté dans le second volume de la matrice, vend ou acquiert des biens l'année suivante, il lui est ouvert dans le second volume un nouvel article, et celui qu'il avait déjà dans ce même volume est rayé; il en est de même d'année en année.

Série des Volumes subséquens de la Matrice.

Ibid.

893. Lorsque le second volume est suffisamment rempli, il en est formé un troisième, ensuite un quatrième, &c.; chaque volume ne peut avoir plus de quatre cents pages, et est relié aux frais du directeur.

Acquéreur de la totalité des Biens d'un Vendeur.

Circulaire du 24 mai 1810. V — 338.

894. Lorsqu'un propriétaire non encore compris dans la matrice acquiert la totalité des biens d'un autre propriétaire, le directeur substitue le nouveau nom à l'ancien, qu'il raye légèrement; et, sans retranscrire l'article

dans le volume subséquent, il y porte seulement, sous un nouveau numéro, *un tel au lieu d'un tel*, indiquant dans l'avant-dernière colonne le numéro de cet article ancien.

Table alphabétique.

895. Le directeur fait ensuite à la table alphabétique des propriétaires (822) les changemens nécessaires, rayant les anciens numéros des propriétaires dont les articles ont changé et reportant les nouveaux numéros.

Double Expédition des Volumes subséquens de la Matrice.

896. La matrice de rôle étant faite en deux expéditions, dont l'une reste à la direction et l'autre est envoyée à la commune, chaque volume subséquent doit aussi être fait double, l'un pour la direction, l'autre pour la commune.

En conséquence, le directeur fait, la première année, sur des feuilles de matrice cadastrale, la seconde expédition du commencement du second volume, semblable à la première expédition; il l'envoie au contrôleur avec la note des radiations et additions à faire à la table alphabétique (822).

Radiation sur la Matrice de la Commune.

897. Le contrôleur se fait représenter la matrice déposée à la commune, et y raye tous les articles qui ont été retranscrits; il dépose à la mairie les feuilles qu'il a reçues du directeur, il fait ensuite sur la liste alphabétique les changemens indiqués par la note du directeur (896).

Même Envoi les années suivantes.

898. L'année d'après, le directeur, prenant de nouvelles feuilles de matrice, fait de même la double expédition des articles retranscrits cette année, et l'envoie au contrôleur toujours avec la note des changemens à faire à la table alphabétique.

Mêmes Radiations les années suivantes.

899. Le contrôleur biffe de même sur la matrice ou le livre de mutations de la commune, les articles à rayer, laisse de même à la mairie les nouvelles feuilles, et met également la table alphabétique au courant.

Série des Volumes subséquens de la Matrice dans la Commune.

900. C'est la réunion de ces feuilles qui, parvenues à un certain nombre, forment le second volume de matrice, et ensuite le troisième, le quatrième, &c.

En conséquence, lorsque le directeur fait relier pour lui un de ces volumes, il fait revenir de la mairie les feuilles correspondantes qui y ont été successivement déposées, et les fait relier en un volume qu'il renvoie à la commune.

Lorsqu'il est dans le cas de renouveler pour lui la table alphabétique (825), il en envoie aussi une nouvelle à la commune.

TITRE XI.

CHANGEMENS DANS LA CONSISTANCE DES TERRAINS IMPOSABLES.

Changemens dans les Limites de deux Communes cadastrées.

901. QUOIQUE les limites des communes cadastrées paraissent fixées définitivement, si cependant il arrivait qu'elles éprouvassent des changemens, le terrain qui passerait d'une commune dans l'autre, emporterait avec lui son contingent.

Ce transport s'opère au moyen des livres de mutations.

EXEMPLE:

902. Une parcelle de la commune *A* passe dans la commune *B*, par le changement de la limite.

On raye dans le volume de matrice de la commune *A*, où se trouve le propriétaire de cette parcelle, tout l'article de ce propriétaire; et on le recopie dans le volume courant de la même commune, moins la parcelle transportée.

Si ce propriétaire a, dans la commune *B*, un article de matrice, on le raye, et on le retranscrit dans le volume courant, y ajoutant la parcelle transportée.

Si le propriétaire n'a pas encore d'article de matrice dans la commune *B*, on lui ouvre dans le volume courant de cette commune, un article qui se compose de cette parcelle, objet du transport.

Il faut avoir soin d'annoter sur la matrice de la

commune, que la parcelle est passée à l'article *tant* de la matrice de la commune *B*.

Et sur celle-ci, que cette parcelle est tirée de l'article *tant* de la matrice de la commune *A*.

Réunion de deux Communes cadastrées.

903. Si deux communes cadastrées étaient réunies en une, chacune d'elles conserverait son allivrement, et le rôle s'expédierait en deux parties.

Corrosions ou Enlèvemens de Terrains.

904. Lorsqu'un terrain ou une portion de terrain disparaît totalement, soit par le changement de lit d'un fleuve ou d'un torrent, soit par l'envahissement de la mer, soit par toute autre cause, il est juste de retrancher son allivrement de la matrice cadastrale.

Terrains retirés de la Matière imposable.

905. Lorsque, sans disparaître, un terrain ou une portion de terrain cesse d'être imposable, soit par sa réunion au domaine de la couronne (402), soit parce qu'il est compris dans une grande route, une rue, une place publique (399), ou qu'il est consacré à un bâtiment déclaré non imposable (403), soit enfin par toute autre cause, il est également juste de retrancher son allivrement de la matrice cadastrale.

Formalités à remplir par le Propriétaire.

906. Le propriétaire d'un terrain qui se trouve dans l'un ou l'autre de ces deux cas, doit faire sa déclaration au maire de la commune où le bien est situé, et demander un extrait de la matrice de rôle, comme s'il s'agissait d'une mutation

mutation (846). Cet extrait doit indiquer les parcelles ou portions de parcelle perdues pour le propriétaire (848).

Il adressera cet extrait au préfet, avec une pétition tendant à demander que ces parcelles ou portions de parcelle cessent d'être comprises dans la matrice cadastrale.

Instruction des Pétitions.

907. Le préfet renvoie cette pétition au directeur, qui la fait passer au contrôleur; celui-ci se rend sur les lieux, constate les faits, et rédige son rapport qu'il adresse au directeur.

Le directeur fait son rapport sur celui du contrôleur, et le remet au préfet.

Décision du Préfet.

908. Le préfet, sur l'avis du conseil de préfecture, prononce l'admission ou le rejet de la pétition.

S'il y a lieu à l'admission, il prend un arrêté par lequel il ordonne que le terrain de   appartenant à   situé dans telle commune, telle section, tel canton, et se composant de telles parcelles ou portions de parcelle dont il rapporte les numéros, sera retranché de la matrice cadastrale ou des volumes subséquens, et que l'allivrement de la commune sera diminué de la somme de. . . .

Retranchement de l'Allivrement.

909. Le directeur opère ce retranchement, en rayant l'article du propriétaire sur la matrice de rôle ou le volume subséquent, et en transcrivant ensuite, dans l'ordre prescrit pour les mutations (880), cet article, moins les parcelles que le préfet a déclarées n'être plus imposables.

Si le propriétaire perd toutes ses parcelles, son article de matrice est rayé, sans être retranscrit.

Cette même opération se fait sur la matrice sommaire.

Résultat de cette Opération.

910. Ce retranchement et cette diminution d'allivrement n'ont aucune influence sur le sort des autres propriétaires : si la portion réglée pour l'année est du huitième ou du neuvième, chaque propriétaire paye toujours le huitième ou le neuvième de son allivrement.

Alluvions.

911. Lorsque, par le changement de lit d'un fleuve, rivière ou torrent, par le retirement de la mer ou par toute autre cause, un terrain, qui n'existait pas pour l'imposition, se trouve susceptible d'être imposé, il est juste d'ajouter son allivrement à la matrice cadastrale.

Terrains devenus imposables.

912. Lorsqu'un terrain qui n'était pas imposable, le devient, soit par la cession ou l'échange qu'en ferait le domaine de la couronne, soit parce qu'une nouvelle direction donnée à une route rendrait à la culture le terrain qu'elle occupait précédemment, soit par la destruction d'un bâtiment qui était déclaré non imposable (403), soit enfin par toute autre cause, son allivrement doit être également ajouté à la matrice cadastrale.

Formalités à remplir.

913. Toutes les fois que ses opérations le conduisent dans une commune, et notamment lorsqu'il s'y rend pour vérifier une demande en retranchement du contingent

(907), le contrôleur s'informe près du maire, ou constate par lui-même si, par une des causes ci-dessus (911, 912), il se trouve quelque terrain devenu imposable.

Mesurage des Terrains devenus imposables.

914. S'il s'agit d'un terrain qui existait, mais qui n'était pas imposable, le contrôleur vérifie si le plan en indique la contenance ; dans ce cas, il énonce l'un et l'autre dans son procès-verbal.

S'il ne peut constater de cette manière la contenance du terrain, il en rend compte au directeur, qui propose au préfet de charger un arpenteur de mesurer le terrain et d'en faire un plan, dont il fournit deux copies qu'il remet au contrôleur.

Si ce plan contient plusieurs parcelles, elles sont numérotées.

Classement et Évaluation.

915. Sur la proposition du directeur, le préfet nomme un expert, qui se rend dans la commune avec le contrôleur, constate la nature du terrain et de sa culture, et détermine la classe dans laquelle il est susceptible d'être placé, par comparaison avec les autres biens de même nature.

Communication du Classement au Propriétaire.

916. Le classement est aussitôt communiqué au propriétaire, pour recevoir son adhésion ou ses réclamations ; dans ce dernier cas, si l'expert et le propriétaire ne tombent pas d'accord, on suit la même marche que pour les réclamations sur le classement (712), et le préfet statue.

État de Classement.

917. Le contrôleur rédige alors l'état de classement de ce terrain, dont il remplit toutes les colonnes, excepté celle de l'évaluation (632).

Procès-verbal.

918. Il dresse ensuite un procès-verbal de l'opération de l'expert, et tous deux y apposent leur signature.

Application du Tarif au Classement.

919. Le contrôleur envoie ce procès-verbal, avec les deux copies du plan, au directeur, qui fait l'application du tarif de la commune au classement du terrain devenu imposable, et remplit sur l'état de classement la colonne des évaluations.

Rapport du Directeur.

920. Le directeur rédige sur tout le travail un rapport qu'il remet au préfet.

Décision du Préfet.

921. Le préfet examine le travail; et s'il l'approuve, il prend un arrêté, par lequel il admet le classement et fixe les évaluations.

Copies du nouveau Plan.

922. Une des copies du plan du terrain nouvellement imposable est annexée à l'atlas déposé à la commune, l'autre à celui qui reste à la direction.

Insertion de l'Allivrement dans la Matrice.

923. Le directeur raye alors le dernier article que le propriétaire avait dans la matrice ou dans un volume

subséquent, et transcrit, dans l'ordre observé pour les mutations (880), l'article de ce propriétaire, plus les nouvelles parcelles qu'il a acquises.

Si le propriétaire de ce terrain nouvellement imposable n'était pas précédemment compris dans la matrice, un article est ouvert sous son nom.

Résultat de cette Opération.

924. Cette augmentation d'allivrement n'a aucune influence sur le sort des autres propriétaires : si la proportion réglée pour l'année est du huitième ou du neuvième, chaque propriétaire paye toujours le huitième ou le neuvième de son allivrement.

Registre des Changemens dans les Allivremens.

925. Le directeur tient un registre de tous les changemens qui arrivent dans les allivremens ; ce registre doit contenir à-peu-près les mêmes détails que la matrice de rôle.

Forme du Registre.

926. La page *verso* est destinée à inscrire les articles de classement ajoutés à l'allivrement, et la page *recto* ceux qui en sont retranchés.

En tête de chaque page est porté le montant total de l'allivrement des cantons complètement cadastrés, et quand toute l'opération sera finie, de l'allivrement du département.

Rédaction du Registre.

927. Lorsqu'il arrive une augmentation dans l'allivrement, le directeur porte dans la page *verso* l'indication de l'année, et au-dessous celle de l'arrondissement, du

canton et de la commune ; il transcrit ensuite les nouveaux articles de classement, et leur évaluation totale, dans la dernière colonne.

Lorsqu'il arrive une diminution d'allivrement, il opère de même sur la page *recto*.

Clôture annuelle du Registre.

928. Au mois de janvier de chaque année, il arrête les deux pages de ce registre, en faisant dans la première l'addition de l'ancien et des nouveaux allivremens, et dans la seconde, la soustraction des allivremens perdus sur l'ancien allivrement.

Copie du Registre envoyée au Ministre.

929. Il remet le relevé des résultats de ce registre au préfet, qui l'envoie au Ministre des finances.

Changemens annuels dans les Allivremens.

930. Ces mêmes opérations se répètent sur le registre chaque année, lorsqu'il arrive des changemens dans l'allivrement, et le préfet en envoie de même au Ministre les résultats qui rappellent le total de l'allivrement de l'année précédente, et présentent les changemens arrivés depuis.

Allivrement général.

931. Par la réunion de ces états, le Ministre est à même de mettre, chaque année, sous les yeux de l'Empereur, le total de l'allivrement de l'Empire français, et la balance des augmentations et des diminutions que cet allivrement a éprouvées.

TITRE XII.

DÉPENSE ET COMPTABILITÉ.

CHAPITRE I.er

FIXATION ET ÉPOQUES DES DÉPENSES.

§. I.er

GÉOMÈTRES.

932. La rétribution des géomètres de première classe est réglée par le Ministre, sur la proposition du préfet, suivant le plus ou le moins de difficultés que présente le territoire de chaque canton (54). Le taux commun est un franc par arpent, et 25 centimes par parcelle. Instruction du 1.er déc. 1807. IV — 268.

Cette rétribution est, pour les villes et faubourgs, la même que pour les communes rurales.

Parcelles au-dessus de vingt-cinq arpens.

933. Toute parcelle ou numéro du plan parcellaire qui contient plus de vingt-cinq arpens métriques, n'est pas payée au géomètre au-delà de 30 centimes par arpent, le prix par parcelle demeurant au surplus le même. *Ibid.* IV — 269.

Communes déjà levées par Masses de cultures.

934. Pour les communes dont le plan a été précédemment levé par masses de cultures, le géomètre ne reçoit que les trois quarts du prix par arpent (932), le paiement par parcelle restant le même. *Ibid.*

Parcelles au-dessus de vingt-cinq arpens dans les Communes arpentées par masses.

935. Dans les mêmes communes déjà arpentées par masses de culture, il n'est rien payé par arpent pour toute parcelle excédant vingt-cinq arpens métriques, et formant un polygone ou numéro de l'ancien plan.

Lorsque la parcelle excédant vingt-cinq arpens ne forme pas un numéro intégral de l'ancien plan, le géomètre reçoit le prix de 30 centimes par arpent (933).

Grandes Parcelles stériles.

936. Les grandes parcelles absolument stériles (152, 153, 155, 156) et qu'il est inutile de lever, ne sont payées ni par arpent ni par parcelle.

Superficies non imposables.

Circulaire du 10 oct. 1810.

937. Les chemins, rues, rivières, ruisseaux, et autres objets non imposables par leur nature (151), ne donnent ouverture qu'au paiement par arpent; le paiement par parcelle n'a pas lieu, attendu qu'il n'y a point à s'occuper, pour ces superficies, de la reconnaissance des propriétaires, et qu'elles exigent dès-lors moins de travail.

Le prix par arpent doit même être réduit à 30 centimes, pour les rivières et les grands chemins qui traversent une ou plusieurs sections, lorsque chaque rivière ou chemin présente une contenance totale de plus de vingt-cinq arpens.

Ces dispositions sont également applicables aux rivières, ruisseaux, ravins ou chemins servant de limites à deux départemens ou deux communes (159), lorsque la portion de de rivière, ruisseau, ravin ou chemin, contient plus de vingt-cinq arpens.

Propriétés indivises.

938. Les états que le géomètre est chargé de rédiger des copropriétaires de biens indivis (188 à 191), et de joindre au tableau indicatif, lui sont payés à raison de 5 centimes par copropriétaire.

Indicateurs.

939. Il est accordé, en outre, au géomètre, pour rétribuer les indicateurs qu'il emploie, une indemnité réglée par le préfet, sur la proposition du directeur : cette indemnité ne peut excéder 2 centimes par parcelle, et pour les objets seulement où l'indemnité par parcelle est acquise.

Circulaire du 24 mai 1810. V — 316.

A-compte par mois.

940. Les géomètres de première classe reçoivent tous les mois, sur la proposition de l'ingénieur vérificateur et le rapport du directeur, un à-compte qui ne peut excéder 100 à 150 francs pour un géomètre chargé d'une commune moyenne de douze cents arpens et trois mille parcelles.

Instruction du 1.er déc. 1807. IV — 270.

Augmentation sur l'A-compte par mois.

941. Le préfet, sur les mêmes proposition et rapport, peut excéder le taux de 100 francs ci-dessus pour les géomètres chargés soit d'une commune plus étendue, soit de plus d'une commune.

Trois premiers quarts de l'Indemnité.

Instruction du 1.er déc. 1807. IV — 270.

942. Lorsqu'un géomètre a remis la minute du parcellaire, le tableau indicatif et les autres pièces à l'ingénieur vérificateur, il reçoit, toujours sur les mêmes proposition et rapport (939), la somme qui, avec les à-comptes déjà reçus tous les mois, forme les trois quarts de l'indemnité totale qui lui revient pour tout le travail.

Dernier quart ou solde de l'Indemnité.

Circulaire du 24 mai 1810. V — 319.

943. Le dernier quart, ou le solde du prix total du travail de la commune, déduction faite des sommes avancées, est payé au géomètre lorsque, l'expertise ayant été achevée et communiquée aux propriétaires, toutes les rectifications ont été faites sur les minutes des plans, tableaux indicatifs et listes alphabétiques (de 722 à 732).

Indicateurs et Collaborateurs.

944. L'ingénieur vérificateur devant surveiller la conduite des géomètres, ne propose le paiement qu'après s'être assuré qu'ils sont eux-mêmes au courant avec leurs collaborateurs, et qu'ils ont soldé leurs indicateurs et porte-chaînes.

§. II.

INGÉNIEURS VÉRIFICATEURS.

Traitement fixe.

Instruction du 1.er déc. 1807. IV — 268.

945. Les ingénieurs vérificateurs ont un traitement fixe et annuel, payable par mois,

De 4,000 francs, pour les départemens dont la direction des contributions est de première classe;

De 3,500 francs, pour ceux dont la direction est de seconde classe;

Et de 3,000 francs, pour ceux dont la direction est de troisième classe.

Indemnité variable.

946. L'ingénieur vérificateur reçoit, en outre, une rétribution variable, réglée par arpent et par parcelle. Instruction du 1.er déc. 1808. IV — 268.

Base de l'Indemnité variable.

947. Les bases de cette rétribution sont réglées comme il suit : Conférences du 7 nov. 1807. V — 69.

	Par arpent.	Par parcelle.
Vérification	6c	00c
Calculs des contenances	12.	4.
Deux copies de l'atlas	7.	3.
Deux tableaux d'assemblage	5.	00.
TOTAL	30c	7c

Taux de l'Indemnité variable.

948. La rétribution variable est réglée par le préfet, sur la proposition du directeur, sans pouvoir excéder 30 centimes par arpent et 7 centimes par parcelle. Instruction du 1.er déc. 1807. IV — 269.

Villes et Bourgs.

949. Cette rétribution est, pour les villes et bourgs, la même que pour les communes rurales.

Communes déjà arpentées par Masses de culture.

950. Le prix de 5 centimes par arpent, alloué pour les tableaux d'assemblage à l'ingénieur vérificateur, ne lui est point payé pour les plans des communes arpentées Ibid.

par masses de culture, et dont les copies ont été dessinées à Paris (305).

Ordre des Paiemens.

Circulaire du 24 mai 1810. V — 319.

951. La rétribution variable de l'ingénieur vérificateur lui est payée dans les proportions suivantes et pour chaque commune.

Premier Quart.

Circulaire du 24 mai 1810. V — 319.

952. Le premier quart, lorsqu'il a représenté au directeur le procès-verbal de délimitation de la commune (83), tel que le géomètre le rédige d'abord avant sa clôture (92), le canevas et le registre des opérations trigonométriques (127).

Second Quart.

Instruction du 1.er déc. 1807. IV — 269.

953. Le second quart, lorsque l'ingénieur vérificateur a justifié au directeur que le géomètre lui a remis le parcellaire pour être calculé, et le tableau indicatif, et que, de son côté, l'ingénieur vérificateur a remis au directeur le procès-verbal de vérification (257).

Troisième Quart.

Ibid.

954. Le troisième quart, lorsque l'ingénieur vérificateur a remis à la direction l'atlas portatif du plan de la commune (304) et le tableau indicatif (287).

Dernier Quart ou Solde.

Circulaire du 24 mai 1810. V — 319.

955. Enfin le dernier quart ou solde, après que, l'expertise achevée et communiquée aux propriétaires, toutes les réclamations jugées et toutes les rectifications opérées tant sur le plan que sur le tableau indicatif, l'atlas relié

et toutes les autres pièces ont été remises à la direction (306).

Base des trois premiers Quarts.

956. La quotité de la somme à payer pour les trois premiers quarts des géomètres et pour les deux premiers quarts de l'ingénieur vérificateur, est réglée d'après le nombre présumé des arpens et des parcelles des communes, tel qu'il a été porté dans le budget (55).

Néanmoins, lorsque le nombre réel de ces arpens et de ces parcelles est connu, il sert à régler la quotité de ces à-comptes, la réalité devant alors l'emporter sur la présomption.

§. III.

EXPERTS.

Indemnité par Journée.

957. L'indemnité des experts se paye à raison du nombre de journées employées à l'expertise. Le préfet, sur un rapport du directeur, règle le taux du prix par jour. Circulaire du 24 mai 1810, V — 329.

Mode de constater le nombre des Journées.

958. Le nombre de journées que l'expert a employées dans la commune est constaté par un état que rédige le contrôleur, énonçant le jour de l'arrivée de l'expert, les jours de travaux, celui du départ. Cet état, signé par l'expert et le contrôleur, est certifié exact par le maire de la commune.

Trois premiers Quarts.

959. Les experts reçoivent les trois quarts de leur Ibid.

indemnité aussitôt que le préfet a prononcé l'admission provisoire de l'expertise (681).

Indemnité pour la Révision des Expertises.

960. Lorsque l'expert est appelé à la révision des expertises du canton (763), il lui est alloué, pour y assister, une indemnité, à raison du nombre de journées qu'il y a employées.

Dernier Quart ou Solde.

Circulaire du 24 mai 1810. V — 329.

961. Le dernier quart, ou le solde de la totalité des journées de travail de l'expert, employées, soit dans la commune, soit à l'assemblée de révision, lui est payé aussitôt après la tenue de l'assemblée cantonale.

§. IV.

INDICATEURS.

Indemnité des Indicateurs.

Ibid.

962. Si l'expert a été obligé de prendre un indicateur (493), celui-ci est payé par journée de travail, au taux réglé par le préfet, sur le rapport du directeur.

Époque de Paiement.

963. Ce paiement a lieu aussitôt que l'expertise est terminée sur le terrain.

Mode de constater le nombre de Journées d'Indicateur.

964. Le nombre des journées de l'indicateur est constaté au moyen d'un état rédigé par le contrôleur, signé par lui, par l'expert, l'indicateur, s'il sait écrire, et le maire de la commune.

§. V.

CONTRÔLEURS.

Fixation de l'indemnité.

965. L'indemnité des contrôleurs est fixée à 20 francs par commune, 4 centimes par arpent, et 2 centimes par parcelle.

Circulaire du 24 mai 1810. V — 330.

Calcul du nombre des Arpens.

966. Dans le calcul du nombre des arpens, le contrôleur ne doit comprendre que ceux des propriétés dont l'expert fait le classement et l'évaluation; il doit donc, sur le total des arpens de la commune, déduire ceux des biens non imposables (399, 400, 401, 402), et qui n'entrent pas dans la matrice du rôle.

Circulaire du 10 oct. 1810.

Calcul du nombre des Parcelles.

967. Dans le calcul des parcelles, le contrôleur doit porter d'abord toutes celles comprises dans le premier cahier des propriétés non bâties et superficie des bâtimens, et ensuite toutes celles comprises dans le second cahier des propriétés bâties.

Circulaire du 12 août 1809. V — 225.

Il doit donc énoncer le nombre des parcelles tel qu'il est établi par le géomètre, et y ajouter le nombre des parcelles de l'état de classement des propriétés bâties (634, 831).

Première Moitié de l'Indemnité.

968. Le contrôleur reçoit la moitié de son indemnité aussitôt après l'admission provisoire de l'expertise par le préfet (681).

Circulaire du 24 mai 1810. V — 330.

Seconde Moitié ou Solde.

Circulaire du 24 mai 1810. V — 330.

969. La seconde moitié de l'indemnité du contrôleur lui est payée après l'admission définitive de l'expertise (788).

Indemnité non due pour les Rectifications.

Circulaire du 20 avril 1809. V — 186.

970. L'expert et le contrôleur ne peuvent prétendre à aucune indemnité pour toutes les rectifications qu'ils sont obligés de faire.

§. VI.

INSPECTEURS.

Fixation de l'Indemnité.

Circulaire du 24 mai 1810. V — 330.

971. L'indemnité des inspecteurs est reglée à raison de 100 francs par canton et 20 francs par commune.

Époques de Paiement.

Ibid.

972. Cette indemnité est également payable, moitié dès que l'inspecteur a terminé les travaux préparatoires de tout le canton (466 à 480), et le solde aussitôt que la nouvelle répartition cantonale a été arrêtée par le préfet (794).

§. VII.

DIRECTEURS.

Circulaire du 1.er oct. 1807. IV — 250.

973. L'indemnité du directeur se divise en deux portions, l'une fixe et l'autre variable.

Portion fixe de l'Indemnité ou Frais du Bureau spécial.

Ibid. IV — 249.

974. La portion fixe a pour objet de payer les dépenses fixes du bureau spécial établi à la direction (662); elle est payable chaque mois par douzième.

La

La somme allouée à chaque direction est réglée par le Ministre.

Portion invariable de l'Indemnité.

975. La portion variable de l'indemnité du directeur est fixée à 12 centimes par parcelle. — Circulaire du 24 mai 1810. V—332.

Calcul du nombre des Parcelles.

976. Le nombre de parcelles d'après lequel se règle l'indemnité variable du directeur, est le même que celui qui sert de base à l'indemnité du contrôleur (967).

Époques des Paiemens.

977. Cette indemnité variable est payée, moitié à l'époque de l'admission provisoire de chaque expertise (681), et l'autre moitié aussitôt que la nouvelle répartition cantonale a été arrêtée par le préfet (794). — Ibid.

Indemnité pour les Livres de mutations.

978. Il est alloué, en outre, aux directeurs, pour tous frais de fourniture de papier, d'impression et d'expédition relatifs à la tenue des livres de mutations, un centime par ligne retranscrite dans le volume de matrice subséquent (880). — Ibid. V—338.

Calcul du nombre d'Articles retranscrits.

979. Chaque année, lorsque le directeur a rédigé, pour les communes cadastrées, les volumes subséquens de matrice, il calcule le nombre d'articles ou de lignes recopiés, et il en présente l'état, par lui certifié, au préfet, qui l'arrête, et qui, doublant ensuite ce nombre à raison — Ibid.

de la seconde expédition (895), délivre, sous le nom du directeur, un mandat du montant de la somme qui lui revient, et en rend compte au Ministre.

§. VIII.

IMPRESSIONS.

Impressions à la charge des fonds du Cadastre.

Circulaire du janv. 1808. IV—290.

980. Les impressions dont la dépense est payée sur les fonds du cadastre, sont les feuilles destinées à la rédaction des pièces suivantes :

1.° Les listes alphabétiques des propriétaires, rédigées par les géomètres (164) ;

2.° Les douze pièces de l'expertise (1078), moins le tableau indicatif n.° 4, et l'état de classement n.° 6 ; qui sont à la charge du directeur ;

3.° Les extraits pour chaque bail, de l'état de classement (639) ;

4.° L'avis aux propriétaires, du dépôt de la matrice de rôle (697) ;

5.° Les tableaux des résultats de tous les tarifs définitifs des cantons (768) ;

6.° Les feuilles destinées à recevoir les extraits de matrice cadastrale pour les mutations (854) ;

7.° La récapitulation générale définitive (1081).

Impressions à la charge des Ingénieurs vérificateurs.

Lettre du 7 juillet 1808. V—266.

981. Les impressions à la charge des ingénieurs vérificateurs, sont celles des feuilles de registres trigonométriques (125), et des feuilles de premiers et seconds cahiers de calculs (270, 274).

La reliure des atlas est également à leurs frais (302).

Impressions à la charge des Directeurs.

982. Les impressions à la charge des directeurs sont les suivantes :

Affiches pour prévenir de l'arpentage (101),
Autres pour prévenir de l'expertise (492),
Tableau indicatif (198),
Bulletins séparés (684),
Bulletins en cahiers ou minutes-matrices (692),
États de classement (804, 831),
Matrices de rôles (806, 832),
Table alphabétique des matrices (822, 834),
Livres-journaux de mutations (862),
Livres de mutations (876).

La reliure des pièces de l'expertise, et les cartons destinés à serrer les pièces qui ne sont pas susceptibles d'être reliées, sont également aux frais des directeurs.

Impressions comprises dans l'Abonnement des Préfets.

983. Les matrices sommaires, qui ne se renouvellent que tous les dix ans, remplacent les anciennes matrices, dont la dépense est comprise dans l'abonnement des préfets.

CHAPITRE II.

PAIEMENS.

984. Tout paiement de dépense relative au cadastre s'effectue par le préposé du payeur général des dépenses diverses, sur un mandat que le préfet expédie d'après un rapport écrit du directeur.

Il est quittancé par la partie prenante.

§. I.er

GÉOMÈTRES.

A-compte par mois.

Instruction du payeur général du 10 juillet 1808. V — 112.

985. Pour l'à-compte payé tous les mois au géomètre (939), le mandat énonce la commune dont ce géomètre lève le plan, d'après le budget.

Trois premiers Quarts.

Ibid. V — 114.

986. Pour l'à-compte des trois quarts (942), le mandat est accompagné d'un certificat, indiquant,

1.° Le taux auquel le préfet a fixé le prix par arpent et par parcelle (932),

2.° La commune et l'indication si elle a été ou non arpentée par masses de culture (934).

3.° Le nombre présumé (52) ou réel, quand il est connu, des arpens et des parcelles.

Ibid. V — 115.

Ce mandat doit indiquer au dos, par numéros et dates, les mandats délivrés antérieurement pour les à-comptes de chaque mois (985), et dont le montant doit être déduit sur l'à-compte des trois quarts.

Dernier Quart ou Solde.

Instruction du payeur général du 10 juillet 1808. V — 116.

987. A l'appui du mandat pour solde, il doit être produit un état du nombre réel des arpens et des parcelles, indiquant si la commune a ou n'a pas été déjà arpentée par masses de culture (934), et la distinction des parcelles qui ont plus de vingt-cinq arpens (935), des grandes parcelles stériles (936) et des chemins, rues, rivières, ruisseaux, &c. (151, 937).

Cet état doit spécifier en outre,

1.° Le montant total de la rétribution du géomètre, d'après le taux fixé par le préfet (932),

2.° La déduction de la somme déjà payée par l'à-compte des trois quarts (986),

3.° Le restant à payer pour solde.

L'état énonce de plus, que le travail du géomètre est terminé, et que les rectifications ont été faites (943).

Expédition et Quittances des Mandats.

988. Les mandats pour le géomètre de première classe sont expédiés à son nom et quittancés par lui.

Instruction du payeur général du 10 juillet 1808. V — 116.

Géomètre délimitateur.

989. Le préfet fait payer le géomètre délimitateur à mesure de ses travaux, et le fait solder lorsqu'il les a terminés. Le montant de ces paiemens se déduit ensuite sur ceux à faire, pour les trois quarts et le solde, aux géomètres chargés de l'arpentage des communes délimitées.

§. II.

INGÉNIEURS VÉRIFICATEURS.

Deux premiers Quarts.

990. Les mandats délivrés à l'ingénieur vérificateur, tant pour le premier quart (952) que pour le second quart (953) de sa rétribution variable, sont accompagnés d'un certificat ou état qui énonce,

Ibid. V — 10[illegible].

1.° Le prix par arpent et par parcelle, réglé par le préfet (948);

2.° Les communes pour lesquelles ce premier ou second quart est acquis;

3.° Le nombre présumé des arpens et des parcelles que contiennent ces communes (52).

Cet état atteste que les conditions exigées pour le paiement ont été remplies.

Troisième Quart.

Instruction du payeur général du 10 juillet 1808. V — 111.

991. Pour le troisième quart, le certificat présente le nombre réel des arpens et des parcelles.

Il indique que les conditions exigées pour ce troisième quart (954) ont été remplies.

Dernier Quart ou Solde.

Ibid.

992. Mêmes formalités pour le dernier quart ou solde (955). Même certificat du nombre réel des arpens et des parcelles ; ce nombre doit s'accorder parfaitement avec celui des arpens et parcelles dont le prix est payé aux géomètres de première classe.

Communes dont les Plans ont été dessinés à Paris.

Ibid.

993. Dans tous ces états, on doit distinguer les communes dont le plan par masses de culture a été dessiné à Paris, et pour lesquelles le prix, par arpent, est diminué de 5 centimes (950).

§. III.

EXPERTS.

Trois premiers Quarts.

Ibid. V — 16.

994. Les trois premiers quarts de l'indemnité de l'expert s'acquittent sur un mandat du préfet, délivré au nom de l'expert.

Ce mandat sera accompagné d'un état signé par le contrôleur, indiquant,

1.° Le nom de la commune expertisée,

2.° Le nombre des journées de travail employées à l'expertise,

3.° Le prix réglé par le préfet pour la journée de travail (957).

Dernier Quart ou Solde.

995. Le mandat pour le dernier quart ou solde de l'indemnité de l'expert, est accompagné d'un état semblable.

Instruction du payeur général du 10 juillet 1808.
V — 116.

Le nombre définitif des journées employées par l'expert à l'expertise et à la révision, doit y être spécifié, ainsi que le montant définitif de l'indemnité, l'à-compte déjà payé et la somme restant à payer pour solde.

§. IV.

INDICATEURS.

996. Le salaire de l'indicateur se paie sur un mandat du préfet, délivré au nom de l'indicateur.

L'état joint à ce mandat énonce,

1.° Le nom de la commune expertisée,

2.° Le nombre de journées d'indication,

3.° Le prix de la journée réglé par le préfet (962).

Cet état est signé par l'expert et le contrôleur.

Si, dans une grande commune, on emploie plusieurs indicateurs, le préfet peut délivrer pour eux tous un mandat au nom du maire.

§. V.

CONTRÔLEURS.

Première Moitié.

997. La première moitié de l'indemnité du contrôleur (968) s'acquitte sur un mandat du préfet.

Ibid.
V — 218.

A ce mandat est joint un état des communes expertisées, du nombre des arpens imposables de chacune (966), et du nombre de parcelles comprises, tant dans le premier que dans le second cahier du tableau indicatif (967).

Seconde Moitié ou Solde.

998. Le mandat pour la seconde moitié de l'indemnité du contrôleur, sera appuyé d'un semblable état.

§. VI.

INSPECTEURS.

999. Les mandats pour la première et la seconde moitié de l'indemnité de l'inspecteur (972), sont appuyés d'un état du ou des cantons expertisés et des communes qui les composent.

§. VII.

DIRECTEURS.

Portion fixe.

Instruction du payeur général du 10 juillet 1808. V — 117.

1000. Le préfet délivre, tous les mois, un mandat pour le paiement du douzième de la somme annuelle, allouée au directeur pour les frais du bureau spécial (974).

Portion variable.

Ibid.

1001. Chacune des deux moitiés de la portion variable de l'indemnité du directeur (975) est payée sur un mandat, accompagné de l'état des communes expertisées, et du nombre de parcelles que contient chacune d'elles.

Indemnité

Indemnité pour les Mutations.

1002. Pour l'indemnité relative aux livres de mutations (978), mandat du préfet, accompagné d'un état indiquant le nombre de lignes retranscrites sur les deux expéditions des volumes de matrice subséquens.

§. VIII.

IMPRESSIONS ET DÉPENSES DIVERSES.

Impressions.

1003. Les impressions à la charge des fonds du cadastre (980), s'acquittent sur un mandat du préfet, expédié au nom de l'imprimeur, accompagné d'un état des impressions.

Instruction du payeur général du 10 juillet 1808. V—119.

Dépenses diverses.

1004. Toute autre dépense que celles ci-dessus indiquées, ne peut être payée que sur l'autorisation spéciale du Ministre des finances.

Copie de cette autorisation, signée du préfet, est jointe au mandat de paiement.

Certificat et visa.

1005. Tous les états qu'il est prescrit, par les articles précédens, de joindre aux mandats, doivent être certifiés; ceux relatifs à l'arpentage, par l'ingénieur vérificateur et le directeur: les autres, par ce dernier seulement : tous doivent être visés par le préfet.

CHAPITRE III.

COMPTABILITÉ.

Centimes additionnels.

Instruction du payeur général du 10 juillet 1808. V — 118.

1006. La loi relative au budget de l'État détermine annuellement le nombre de centimes à imposer en sus du principal de la contribution foncière, pour l'acquit des dépenses du cadastre.

Fonds commun distribué entre les Départemens.

1007. Le produit total de ces centimes forme, pour tous les départemens, un fonds commun, sur lequel le Ministre des finances arrête, chaque mois, une distribution proportionnée aux besoins de chaque département, d'après les demandes portées sur les bordereaux envoyés par les directeurs des contributions (1019 à 1023).

Principe particulier à la Comptabilité du Cadastre.

Circulaire du 24 fév. 1810. V — 277.

1008. Le principe général de la comptabilité du trésor impérial, est que les dépenses d'une année s'acquittent avec les fonds de cette même année.

Mais ce principe ne peut s'appliquer au cadastre : il serait impossible, à la fin d'une année, d'en déterminer les dépenses, lorsque les unes sont payables en totalité, tandis que d'autres ne sont encore exigibles que pour un quart, une moitié ou les trois quarts.

Ainsi, les travaux du cadastre sont, de leur nature, indivisibles par exercices comptables, et on ne peut considérer les centimes additionnels qui y sont affectés d'année en année, que comme un fonds commun destiné à payer les dépenses à mesure qu'elles sont exigibles, sans examiner à quelle année elles appartiennent.

Exercice cadastral.

1009. Cependant, comme le Ministre des finances arrête tous les ans le budget des travaux qui s'exécutent ensuite en dix-huit mois ou deux ans, et quelquefois se prolongent jusqu'à la troisième année, il est facile, pour l'ordre intérieur de l'administration, d'isoler les comptes de cet exercice et de les arrêter, pour chaque département, à mesure que l'exercice y est terminé. Circulaire du 24 fév. 1810. V -- 277.

Différence de l'Exercice comptable et de l'Exercice cadastral.

1010. Il faut donc distinguer *l'exercice de la comptabilité du trésor impérial et du payeur,* d'avec *l'exercice de la confection du cadastre.* *Ibid.*

L'exercice comptable se rapporte à l'année à laquelle appartient le fonds provenant des centimes additionnels (1006) dont on fait emploi.

L'exercice cadastral se rapporte à l'année dans le budget (47) de laquelle est comprise la commune objet de la dépense.

A quelque *exercice cadastral* que se rapporte une dépense, le préfet, en la faisant acquitter, ne doit énoncer sur le mandat que l'*exercice comptable.*

Les *exercices cadastraux* ne sont donc qu'un objet d'ordre intérieur; leur but est, lorsque toutes les opérations relatives aux communes comprises dans le budget d'une année sont terminées, de mettre le préfet en état de rendre au Ministre des finances le compte de toutes les dépenses que ces opérations ont occasionnées (1028).

Ordonnances du Ministre.

1011. Le Ministre ayant, chaque année, à faire acquitter les dépenses de deux et souvent de trois *exercices cadastraux*, il n'expédie qu'une ordonnance sur l'*exercice comptable* dont le fonds est disponible : cette ordonnance et les lettres d'avis aux préfets portent le timbre de cet *exercice comptable.*

Affectation des Fonds à chaque Exercice cadastral.

1012. Mais, par une lettre particulière, le Ministre fait connaître à chaque préfet que, dans la somme totale qu'il met à sa disposition, il affecte tant pour tel *exercice cadastral* et tant pour tel autre.

Mandat du Préfet.

1013. Le préfet, dans la délivrance de ses mandats de paiement, observe exactement cette affectation à chaque *exercice cadastral;* mais il ne le mentionne point dans les mandats qui ne portent que le timbre de l'*exercice comptable* spécifié dans l'ordonnance.

Épuisement des Fonds mis successivement à la disposition du Préfet.

Circulaire du 24 fév. 1810. V — 279.

1014. Il est essentiel, pour la comptabilité du trésor impérial, qu'il ne reste point d'ordonnances en suspens. Le préfet doit donc avoir l'attention de régler la délivrance de ses mandats, de manière que chaque fonds mis à sa disposition se trouve épuisé avant d'entamer celui qui aurait été fait subséquemment.

Retard dans l'Emploi des Fonds.

1015. Si le retard d'une partie prenante, ou toute

autre cause, laissait sans emploi un reste quelconque de ce fonds, le préfet l'appliquerait à telle ou telle autre partie de dépense de la même année, sauf à faire acquitter l'objet de dépense resté en arrière sur le nouveau fonds qui serait mis par la suite à sa disposition, et il aurait l'attention d'informer le Ministre des dispositions qu'il aurait faites à cet égard.

Comptabilité administrative et intérieure du Cadastre.

1016. La comptabilité administrative et intérieure du cadastre est absolument distincte de celle du trésor impérial, et elle exige le plus grand ordre.

Nécessité de la distinction des Exercices cadastraux.

1017. Le premier soin doit être de ne jamais confondre l'exercice cadastral d'une année avec celui d'une autre année. Circulaire du 5 oct. 1808. V—126.

Définition de l'Exercice cadastral.

1018. L'année d'exercice du cadastre se compose des communes comprises dans le budget arrêté par le Ministre pour cette même année. Quand même les travaux relatifs à ces communes se prolongeraient pendant deux ans, les dépenses que ces travaux entraînent, ne fussent-elles acquittées que dans le cours de trois ans, appartiennent toujours à l'exercice cadastral de l'année déterminée par le budget. *Ibid.*

Bordereaux de Recettes et Dépenses.

1019. Cette distinction d'exercices doit être soigneusement observée dans les bordereaux de recettes et dépenses que le directeur des contributions rédige tous les *Ibid.* V—127. Modèle mois (1076) sur des cadres imprimés, dont l'envoi lui est fait par le commissaire impérial.

Indication exacte des Besoins de chaque mois.

1020. Le directeur doit prévoir et calculer à l'avance, pour chaque exercice, les besoins du mois suivant, et y proportionner ses demandes de nouveaux fonds.

Exactitude dans l'Envoi des Bordereaux.

1021. Pour que l'on puisse avoir égard aux demandes du directeur, il est nécessaire que ces bordereaux parviennent au commissaire impérial dans les dix premiers jours de chaque mois, et le 15, au plus tard, pour les départemens les plus éloignés.

Demandes de Fonds excédant le Budget.

1022. Lorsque, sur la fin d'un exercice, le directeur fait des demandes qui excèdent le montant du budget, il doit joindre à l'appui du bordereau de cet exercice un état détaillé de chaque nature de dépense, qui justifie le besoin d'une somme plus forte que celle portée dans le budget.

Solde total.

1023. Il doit sur-tout éviter de demander le solde entier d'un exercice, tant que le compte général n'a pas été rendu, attendu que le paiement de ce solde est subordonné à l'approbation du compte.

Rectification des Erreurs dans l'application des Fonds.

1024. Si un fonds avait été appliqué par erreur, dans un département, aux dépenses d'un exercice autre que celui auquel le Ministre l'a affecté spécialement, il serait facile de remédier à cette fausse imputation; il ne s'agirait que de retirer ces mandats et de les remplacer par de nouveaux.

Mais si ces mandats n'étaient plus en la possession du payeur, alors le préfet prendrait, sur le premier fonds qui serait mis à sa disposition, pour les dépenses de l'exercice auquel le fonds précédent aurait été mal-à-propos appliqué, une somme égale, qu'il reporterait, par forme de remboursement, à l'exercice dont elle aurait été détournée; ce qui rétablirait l'ordre des assignations, sans changer les écritures.

Rétablissement de Sommes trop payées.

1025. Lorsqu'un géomètre a reçu, pour un exercice non soldé, une somme plus forte que celle à laquelle il avait droit, la restitution du trop-payé s'opère naturellement par la retenue qui lui en est faite lors du paiement du dernier quart de son indemnité.

S'il ne revenait plus rien au géomètre pour cet exercice, il devrait alors verser la somme qu'il aurait reçue de trop, dans la caisse du receveur général du département, de laquelle le préfet la ferait sortir aussitôt par un mandat de pareille somme, qu'il délivrerait au profit d'une autre partie prenante à qui il serait dû sur le même exercice.

Si l'exercice pour lequel on aurait payé de trop, était entièrement soldé, le trop-payé devrait être versé dans la caisse du receveur général, et le préfet en disposerait ensuite de la manière indiquée dans l'article suivant.

Reviremens de Fonds.

1026. Enfin, si les sommes successivement affectées par le Ministre à un exercice cadastral, se trouvent en définitif excéder la dépense totale de cet exercice, le préfet doit reporter cet excédant sur l'exercice suivant, et en donner avis au Ministre.

Livres de Recettes et de Dépenses.

1027. Il doit être tenu, dans chaque direction, un livre de recettes et de dépenses, divisé par exercice cadastral. Le plus grand ordre doit être observé dans les écritures, pour prévenir toutes les difficultés relativement aux comptabilités distinctes du trésor impérial et de l'administration du cadastre.

CHAPITRE IV.

COMPTE GÉNÉRAL.

Époque de la Reddition du Compte général.

Circulaire du 12 août 1809. V—221. *Modèle.*

1028. Le compte général des recettes et dépenses d'un exercice doit être rendu aussitôt que toutes les communes comprises dans le budget de cet exercice sont entièrement cadastrées, c'est-à-dire, après la nouvelle répartition faite pour chacun des cantons auxquels ces communes appartiennent.

Recettes.

Ibid. V—222.

1029. Le chapitre des recettes doit présenter, mois par mois, les sommes qui ont été successivement mises à la disposition du préfet, et qui, par les ordonnances du Ministre, ont été textuellement affectées à l'exercice du cadastre pour lequel le compte est rendu.

Dépenses. 1.er article, Géomètres.

Ibid. X—247.

1030. Le premier article de dépense est celui des géomètres

géomètres de première classe : comme leur paiement repose sur deux bases, le nombre d'arpens et le nombre de parcelles, cet article doit présenter ces deux nombres pour l'ensemble des communes, et être appuyé d'un état nominatif des communes n.° 1.

Mais il ne faut pas perdre de vue qu'il y a pour l'arpent trois sortes de prix :

1.° Prix par arpent, pour les parcelles au-dessous de vingt-cinq arpens, dans les communes non arpentées par masses de culture (932) 1f 00c

2.° Prix de l'arpent, pour les grandes parcelles au-dessus de vingt-cinq arpens, dans les mêmes communes, et même dans celles arpentées par masses de culture, lorsque ces parcelles ne forment point un numéro ou polygone de l'ancien plan (933)..................... 0. 30.

3.° Prix de l'arpent, pour les parcelles au-dessous de vingt-cinq arpens, dans les communes arpentées par masses (934).............. 0. 75.

4.° Il n'est rien payé par arpent pour les grandes parcelles de vingt-cinq arpens et au-dessus, dans les mêmes communes, lorsque ces parcelles forment un numéro ou polygone de l'ancien plan (935)..................... 0. 00.

L'article premier doit donc distinguer le nombre de chacune de ces quatre espèces d'arpens, auquel on ajoute le prix par parcelle, qui est toujours le même, c'est-à-dire de 25 centimes taux moyen (932), plus 2 centimes pour les frais d'indicateurs mis à la charge du géomètre (938), plus 5 centimes par copropriétaire pour les propriétés indivises (938).

Chaque géomètre fournit à l'appui de cet article un état justificatif, commune par commune, et présentant la même distinction pour toutes les communes; l'ingénieur vérificateur en forme un tableau général, auquel il annexe les états élémentaires, le tout sous le n.° 1.

Dépenses. 2.ᵉ article, Ingénieur vérificateur.

Circulaire du 12 août 1809. V—223.

1031. L'article second du compte général concerne l'ingénieur vérificateur.

Cet article présente d'abord le traitement fixe de l'ingénieur vérificateur pour les douze mois de l'année, dont le compte porte le timbre.

Le même article énonce ensuite la rétribution variable.

Elle est réglée d'après le nombre d'arpens et de parcelles ; ce nombre doit être spécifié et être absolument le même que celui déjà constaté pour les géomètres (1030).

Il faut ensuite distinguer les deux sortes de prix par arpent alloués à l'ingénieur vérificateur :

1.° Prix de l'arpent, pour les communes dont les trois copies n'ont pas été dessinées à Paris (947).. 0ᶠ 30ᶜ

2.° Prix par arpent, pour les communes arpentées par masses de culture, et dont les copies ont été dessinées à Paris (950)............ 0. 25.

Il y est ajouté le prix par parcelle, qui est toujours le même, c'est-à-dire de 7 centimes.

L'ingénieur vérificateur, à l'appui de cet article, fournit l'état justificatif n.° 2, contenant la même distinction pour chaque commune. Cet état doit cadrer, pour le total, avec celui n.° 1.

Quotité des Indemnités.

1032. Dans les exemples des prix ci-dessus (1030, 1031), on est parti du taux moyen; mais le compte doit présenter les prix tels qu'ils ont été fixés par le préfet, et l'arrêté de fixation doit faire partie des pièces justificatives (932, 948).

Circulaire du 12 août 1809. V — 224.

Dépenses. 3.e article, Experts.

1033. Le troisième article se compose de la dépense des experts; il doit être appuyé d'un état justificatif n.° 3, indiquant les noms des experts, ceux des communes, le nombre d'arpens, de parcelles et de jours, le prix par jour, le montant de la dépense par commune, et le total de la dépense pour chaque expert.

Ibid. V — 225.

Dépenses. 4.e article, Indicateurs.

1034. Les indicateurs qui ont assisté les experts font l'objet du quatrième article, qui doit être également appuyé d'un état justificatif n.° 4, présentant les mêmes détails que celui de l'article précédent.

Ibid. V — 224.

Dépenses. 5.e article, Contrôleurs.

1035. Le cinquième article contient les indemnités des contrôleurs. Comme leur paiement repose sur trois bases, le nombre de communes, le nombre d'arpens et le nombre de parcelles (965), cet article doit présenter ces trois nombres pour l'ensemble des communes, et distinguer les trois sortes de prix :

Circulaire du 10 oct. 1810.

1.° Prix par commune. 20f 00c

2.° Prix de l'arpent des propriétés dont l'expert a fait le classement et l'évaluation, déduction faite des arpens des objets non imposables. 0. 04.

3.° Prix par chacune des parcelles résultant tant de l'atlas parcellaire que de l'état de classement des propriétés bâties............. 0f 02c

De plus, il doit énoncer le montant des indemnités acquises aux contrôleurs, et calculées d'après les trois bases ci-dessus.

Circulaire du 12 août 1809. V — 225.

A l'appui, chaque contrôleur fournit un état nominatif des communes et du nombre d'arpens et de parcelles, présentant les mêmes distinctions que ci-dessus pour chaque commune. Le directeur refond ces états dans un tableau général et les y annexe, le tout sous le n.° 5.

Dépenses. 6.e article, Inspecteurs.

Circulaire du 10 oct. 1810.

1036. Indemnité de l'inspecteur particulier. Cette indemnité étant réglée à raison de 100 francs par canton et 20 francs par chacune des communes dont le canton est composé (971), il s'ensuit que, quand un canton n'appartient point en totalité, mais seulement pour une partie de ses communes, à l'exercice pour lequel le compte est rendu, on ne doit comprendre dans le compte de cet exercice qu'une portion proportionnelle de l'indemnité de l'inspecteur, et porter la portion restante sur le compte de l'exercice qu'elle concerne.

Cet article doit être appuyé d'un état justificatif n.° 6, c'est-à-dire, d'un état indicatif des cantons, du nombre des communes dépendantes de chaque canton, de celui des communes comprises dans le budget de l'année du compte, et du montant de l'indemnité acquise.

Dépenses. 7.e article, Bureau spécial.

Circulaire du 12 août 1809. V — 225.

1037. Bureau spécial du directeur. Il doit présenter la

somme annuelle allouée par l'état arrêté par le Ministre (974).

Dépenses. 8.e article, Directeur.

1038. Indemnité du directeur. Le nombre des parcelles tel qu'il a été établi pour l'ensemble des contrôleurs, est répété et calculé à raison de 12 centimes par parcelle (975). L'état général justificatif de l'article 5 sert pour celui-ci. Circulaire du 12 août 1809. V — 225.

Dépenses. 9.e article, Impressions.

1039. Impressions à la charge des fonds du cadastre. Cet article sera appuyé d'un état justificatif et détailllé sous le n.° 7, dont il n'y a pas lieu de joindre ici un modèle (980). *Ibid.*

Dépenses. 10.e article, Dépenses imprévues.

1040. Dépenses extraordinaires et non prévues. Cet article doit énoncer la nature et le montant de chaque dépense, avec la date de l'autorisation donnée par le Ministre (1004).

Dépenses. 11.e article, Livres de mutations.

1041. Frais relatifs à la tenue des livres de mutations. Cet article doit présenter le nombre total des lignes retranscrites dans le volume de matrice subséquent, et le montant de la dépense calculée sur le pied de 2 centimes par chacun de ces articles (978). Circulaire du 24 mai 1810. V — 226.

A l'appui, le directeur rapporte, sous le n.° 8, un état nominatif des communes où il a été opéré des mutations, du nombre de lignes retranscrites, et du montant de la dépense.

Rédaction du Compte.

1042. Le directeur est chargé de la rédaction du Circulaire du 12 août 1809. V — 226.

compte. Pour ne pas s'exposer à des écritures inutiles, il n'en fait la double expédition qu'après son approbation définitive.

État des Sommes payées et de celles encore dues.

1043. Il doit y joindre un état en trois colonnes, présentant le montant des dépenses, les sommes payées, et ce qui reste dû sur chaque objet.

Certificats des Géomètres et des Contrôleurs.

Circulaire du 12 août 1809. V — 226.

1044. Au bas des états particuliers que doivent fournir les géomètres et les contrôleurs à l'appui des n.os 1 et 5, chaque géomètre ou contrôleur doit certifier l'exactitude des détails, et énoncer le total des arpens et parcelles en toutes lettres.

Certificats de l'Ingénieur vérificateur.

Ibid.

1045. L'ingénieur vérificateur doit de la même manière certifier l'état général n.° 1, et l'état n.° 2.

Certificat de l'Inspecteur.

Circulaire du 10 oct. 1810.

1046. L'inspecteur particulier certifie l'exactitude de l'état n.° 6.

Certificats du Directeur.

1047. L'état général n.° 1, les états n.os 2, 3 et 4, l'état général n.° 5, et les états n.os 6 et 7, sont certifiés par le directeur, dans la forme indiquée sur les modèles de ces états annexés au modèle du compte général.

Arrêté et approbation du Compte.

Circulaire du 12 août 1809. V — 227.

1048. Enfin le préfet, après avoir examiné les états certifiés par le directeur, et constaté leur exactitude, y ajoute son *visa*, et arrête le compte général, qu'il adresse au Ministre avec toutes les pièces justificatives, pour obtenir son approbation.

TITRE XIII.

CORRESPONDANCE.

CHAPITRE I.er

CORRESPONDANCE DU PRÉFET.

Commissions des Géomètres.

1049. Le préfet délivre les commissions des géomètres de première classe, et en donne avis au Ministre (34).

Révocation des Géomètres.

1050. Il prononce leur révocation, s'il y a lieu, et envoie son arrêté au Ministre (41).

Congés.

1051. Il adresse au Ministre les demandes de congé de l'ingénieur vérificateur (32).

Fixation des Indemnités des Géomètres et Ingénieurs vérificateurs.

1052. Lorsque le préfet a réglé pour chaque année le taux de l'indemnité des géomètres (54, 932, 938), et le taux de la portion variable de l'indemnité de l'ingénieur vérificateur (947), il en donne connaissance au Ministre, à l'effet d'avoir son approbation.

Fixation des Indemnités des Experts et Indicateurs.

1053. Il donne également connaissance au Ministre, du taux auquel il a fixé l'indemnité par journée de l'expert et de l'indicateur (957, 962).

Liste des Communes à cadastrer.

1054. Chaque année, dans le cours du mois d'octobre, le préfet envoie au Ministre des finances la liste des communes qu'il propose pour les opérations de la seconde des deux années suivantes (52).

Budgets.

1055. Lorsque le taux de l'indemnité des géomètres est approuvé par le Ministre, le préfet lui envoie le projet du budget des dépenses (55).

Exécution des Budgets.

1056. Lorsque le budget lui est renvoyé revêtu de l'approbation du Ministre, il en fait passer copie au directeur, et donne tous les ordres nécessaires pour l'ouverture des travaux.

Budgets supplémentaires.

1057. Il envoie, s'il y a lieu, dans le cours de l'année, le projet du budget supplémentaire (58), et en fait de même passer copie au directeur, lorsqu'il est approuvé par le Ministre.

Géomètre délimitateur.

1058. Il informe le Ministre du choix du géomètre délimitateur, et des arrangemens pris pour sa rétribution (65, 66).

Rapports sur les Délimitations.

1059. Il envoie au Ministre de l'intérieur ses rapports sur les contestations ou projets de changemens relatifs aux limites des communes, et en donne avis au Ministre des finances (89).

Affiches

Affiches des Communes désignées.

1060. Le préfet fait publier et afficher les noms des communes désignées par le budget (101).

Lettre instructive aux Maires.

1061. Il adresse aux maires de ces communes une lettre instructive sur les devoirs qu'ils ont à remplir (102).

Rejets de plans.

1062. Lorsque, d'après le procès-verbal de vérification, il prononce le rejet d'un plan, il envoie son arrêté au Ministre des finances (259).

Admission provisoire des Expertises.

1063. L'arrêté par lequel le préfet prononce l'admission provisoire d'une expertise, doit être envoyé, dans les huit jours de sa date, au Ministre des finances, avec les états de l'expertise n.os 8, 11 et 12 (683).

Contre-expertises.

1064. Si le préfet prononce le rejet d'une expertise et ordonne une contre-expertise, il envoie également une expédition de son arrêté au Ministre, pour avoir son approbation (678).

Convocation des Conseils municipaux.

1065. Le préfet donne avis au Ministre, de la convocation des conseils municipaux, à l'effet de nommer les délégués à l'assemblée cantonale (766).

Convocation des Assemblées cantonales.

1066. Il donne également avis de la convocation des délégués composant l'assemblée cantonale (772).

Clôture des Assemblées.

1067. Lorsque l'assemblée cantonale a terminé sa session (785), il en prévient le Ministre, et l'informe du résultat de ses délibérations.

Décisions sur les Réclamations des Assemblées.

1068. Aussitôt que le préfet, sur le rapport du directeur, a prononcé sur les propositions ou réclamations de l'assemblée cantonale, il envoie au Ministre,

1.° La copie du procès-verbal de l'assemblée,

2.° Le rapport du directeur,

3.° L'arrêté contenant ses décisions (788), à l'effet d'obtenir son approbation.

Nouvelle Répartition cantonale.

1069. Le préfet adresse au Ministre l'arrêté relatif à la nouvelle répartition entre les communes du canton entièrement cadastré (794).

Indemnité pour les Livres de mutations.

1070. Le préfet donne connaissance au Ministre, de la délivrance du mandat expédié au directeur pour l'indemnité relative à la tenue des livres de mutations (979).

Comptes généraux par Exercices.

1071. Lorsque tous les travaux d'un exercice sont achevés, et les dépenses bien connues, le préfet envoie le compte général des recettes et dépenses de cet exercice, pour être examiné et approuvé par le Ministre (1048).

Questions relatives au Cadastre.

1072. Le préfet défère au Ministre toutes les questions

qui peuvent s'élever sur l'arpentage, sur l'expertise, et sur toutes les matières traitées dans les différens titres du présent recueil.

Correspondance générale.

1073. Le Ministre ne doit rien ignorer de tout ce qui peut intéresser le cadastre. Tous les détails seraient ici superflus, d'après l'extrême exactitude que les préfets ont toujours mise dans leur correspondance.

CHAPITRE II.

CORRESPONDANCE DU DIRECTEUR.

État des Géomètres.

1074. Le directeur envoie, à la fin de chaque semestre, au commissaire impérial, l'état des géomètres de première classe, avec les observations de l'ingénieur vérificateur et ses observations personnelles (42).

État de Situation des Travaux.

1075. Tous les mois, il envoie l'état de la situation *Modèle.* des travaux du cadastre, présentant, pour chaque exercice, les progrès des diverses parties de l'opération à la date du 1.er du mois. Cet état doit être parfaitement conforme au modèle, pour en faciliter le dépouillement sur le tableau général, que le commissaire impérial met, le 20 de chaque mois, sous les yeux du Ministre.

Bordereaux de Recettes et Dépenses.

1076. Le directeur adresse en même temps, mais *Modèle.* par une lettre séparée, le bordereau des recettes et dépenses à la date du 1.er du mois, distingué par exercices (1019).

L'exactitude est plus nécessaire encore dans l'envoi de ce bordereau, puisque, s'il n'était pas arrivé dans la première quinzaine du mois, le département ne pourrait être compris dans la distribution de fonds de ce même mois.

Correspondance courante.

1077. Le directeur doit, sans cesse, tenir le commissaire impérial au courant de tous les progrès des opérations. Il doit lui faire connaître, par des lettres spéciales,

L'époque de la convocation des conseils municipaux pour la nomination des délégués (766),

Celle de la réunion des experts et contrôleurs en sa présence et celle de l'inspecteur (763),

L'analyse sommaire des résultats de cette réunion,

L'époque à laquelle il compte proposer au préfet la convocation des délégués à l'assemblée cantonale (772),

L'ouverture de cette assemblée,

L'époque de sa clôture et le résultat de ses délibérations (783),

L'époque de la remise au préfet de son rapport sur les conclusions de l'assemblée,

Enfin, les décisions du préfet sur ce rapport (788).

Lorsque le cadastre d'un canton est entièrement terminé, le directeur adresse, au commissaire impérial, une analyse sommaire du procès-verbal de l'assemblée des délégués et de ses délibérations, de son rapport sur les propositions de cette assemblée, et des décisions du préfet.

Pièces de l'Expertise.

1078. Les douze pièces qui composent l'expertise sont les suivantes :

1.° Procès-verbal de la délimitation de la commune (92), et de sa division en sections (109);

2.° Tableau comparatif des mesures anciennes et nouvelles (459), pour la direction;

3.° Tarif du prix des denrées (503);

4.° Tableau indicatif des propriétaires et des propriétés (801);

5.° Tableau de classification (553);

6.° Classement pour la commune (804, 831), le tableau indicatif en tenant lieu pour l'expédition qui reste à la direction (805);

7.° Tarif provisoire (554);

8.° Application du tarif provisoire aux baux (555),

9.° Tarif définitif (601);

10.° Procès-verbal (604);

11.° Récapitulation générale (666, 1081);

12.° Tableau comparatif des contenances et des évaluations de l'ancienne et de la nouvelle matrice (683).

Reliure.

1079. Le directeur fait relier ensemble les pièces 1, 2, 3, 5, 7, 8, 9, 10, 11 et 12, pour la direction seulement.

Il fait relier séparément la pièce 4 pour la direction, et la pièce 6 pour la commune.

Il fait relier la matrice de rôle, tant pour la commune que pour la direction.

Pièces à envoyer au Ministre.

1080. Lors de l'admission provisoire de l'expertise, il remet au préfet, pour les envoyer au Ministre, des copies des pièces 8, 11 et 12 (1078); cet envoi ne se renouvelle pas lors de l'admission définitive.

Récapitulation générale définitive.

1081. Lorsqu'une expertise est définitivement admise (788), le directeur envoie une copie de la récapitulation Modèle. générale, qui, dans les douze pièces de l'expertise (1078), forme le numéro 11.

Rédaction et objet de cette Récapitulation.

1082. Cette récapitulation doit être rédigée dans une forme différente de celle qui fait partie de l'expertise (803); le directeur doit donner le plus grand soin à cette rédaction, et suivre exactement le modèle. C'est d'après ses élémens que se forme le grand livre cadastral, qui présentera par communes, cantons, arrondissemens et départemens, la contenance et le revenu net imposable de toutes les espèces de propriétés et de toutes les natures de cultures de l'Empire français (1144).

Détails de cette Récapitulation.

1083. Les propriétés non bâties imposables y sont divisées en quatre séries. Chacune des trois premières ne doit comprendre que celles qui sont indiquées par le modèle, de manière que, si, dans une commune, il n'y a que six des sept cultures indiquées, il n'y faut porter que six lignes, sans remplacer la septième par une autre culture.

La quatrième et dernière série est réservée pour les natures de culture particulières à la commune, et pour les terres labourables, les près, &c. mêlés d'une plantation (364). C'est là que l'on peut porter toutes les cultures non prévues par le modèle et en autant de lignes qu'elles en exigeront.

Les détails des propriétés non bâties non imposables forment le complément de la superficie agricole de la commune.

La seconde partie de la récapitulation est destinée à présenter le nombre des propriétés bâties imposables et non imposables et la contenance de ces dernières.

Les cultures en maïs, en tabacs, en oliviers, &c., ne doivent être portées que quand la terre qui les produit y est spécialement consacrée; mais une terre labourable, qui, dans le cours de ses assolemens, produit du maïs, du tabac, &c., une autre qui renferme quelques oliviers, mûriers, &c., doit rester dans la classe des terres labourables.

États des Proportions anciennes.

1084. Lorsque le préfet a envoyé au Ministre l'arrêté de la nouvelle répartition d'un canton cadastré, le directeur doit adresser un état nominatif des communes qui le composent, avec une colonne indiquant, pour chacune d'elles, les proportions anciennes des taxes individuelles d'après le revenu constaté par le cadastre, c'est-à-dire la proportion dans laquelle payaient le contribuable le plus ménagé et le contribuable le plus surchargé par l'ancienne répartition. *Modèle.*

États du montant des Rôles.

1085. A la fin de chaque année, le directeur envoie un état du montant des rôles cadastraux et des rôles des propriétés bâties, expédiés ou qui pourront l'être pour servir au recouvrement de l'année suivante.

Correspondance générale.

1086. Le directeur informe le commissaire impérial de toutes les questions qui peuvent s'élever, de toutes les difficultés qui peuvent se rencontrer dans l'exécution du cadastre, pour que celui-ci en rende compte au Ministre.

TITRE XIV.

TITRE XIV.

INSPECTION GÉNÉRALE.

Objet de l'Institution.

1087. Les fonctions des inspecteurs généraux des contributions directes et du cadastre ont, sous ce dernier rapport, deux objets principaux :

Le premier est d'examiner, dans chaque département, tous les travaux qui constituent le cadastre, et d'inspecter tous les agens qui y opèrent ; de vérifier si les instructions sont exactement suivies, si les opérations sont exécutées avec le soin et la régularité qu'elles exigent ; de ramener à la stricte observation des réglemens, soit par leurs avis, soit par leurs rapports au préfet ; d'accélérer les travaux en retard, et de rendre compte au Ministre des observations qu'ils auront recueillies, des propositions qu'ils auront faites et de leurs résultats.

Le second objet de cette institution est d'établir, le plus qu'il est possible, l'égalité proportionnelle entre les évaluations de département à département.

Instructions du Préfet.

1088. Arrivé dans un département, l'inspecteur général se rend auprès du préfet, et demande à ce magistrat les instructions particulières que les localités pourraient exiger.

Instruction du 23 fév. 1810. V— 187.

Inspection.

1089. Il commence ensuite son inspection ; elle doit porter sur tous les objets traités dans le présent Recueil.

Rapports avec le Directeur.

Instruction du 23 fév. 1810. V — 288.

1090. Le directeur doit lui développer toutes les parties de l'opération, lui en faire connaître tous les détails et les résultats, le mettre parfaitement au fait du dernier état des choses, lui donner toutes les explications et lui représenter toutes les pièces que l'inspecteur général croit devoir lui demander.

Rapports avec les autres Agens du Cadastre.

1091. Il en est de même de l'ingénieur vérificateur, de l'inspecteur, des contrôleurs, des surnuméraires, des géomètres et des experts : tous les agens du cadastre sont tenus de répondre à toutes les demandes qu'il peut leur faire.

Bureau spécial, Bureau de l'Ingénieur vérificateur.

Ibid. V — 289.

1092. Il est spécialement recommandé à l'inspecteur général d'examiner la composition et la tenue du bureau spécial de la direction, et du bureau de calculateurs et de dessinateurs de l'ingénieur vérificateur.

Distribution des Communes entre les Géomètres.

1093. Il doit encore s'assurer particulièrement si les communes à arpenter sont distribuées entre les géomètres de première classe avec sagesse, discernement et impartialité (97, 98, 99).

Emploi et Distribution des Contrôleurs.

1094. Il doit également constater si tous les contrôleurs en état de travailler aux expertises y sont employés, et de la manière la mieux combinée pour la célérité et la régularité des travaux (607, 608, 609).

Refontes de Matrices de Rôles.

1095. Il lui est recommandé de s'assurer qu'aucun contrôleur n'est occupé à des refontes d'états de sections ou de matrices, opérations que le cadastre rend inutiles et qui sont formellement interdites.

Taux de l'Indemnité des Géomètres.

1096. L'inspecteur général est personnellement chargé de proposer au préfet, après s'être concerté avec le directeur et l'ingénieur vérificateur, le taux de l'indemnité à allouer aux géomètres pour l'arpentage de chacun des cantons désignés un an d'avance (54).

Livres de Mutations.

1097. La tenue des livres de mutations doit fixer toute son attention.

Instruction du 23 fév. 1810. V — 290.

Inspecteurs particuliers.

1098. L'inspecteur général tient une correspondance suivie avec les inspecteurs particuliers de sa division, sur les objets spécifiés dans ce Recueil (475, 479, 643, 762). Il conserve les lettres, rapports et états qu'il en reçoit, et les minutes de ses réponses ; et classe toutes ces pièces par départemens, de manière à pouvoir les remettre à celui qui lui succède dans sa division.

Ibid. V — 291.

Examen des Expertises.

1099. Il examine dans tous leurs détails les expertises du canton ou des cantons dont le cadastre doit se terminer dans l'année; il les rapproche, les compare entre elles, les compare avec celles des autres départemens de sa division, et en rédige un tableau comparatif.

Assemblées cantonales.

1100. Le directeur doit, autant qu'il est possible,

combiner les époques de la tenue des assemblées cantonales, de manière que l'inspecteur général puisse assister à leurs séances. A cet effet, avant de proposer la convocation d'une de ces assemblées, le directeur en donne avis au commissaire impérial et à l'inspecteur général.

Observations sur les Propositions de l'Assemblée.

1101. Lorsque le directeur a fait son rapport (787) sur le procès-verbal de l'assemblée, si l'inspecteur général a assisté à cette assemblée, il lui remet, ou, s'il n'est plus sur les lieux lui envoie copie de ce rapport.

Si l'inspecteur général, sans avoir assisté à l'assemblée, arrive dans le département avant que le préfet ait statué (788), le directeur lui donne également connaissance de son rapport.

Dans ces deux cas, l'inspecteur général rédige ses observations, les remet ou les adresse au préfet pour être communiquées au directeur, et en envoie copie au Ministre.

Correspondance.

1102. L'inspecteur général correspond avec le commissaire impérial sur les détails de sa mission ; il l'informe exactement de son arrivée dans un département, le prévient à l'avance de son départ et du département où il doit se rendre.

Il lui communique les difficultés qui peuvent l'arrêter, les questions qui exigent une solution, et sur lesquelles le commissaire impérial prend les ordres du Ministre.

Il l'informe de la situation des diverses parties du travail, du degré de succès qu'elles obtiennent, ainsi que des abus, des irrégularités, des infractions aux réglemens, et de tout ce qui peut intéresser le bien du service.

Rapports au Ministre.

1103. En terminant sa mission dans un département, l'inspecteur général en rédige un compte sommaire qu'il adresse au Ministre.

Rapport général.

1104. Sa tournée achevée, l'inspecteur général refond ses différens rapports particuliers à chaque département dans un rapport général, qu'il adresse au Ministre avec le tableau comparatif des évaluations respectives de ces mêmes départemens.

Bureau spécial.

1105. Pendant toute la durée du séjour d'un inspecteur général dans un département, le bureau spécial du cadastre établi à la direction est à sa disposition pour les expéditions des lettres, rapports, tableaux et autres objets utiles au service.

Observation.

1106. Les inspecteurs généraux doivent se bien pénétrer de l'esprit dont le Gouvernement est animé : son but unique est de faire cesser, dans la répartition de l'impôt, les inégalités qui font depuis si long-temps l'objet des justes plaintes de toutes les parties de l'Empire. Pour que ce but soit atteint, il faut que nulle part les évaluations ne soient ni exagérées, ni affaiblies; autrement de nouvelles inégalités se trouveraient consacrées par l'opération même, destinée à faire disparaître celles qui existent aujourd'hui : ainsi l'intérêt du Gouvernement n'est pas que la masse imposable soit en définitif plus ou moins considérable, mais bien que les élémens dont cette masse est composée soient dans le rapport le plus exact possible avec les véritables revenus des propriétés dans les divers départemens. C'est vers ce résultat que doivent tendre tous les efforts et tous les soins des inspecteurs généraux : la mission qui leur est confiée n'a rien de fiscal, elle est toute paternelle; et si elle exige de la fermeté, c'est uniquement pour écarter toutes les considérations qui pourraient blesser les règles de la justice distributive.

TITRE XV.

RÉSUMÉ.

1107. UNE entreprise aussi vaste et aussi difficile que celle de mesurer et d'estimer toutes les propriétés foncières d'un Empire aussi étendu que la France, devait nécessairement exciter, dans le premier moment, des doutes sur sa possibilité et des craintes sur son exécution.

Possibilité du Cadastre.

1108. Les doutes sont aujourd'hui dissipés : ce qui a pu s'exécuter pour trois mille communes, est également possible et est même devenu plus facile pour toutes les autres.

Opinion publique favorable au Cadastre.

1109. L'expérience a aussi calmé les premières craintes, du moins dans les points de la France où l'on a pu voir et apprécier les résultats du cadastre. Beaucoup de communes demandent tous les jours que les travaux soient portés sur leurs territoires ; et le fonds annuel ne suffit pas pour répondre à leur empressement. Quelques grands propriétaires ont même offert et réalisé l'offre d'avancer une partie de la dépense.

Mesures prises pour le Perfectionnement du Cadastre.

1110. Ce que l'expérience a fait reconnaître, la reflexion le démontre : la lecture de ce Recueil doit convaincre que le Gouvernement a pris toutes les mesures, toutes les précautions possibles pour que le cadastre atteignît le degré de perfection dont les travaux humains peuvent être susceptibles.

Exactitude des Plans.

1111. Les plans ont toute l'exactitude de la science qui enseigne à les lever. Appuyés d'abord sur une triangulation qui force sans cesse le géomètre à accorder tous ses détails avec ses grands points d'observation, ils sont vérifiés par l'ingénieur, qui en est responsable. Ils éprouvent ensuite deux vérifications bien plus sévères,

Celle de l'expert et du contrôleur, qui, parcourant champ par champ tout le territoire arpenté, doivent retrouver sur le terrain toutes les positions, toutes les contenances indiquées par le plan, ou doivent le faire rectifier, jusqu'à ce qu'il soit devenu l'image la plus fidèle du terrain;

Et celle de chacun des propriétaires, qui est admis et provoqué même à contrôler et à faire redresser toutes les erreurs.

Il est impossible qu'après tant d'épreuves un plan parcellaire se trouve défectueux.

Mesures prises pour assurer l'exactitude des Évaluations.

1112. Si l'évaluation ne repose pas sur des bases aussi sûres que les bases mathématiques de l'arpentage, on voit du moins que l'on a employé tous les moyens praticables pour assurer la marche de l'expert, éclairer son opinion, et le forcer en quelque sorte d'être juste.

Intérêt de l'Expert d'opérer régulièrement.

1113. Choisi avec le plus grand soin parmi les cultivateurs les plus instruits et les hommes les plus probes, étranger

étranger au canton où il opère, il n'a nul intérêt ni à exagérer ni à affaiblir les évaluations. Son seul intérêt est de bien faire, dans la crainte de voir rejeter son travail, et d'en perdre à-la-fois le prix et le mérite.

Précautions pour assurer la fidélité des Évaluations.

1114. Il serait au surplus bien difficile aux experts de s'écarter de l'impartialité : commandés par une foule de renseignemens, accompagnés dans tous leurs travaux par les contrôleurs, forcés de suivre pas à pas les instructions, ils n'opèrent que sur des abstractions : ce n'est point la vigne de tel propriétaire, le pré de tel autre que l'expert évalue ; c'est l'arpent de vigne, l'arpent de pré de telle ou telle classe. Déjà il a tarifé toutes les terres, qu'il ne sait encore ni sur quels propriétaires tombera telle partie de son tarif, ni quel en sera l'effet ; toute son opération est finie, et il ignore quel sera le revenu de chaque propriétaire et le revenu total de la commune.

Difficulté de favoriser dans le Classement des terres.

1115. L'expert ne classe pas en même temps toutes les possessions d'une même personne ; il détermine la classe de chaque parcelle, à mesure qu'il la rencontre sur le terrain ; et il serait impossible qu'il parvînt à distinguer, dans trois, quatre, six, dix mille parcelles, celles qui appartiendraient au propriétaire qu'il voudrait favoriser.

D'un autre côté, le contrôleur, qui l'accompagne sans cesse, s'apercevrait nécessairement de cette intention, puisque c'est lui qui tient le tableau indicatif, et qui serait obligé, à chaque parcelle, de nommer le possesseur.

Enfin le tableau de tout le classement est déposé, pendant un mois, à la mairie; et tous les habitans sont appelés et sont intéressés à en relever les erreurs, s'il en existe.

Égalité entre les Contribuables.

1116. Les faveurs de contribuable à contribuable peuvent donc être considérées comme impossibles. Rien n'annonce qu'il en existe; et aucune plainte à cet égard ne s'est encore élevée. Les faveurs de commune à commune ne sont pas plus à redouter.

Égalité entre les Communes.

1117. Le premier gage de l'égalité entre les communes, est la perfection intrinsèque de chaque expertise; et rien n'est négligé pour y parvenir.

Comparaison des Expertises entre elles.

1118. On trouve une nouvelle garantie dans la comparaison des expertises entre elles.

Première Opération de l'Inspecteur.

1119. Tandis que l'expert et le contrôleur donnent tous leurs soins à l'évaluation isolée de chaque commune, l'inspecteur cherche, par un travail préparatoire, à connaître les forces respectives des communes d'un même canton.

Seconde Opération de l'Inspecteur.

1120. Ensuite, pendant que le directeur examine attentivement les détails de chaque expertise isolée (669), l'inspecteur, lorsque le canton est terminé, examine ces mêmes expertises dans leurs rapports entre elles (759, 761).

Troisième Opération de l'Inspecteur.

1121. Elles sont enfin examinées sous ce même rapport, dans la réunion du directeur, de l'inspecteur, des contrôleurs et des experts (763).

Révision par les Parties intéressées.

1122. Jusqu'alors le travail n'est encore revu que par les agens du Gouvernement; il va l'être par les parties intéressées elles-mêmes.

Examen des Opérations par les Propriétaires.

1123. Les propriétaires ont pu suivre tous les travaux de l'arpentage et de l'expertise pendant le cours de leur durée. Toutes les pièces sont ensuite déposées à la mairie, et pendant un mois soumises à leur examen (695).

Chacun d'eux trouve de plus, dans le bulletin qui lui est envoyé à domicile (696), tous les résultats qui peuvent l'intéresser.

Ainsi l'opération est mise dans le plus grand jour: la critique n'est pas seulement écoutée, elle est provoquée; et les propriétaires peuvent émettre, sur les évaluations, une opinion parfaitement éclairée.

Examen des Opérations par le Conseil municipal.

1124. Le conseil municipal de la commune s'assemble ensuite, et peut consigner dans sa délibération toutes les observations qu'il croit devoir faire sur l'expertise (769).

Examen des Opérations par les Délégués des Communes.

1125. Il nomme un délégué, à qui il est recommandé de chercher à bien connaître le vœu de tous les autres propriétaires (770).

Examen des Opérations par les Assemblées cantonales.

1126. Ce délégué se rend à l'assemblée cantonale. Là, il a sous les yeux toutes les expertises des autres communes du canton, ainsi que le tableau général de leurs résultats; il peut interroger les experts, les contrôleurs; il a tous les moyens de comparer sa commune avec les autres, et de défendre ses intérêts (777, 779).

Discussion et Décision.

1127. Enfin, l'assemblée cantonale donne, à la majorité des voix, ses conclusions; le directeur les discute, le conseil de préfecture les examine, et le préfet prononce. Certes, il est difficile, il est impossible même de réunir une masse plus imposante de moyens pour parvenir à l'égalité proportionnelle entre les communes.

Résultat probable de toutes ces dispositions.

1128. Lorsque toutes les communes, tous les cantons, auront été cadastrés avec le même soin, il est raisonnable d'espérer que le cadastre de l'Empire français aura atteint toute la perfection qu'il était au pouvoir des hommes de lui donner.

Nouvelle Répartition entre les Cantons cadastrés.

1129. Lorsque le cadastre aura fait, dans tous les départemens, des progrès égaux proportionnellement à l'étendue de chacun d'eux, réunissant les contingens de tous les cantons cadastrés, il en sera fait une masse qui sera répartie au prorata des allivremens de chaque canton, opération absolument semblable à celle qui se fait entre les communes d'une même justice de paix (792).

Mode du Réglement annuel de la Contribution.

1130. Alors la loi sur le budget des finances fixera le contingent des parties non cadastrées de chaque département, à la somme à laquelle s'élevait le contingent total du département, moins le contingent des cantons cadastrés;

Et pour les parties cadastrées, elle énoncera simplement qu'elles auront à payer telle proportion de leur allivrement.

Nouvelles Répartitions à mesure des progrès du Cadastre.

1131. L'année suivante, de nouveaux cantons sont cadastrés; on réunit leurs contingens à ceux des cantons précédemment cadastrés, et cette nouvelle masse se répartit au prorata des allivremens.

Répartition finale après l'achèvement du Cadastre.

1132. Ainsi s'accroît, d'année en année, le nombre des justices de paix cadastrées, et le nivellement de l'impôt entre elles : ainsi, sans transitions trop brusques, sans secousses violentes, on arrive par degré au nivellement général de tous les départemens; et, le cadastre achevé, la loi ne fait plus, chaque année, qu'énoncer la proportion dans laquelle chaque propriétaire, dans toute l'étendue de l'Empire, doit acquitter la contribution.

Égalité proportionnelle.

1133. Cette proportion pourrait varier selon les besoins du Gouvernement : elle pourrait être une année du neuvième, une autre du huitième, une autre du dixième; mais elle sera toujours commune à tous les contribuables de l'Empire sans exception; et, en supposant que, malgré toutes les précautions prises, des cantons eussent été évalués un peu plus faiblement que d'autres, ce reste d'inégalité ne pourrait qu'être à-peu-près insensible sous le rapport de la somme à acquitter par chaque propriétaire.

Allivrement, base du prix des Fermages.

1134. Il est des propriétaires qui, par l'ignorance où ils sont et de la véritable contenance et de la valeur réelle de leurs biens, les afferment à des prix trop modiques; l'allivrement cadastral de ces biens leur en fera connaître toute la consistance et tout le produit; il leur donnera un moyen sûr d'affermer plus avantageusement, et il en existe déjà des exemples.

Facilité à chaque Propriétaire d'avoir le terrier de ses biens.

1135. Autrefois les grands propriétaires seuls avaient le terrier de leurs biens, dont la confection entraînait une dépense considérable; désormais tout propriétaire peut, pour un prix très-modique, se procurer une copie de la portion du plan qui l'intéresse (310), et une copie de la partie correspondante de la matrice de rôle (839). Il trouve, dans ces deux pièces, le terrier le plus exact de ses propriétés.

Suppression des Erreurs ou des Injustices de Répartition.

1136. Le pouvoir donné aux répartiteurs d'augmenter ou de diminuer tous les ans les évaluations, était une source de vexations que le cadastre tarit pour jamais.

Abolition des Réclamations en surtaxe.

1137. Ainsi, plus de réclamations en surtaxe, qui occasionnaient des frais, des démarches, des voyages, faisaient perdre aux contribuables un temps précieux, et les mettaient aux prises les uns avec les autres.

Abolition des Réimpositions.

1138. Par suite, plus de réimpositions : lorsque le propriétaire a payé d'après la proportion réglée par la loi, il est sûr d'être parfaitement libéré.

Remises ou Modérations pour perte accidentelle de revenu.

1139. Il n'est pas moins assuré d'obtenir une remise totale ou une modération partielle de sa taxe, si, pour une année, il perd la totalité ou une partie de son revenu par la grèle ou toute autre intempérie. Le montant de cette remise ou modération est alors pris sur le fonds de non-valeur.

Avantages du Cadastre pour l'Agriculture.

1140. La fixité d'allivrement est encore favorable aux progrès de l'agriculture, en ce qu'un propriétaire peut se livrer aux améliorations, et augmenter son revenu sans craindre d'augmenter sa contribution.

Avantages du Cadastre pour les Desséchemens et Défrichemens.

1141. Il n'est plus nécessaire à l'avenir d'accorder des exemptions ou modérations de contributions pour les desséchemens et les défrichemens ; cet encouragement a lieu par l'effet naturel du cadastre, puisque une lande allivrée à raison d'un franc l'arpent, conservera cet allivrement, quand même le propriétaire, en la défrichant, la ferait produire cinquante francs par arpent. Cette faveur sera même d'une durée plus longue que celle de quinze ou vingt ans, que la loi accordait précédemment.

Avantages du Cadastre pour la Propriété.

1142. Le cadastre parcellaire offre encore d'autres avantages : il termine, il prévient pour l'avenir une foule de contestations entre les propriétaires, sur les limites de leurs propriétés; contestations qui occasionnaient des frais dont le montant, difficile à calculer, s'élevait peut-être, chaque année, à une somme deux ou trois fois plus forte que celle à laquelle montent les centimes additionnels temporairement imposés pour la confection du cadastre.

Utilité du Cadastre dans les Actions judiciaires.

1143. Le cadastre peut et doit même nécessairement par la suite servir de titre en justice pour prouver la propriété. Il en est de même des livres de mutations, qui conservent la trace de tous les propriétaires dans les mains desquels un bien-fonds passe successivement.

Statistique cadastrale.

1144. Les récapitulations générales des matrices (1081), dépouillées dans autant de volumes que la France contient de départemens, formeront un relevé général de tous les biens-fonds, qui présentera sur une page la contenance, et sur la page en regard l'évaluation du revenu net de toutes les espèces de propriétés et de toutes les natures de culture, d'abord pour chaque commune, ensuite pour chaque canton, puis pour chaque arrondissement, pour chaque département, enfin pour l'ensemble de l'Empire; ce sera le grand livre terrier de la France.

TABLE

DES TITRES, SECTIONS, CHAPITRES ET PARAGRAPHES.

TABLE

ANALYTIQUE ET RAISONNÉE

DES MATIÈRES

Contenues dans le Recueil méthodique.

A

B

C

Suite

Suite du CLASSEMENT. Articles.

Suite du CONTRÔLEUR DES CONTRIBUTIONS. Articles.

Suite du DIRECTEUR DES CONTRIBUTIONS.

Suite

Suite du DIRECTEUR DES CONTRIBUTIONS. Articles.

Suite du DIRECTEUR DES CONTRIBUTIONS.

*Suite de l'*ÉVALUATION. Articles.

ÉVÊCHÉ.

EXAMEN.

*Suite de l'*EXPERT. Articles.

*Suite de l'*EXPERTISE. Articles.

F

G

Suite du GÉOMÈTRE DE PREMIÈRE CLASSE. Articles.

Suite du GÉOMÈTRE DE PREMIÈRE CLASSE.

H

I

*Suite de l'*INDEMNITÉ. Articles.

*Suite de l'*INGÉNIEUR VÉRIFICATEUR. Articles.

INSPECTEUR

J

L

Suite des LIMITES.

Suite du MAIRE.

Suite du PAIEMENT.

Suite

Suite de la PARCELLE.

PLAN PARCELLAIRE.

PLANCHETTE.

POINTS D'OBSERVATIONS TRIGONOMÉTRIQUES.

PONTS.

Suite du PRÉFET.

R

RÉCLAMATIONS

FIN DE LA TABLE ANALYTIQUE ET RAISONNÉE.

MINISTÈRE DES FINANCES.

DISPOSITIONS

SUPPLÉMENTAIRES

AUX RÉGLEMENS SUR LE CADASTRE.

SECTION PREMIÈRE.

ARTICLE PREMIER.

IL y aura huit Inspecteurs généraux des finances spécialement attachés aux contributions et au cadastre.

ART. 2.

Les quatre-vingt cinq départemens seront partagés en huit divisions, qui auront pour chefs-lieux : Paris, Caen, Nancy, Bordeaux, Clermont-Ferrand, Dijon, Montpellier, Toulouse.

ART. 3.

Les Inspecteurs généraux résideront chacun dans le chef-lieu de la division qui lui sera assigné, et se réuniront à Paris aux époques qui seront déterminées par le Ministre sur la proposition du Commissaire royal, pour se communiquer le résultat de leurs travaux, et s'occuper des moyens de mettre l'ensemble dans les évaluations de leurs divisions respectives.

ART. 4.

Ils se rendront, au moins une fois par an, dans chacun des

des départemens de leurs divisions, et plus souvent quand le bien du service leur paraîtra l'exiger, ou quand ils en recevront l'ordre.

ART. 5.

Pour faciliter aux Inspecteurs généraux l'examen et la vérification des travaux, les Directeurs des contributions rédigeront, pour chaque canton et commune par commune, un relevé des évaluations de toutes les cultures et de toutes les classes, et du prix moyen de chaque classe.

ART. 6.

Ils rédigeront également, pour chaque canton et par commune, deux relevés, l'un des prix des baux, l'autre des valeurs vénales.

ART. 7.

Ils fourniront, en outre, aux Inspecteurs généraux, le tableau du prix des denrées, des frais de culture sur les principales natures de propriétés, de la ventilation des baux et des allivremens résultant des expertises, du vœu de l'assemblée cantonnale et de la décision du Préfet, conformément au modèle faisant partie des tableaux analytiques des travaux du cadastre.

ART. 8.

L'Inspecteur général, dans ses tournées, examinera ces différens relevés, ainsi que les expertises elles-mêmes, et cherchera, par tous les moyens qui seront en son pouvoir, à constater l'exactitude des évaluations.

SECTION II.

ARTICLE PREMIER.

Toutes les décisions rendues par les Préfets, et toutes celles qu'ils rendront par la suite, sur les propositions des assemblées cantonnales *(Recueil méthodique, article 788)*, ne sont que provisoires.

ART. 2.

Dans le cours de chaque année, l'Inspecteur général convoquera, sur différens points de sa division, les Directeurs de cette même division qui en seront les plus rapprochés ; ils se rendront près de lui, munis des ~~tous les~~ relevés ~~et~~ de toutes les expertises des cantons cadastrés.

ART. 3.

Là s'ouvriront des conférences dans lesquelles les évaluations des différens départemens seront revues et comparées entre elles.

ART. 4.

L'Inspecteur général et les Directeurs constateront les différences qui pourront se trouver entre ces évaluations, en rechercheront les causes, et décideront, à la majorité des voix, s'il y a lieu d'augmenter ou de diminuer quelques évaluations.

ART. 5.

L'Inspecteur particulier du département où les conférences auront lieu, assistera à ces conférences, sans voix délibérative ; il fera les fonctions de Secrétaire et en rédigera le procès-verbal.

ART. 6.

S'il résulte de ces discussions que les évaluations d'un canton sont trop fortes ou trop faibles, l'Inspecteur général en fera un rapport motivé au Préfet du département dont ce canton ressortira, et il y joindra un extrait, même une copie, s'il le juge nécessaire, du procès-verbal des conférences.

ART. 7.

Il enverra aussi au Commissaire royal du cadastre une expédition du procès-verbal et des copies de ses rapports aux Préfets, pour le tout être mis sous les yeux du Ministre des finances.

ART. 8.

Le Préfet rendra, sur le rapport de l'Inspecteur général, une décision motivée qu'il adressera au Ministre, pour être, s'il y a lieu, définitivement approuvée.

ART. 9.

S'il résulte, soit des conférences, soit des observations du Préfet, que l'examen des pièces ne suffit pas pour constater le forcement ou l'affaiblissement des évaluations, et qu'un nouvel examen sur les lieux soit nécessaire, le Préfet nommera, sur la présentation du Directeur, un contre-expert, lequel ira, avec le premier expert, faire les vérifications nécessaires.

Ces vérifications auront lieu, autant qu'il sera possible, aux époques des tournées de l'Inspecteur général dans le département, et il y assistera avec le Directeur.

ART. 10.

L'arrêté pour l'allivrement de chaque canton (*Recueil méthodique, art. 794*) ne sera pris qu'après que les évaluations auront été définitivement approuvées par le Ministre.

SECTION III.

ARTICLE PREMIER.

Il sera fait, à l'avenir, deux communications aux propriétaires: la première, des résultats de l'arpentage; la seconde, des résultats de l'expertise; celle-ci durera à l'avenir deux mois.

ART. 2.

En conséquence de cette disposition, les articles 746 à 755

du Recueil méthodique des instructions sur le cadastre, qui étaient précédemment facultatifs, sont obligatoires, et les divers Agens qu'ils concernent sont tenus de les exécuter.

ART. 3.

La réunion des experts et des Contrôleurs pour la révision des évaluations, aura lieu désormais aussitôt après l'expertise et avant la communication des bulletins aux propriétaires.

ART. 4.

Il pourra être fait dans cette réunion, soit dans la classification et le classement, soit dans les évaluations tous les changemens qui seront reconnus justes et nécessaires pour le perfectionnement du travail : en conséquence, l'article 765 du Recueil méthodique est révoqué.

SECTION IV.

ARTICLE PREMIER.

Les traitemens fixes et les à-comptes ou soldes des traitemens variables de tous les Agens du cadastre, continueront à être payés comme par le passé, sauf les exceptions ci-après.

ART. 2.

La rétribution variable de l'Ingénieur-vérificateur sera payée, savoir :

Le premier quart, après la vérification du plan sur le terrain, et la remise à la Direction des procès-verbaux de vérification.

Le deuxième quart, lorsque l'Ingénieur-vérificateur a remis à la Direction les cahiers de calcul, l'atlas portatif du plan de la commune, et le tableau indicatif.

Le troisième quart, après la communication des bulletins, les réclamations jugées, et toutes les rectifications opérées, tant sur le plan que sur le tableau indicatif remis au net, s'il est nécessaire.

Le quatrième quart, après la remise des atlas et des autres pièces de l'arpentage.

ART. 3.

Lorsque le dernier quart ou solde de la rétribution sera acquis à l'Ingénieur-vérificateur, le Directeur rédigera son rapport pour en proposer le paiement, et tiendra ce rapport en réserve jusqu'à l'arrivée de l'Inspecteur général.

Celui-ci se fera représenter, sans aucune exception, tous les procès-verbaux de délimitation, canevas et registres des opérations trigonométriques, minutes de plans, procès-verbaux de vérification, premiers et seconds cahiers de calculs, tableaux indicatifs, atlas portatifs, et atlas définitifs; ces derniers proprement et solidement reliés; enfin, les récépissés des Maires pour les pièces envoyées aux communes.

Si toutes ces pièces sont parfaitement en règle, l'Inspecteur général mettra, au bas du rapport du Directeur, son certificat nécessaire pour obtenir l'autorisation du paiement.

Si elles laissent quelque chose à desirer, il proposera au Préfet de suspendre, non-seulement le paiement de solde, mais même tout paiement d'à-compte sur d'autres opérations cadastrales, jusqu'à ce que tout le travail ait été complété et régularisé.

ART. 4.

Les frais de bureau spécial de chaque Direction sont fixés uniformément à 1,200 francs par an.

ART. 5.

La rétribution variable des Directeurs est portée à quatorze centimes par parcelle.

ART. 6.

Cette indemnité est payée à raison de quatre centimes à l'époque de l'admission provisoire de chaque expertise; trois centimes, lorsque le Préfet a statué sur les propositions de l'assemblée cantonnale; quatre centimes après la confection des matrices de rôles, et les trois centimes restans, ou le solde, sur un certificat de l'Inspecteur général, attestant qu'il s'est assuré par lui-même de l'existence et de la parfaite régularité des pièces suivantes, pour toutes les communes du canton, et de leur entière conformité avec les instructions:

1.° Examen des relevés des mercuriales;

2.° Rapport motivé au Préfet sur chaque expertise;

3.° Expertises composées de toutes les pièces, et revêtues des signatures nécessaires;

4.° États de classement, divisés en deux cahiers, écrits lisiblement, correctement et additionnés dans toutes les parties;

5.° Bulletins en cahiers, ou matrice-minute;

6.° Matrice cadastrale, et matrice de la contribution foncière des propriétés bâties;

7.° Atlas solidement relié;

8.° Récépissé du Maire de chaque commune, attestant qu'il a reçu le double de l'atlas, et une expédition de l'état de classement et de la matrice cadastrale, le tout relié.

Art. 7.

La seconde moitié de l'indemnité variable de l'Inspecteur des contributions ne sera également payée que sur le certificat de l'Inspecteur général attestant,

Qu'il a fait le relevé des mercuriales de toutes les communes du canton, et qu'il en a remis le rapport écrit à son Directeur;

Qu'il a fait dans toutes les communes du canton cadastré, les deux tournées qui lui sont prescrites, et que ses deux rapports sont bien rédigés;

Qu'il a assisté à l'assemblée cantonnale, ou justifié d'empêchement légitime;

Enfin, qu'il a complétement rempli les obligations qui lui sont imposées par les réglemens.

ART. 8.

L'indemnité des Contrôleurs, de deux centimes par parcelle, est portée à trois centimes : il n'est rien changé au mode et aux époques de leur paiement.

ART. 9.

Les Inspecteurs généraux seront responsables de tous les paiemens qui auraient été faits d'une manière contraire aux dispositions précédentes, et de toutes autres infractions aux réglemens et instructions sur le cadastre.

Paris, le 1.er avril 1817.

Signé COMTE CORVETTO.

Pour ampliation :

Le Secrétaire général des finances,

Signé LEFEVRE.

A PARIS, DE L'IMPRIMERIE ROYALE. Avril 1817.

www.ingramcontent.com/pod-product-compliance
Lightning Source LLC
LaVergne TN
LVHW011225170726
843501LV00002B/375

* 9 7 8 2 3 2 9 3 8 0 9 2 6 *